Yes we camp! Europa

Die schönsten Campingziele

Nordeuropa

West-, Mittel- und Osteuropa

Südeuropa

Liebe Leserinnen und liebe Leser,

wenn man uns fragt, wie wir am liebsten Urlaub machen, lautet die Antwort ganz klar: Camping! Wir waren schon mit unseren Eltern unterwegs, als sie Zelte aus zig Stangen zusammenbastelten und klobige Reisemobile in unansehnlichen Beige-Farbtönen fuhren. Von vielen Klassenkameraden wurden wir damals groß angeschaut. Urlaub ohne Komfort, was sollte das denn? Für uns waren diese Reisen unglaublich aufregend. Wir spielten den ganzen Tag am See, Strand oder im Wald, durften abends lang am Feuer sitzen und nachts manchmal unter freiem Himmel schlafen.

Mittlerweile gilt Camping als cool, lässig und stylish. Die Camper werden immer jünger, der VW Bulli und seine Oldtimergeschwister sind zu Kultautos avanciert. Auch die Campingmöglichkeiten sind vielfältiger geworden: Es gibt Fahrzeuge in vielen Größen, Preisklassen und – last but not least – Farben, außerdem witzige Mietobjekte wie Schlaffässer, Safarizelte und Blockhütten sowie Campingplätze von einfach bis luxuriös und von cool bis quirlig.

»Yes we camp!« ist ein Reisebuch speziell für Camper – für Neulinge wie für Wiederholungstäter. Wir beschreiben 40 Touren in Europa, die mit einem Wohnmobil, Caravan oder mit Auto und Zelt besonders reizvoll sind. Der Weg ist schon das Ziel und unterwegs gibt es viel zu entdecken: großartige Landschaften, hübsche Orte, Märkte und kleine Läden, Outdoor-Aktivitäten, Feste, Events und und und ... Jedes Kapitel stellt solche Natur- und Kulturhighlights übersichtlich vor und erleichtert so die Reiseplanung. Die ausgewählten Stellplätze und Campingareale zeichnen sich durch eine entspannte Atmosphäre und idyllische Lage aus, ein gewisses Maß an Sauberkeit ist dabei selbstverständlich.

Gemeinsam mit unseren Co-Autoren Heidi Siefert, Roland Schuler, Christian Haas und Axel Klemmer wünschen wir viel Spaß beim Lesen und viel Vergnügen beim nächsten Campingurlaub!

Eva Stadler und Martina Krammer

Zu den Angaben in diesem Buch:

Wir empfehlen in jeder Region einen oder mehrere Campingplätze. Wer Wildcampen bevorzugt, sucht sich einen Standort – immer gemäß den örtlichen Bestimmungen, versteht sich. Fahrer von sehr großen Fahrzeugen oder Gespannen sollten die gewünschten Routen vorab mit einem geeigneten Navi prüfen: Sind die Straßen breit genug? Gibt es niedrige Tunnel? Gibt es Gewichtsbeschränkungen, z. B. auf alten Brücken? GPS-Daten sind für alle Campingplätze und Orte ohne feste Adresse in zwei For-

maten angegeben. Alles, was man in einem Kartendienst durch Eingabe von Straße und Ort findet, hat keine GPS-Koordinaten. Wir weisen Parkplätze aus, auf denen man Wohnmobile während Stadtbesichtigungen, Ausflügen etc. abstellen kann. Sie sind meist kostenpflichtig und oftmals nicht zum Übernachten gedacht. Aus unserer Sicht ist ein gemütlicher Campingplatz im Grünen immer die bessere Alternative zu einer asphaltierten Stellfläche – auch wenn er ein paar Euro mehr kostet.

Martina Krammer (l.)
und Eva Stadler

Nordeuropa

1 Lofoten

2 Nördliches Fjordnorwegen

4 Dalarna und Hälsingland

6 Finnlands Südwesten

3 Norwegens Südwesten

9 Schottland

5 Skåne und Småland

8 Jütland

7 Kopenhagen, Seeland und Møn

11 Wild Atlantic Way (südl. Teil)

10 Cornwall

»Lieber 1000 Sterne
am Himmel als
fünf an der Hoteltür.«

Camper-Motto

01 Lofoten

Zugegeben: Zur norwegischen Inselgruppe Lofoten ist es nicht gerade ein Katzensprung. Lohnt sich das denn? Unbedingt! Die Lofoten werden oft als das schönste Archipel der Welt bezeichnet, und die Wahrscheinlichkeit ist groß, dass da etwas dran ist. Wie die Rückenzacken eines riesigen Drachens ragen die Berge der Inselkette direkt aus dem Nordmeer. Und erst das Licht! Wenn die Sonne in den Wochen rund um den 21. Juni knapp den Horizont berührt, um gleich wieder aufzusteigen, wenn man um 4 Uhr morgens noch am Sandstrand sitzen kann und die Felswände, die sich bis über 1000 m erheben, in weichem Licht glühen – dann ist die lange Anreise schnell vergessen.

Wobei sich die Lofoten, wie das ganze Land, ihren Gästen nicht anbiedern. Es gibt keine Beachbars und keine Sonnenschirmverleihe, die Wanderrouten sind spärlich markiert und Hütten wurden erst gar nicht gebaut. Die Natur ist den Norwegern heilig, und so belässt man sie möglichst unberührt.

Diese Tour konzentriert sich auf die südlichen Inseln und benennt nur einige der vielen Highlights. Am besten nimmt man sich eine oder zwei Wochen Zeit, um noch mehr zu entdecken!

Die Campingplätze sind hier meist simpel und funktional. In Norwegen gilt außerdem das »Allemannsrett«: Jeder darf sich in der Natur aufhalten – also auch übernachten –, unabhängig davon, wem das Gelände gehört, außer in der Nähe bewohnter Häuser und Hütten. Rücksichtnahme sollte selbstverständlich sein: kein Lärm, kein Müll, keine Belästigung von Mensch und Tier, kein Aufenthalt auf landwirtschaftlich genutzten Flächen.

Die Hauptverkehrsstraßen auf den Lofoten sind gut ausgebaut und auch für größere Wohnmobile und Gespanne ohne Probleme zu befahren.

www.lofoten.info

Dreamteam: Die kleine Gemeinde Sakrisøy und die wuchtige Wand des Reinebringen im Hintergrund.

Legende:

1. Reine
2. Reinebringen
 1. Fredvang Strand- og Skjærgårdscamping
3. Kvalvika
4. Nusfjord
5. Lofotr Vikingmuseum

1 Reine

Der kleine Ort auf der Insel Moskenesøy, der südlichsten Lofoteninsel, ist ein guter Anlaufpunkt für einen kurzen Stopp (kein Campingplatz, kein Stellplatz). Es gibt eine Tankstelle, ein Restaurant, ein sehr schönes Café mit Bäckerei (unbedingt probieren: »kanelsnurr« – Zimtschnecken), ein Walfangmuseum und eine Kunstgalerie. Hier kann man Räder und Kajaks mieten (Reine Adventure), Tauchgänge, Angeltouren oder Vogelbeobachtungen buchen (Aqua Lofoten). Man kann aber auch einfach nur in der charmanten Ortsmitte herumspazieren und Fotos machen. Die roten Fischerhütten (»rorbuer«), die auch vermietet werden, leuchten fantastisch in all dem Grün und Blau von Himmel, Land und Meer.

25 km südl. von Fredvang Strand- og Skjærgårdscamping

2 Reinebringen

Er ist nur 448 m hoch, doch der berühmte Aussichtsberg über Reine hat es in sich. Zum einen ist der 1- bis 2-stündige Aufstieg sehr steil. Teilweise gibt es Seile, an denen man sich festhalten kann. Zum anderen ist das Gipfelglück nicht ganz ungefährlich: Das Blick über zwei Fjorde ist so berückend, dass ihn viele, auch ungeübte Wanderer erleben wollen, die mit völlig unzureichenden Schuhen oder nur einem Schluck Wasser im Gepäck nach oben gehen (und von anderen Wanderern wieder nach unten geleitet werden müssen). Alle paar Jahre kommt es vor, dass Windböen unvorsichtige Gipfelstürmer, die sich auf dem losen Geröll nicht halten können, in die Tiefe reißen. Also: den Anstieg ernst nehmen, gut ausrüsten, Kamera nicht vergessen – und genießen!

Parkplatz: an der E10 in der Nähe des Tunnels südl. von Reine, dann der alten Straße außerhalb des Tunnels zu Fuß folgen:
GPS: 67.922145, 13.078578
GPS: 67°55'21.4"N 13°04'42.5"E

1 Fredvang Strand- og Skjærgårdscamping

Campingplätze auf den Lofoten zeichnen sich nicht durch übertriebenen Luxus aus. Pools, Wasserrutschen und Kinderanimation sucht man hier vergeblich. Aber wer braucht das schon, wenn der Campingplatz direkt am Strand liegt – mit Blick in die (nicht) untergehende Sonne? Am »Strand- und Schärengartencampingplatz« von Fredvang ist man ein paar Kilometer abseits der Hauptverkehrswege. Auf dem flachen Wiesengelände gibt es ausreichend Plätze für Wohnmobile, Wohnwagen und Zelte. Wer näher am Wasser stehen möchte, ist weiter weg vom Servicegebäude. An der Rezeption gibt es einige Lebensmittel – besser im nächsten Supermarkt einkaufen. Bootsverleih.
Fredvang, Tel. +47 76 09 42 33, Mitte Mai–Aug., www.fredvangcamp.no
GPS: 68.098808, 13.162110
GPS: 68°05'55.7"N 13°09'43.6"E

3 Kvalvika

Die nicht weit von Fredvang gelegene »Walbucht« mit ihrem gigantischen Sandstrand ist ausschließlich zu Fuß zu erreichen – ein magischer Ort zwischen hohen Felswänden, an dem nur der Wind bläst und die Wellen rauschen. Zwei Wege führen ans Wasser, die man auch zu einer Rundwanderung kombinieren kann: Entweder geht man etwa 1 Std. zwischen den Bergen Moltinden und Skoren durch (einfache Strecke) oder man startet weiter

Fredvang Strand- og Skjærgårdscamping: Hinter den Dünen liegt das Meer.

südlich und wandert an drei Seen vorbei (Markavatnet, Ågotvatnet und Kvalvik-vatnet) zur Bucht. Ein paar hundert Höhenmeter sind auch zu laufen. Für die Rundtour sollte man einen Tag einplanen. Achtung, keinerlei Einkehrmöglichkeit – genug Proviant mitnehmen!

Vom Campingplatz Fredvang ca. 4 km auf der Straße Richtung Selfjord fahren. Kleine Parkbucht am Fuße des Bergs Torsfjordtinden:
GPS: 68.068394, 13.129652
GPS: 68°04'06.2"N 13°07'46.8"E
Alternative Route: Straße weiterfahren bis zur T-Kreuzung, dort rechts abbiegen. Der dortige Einstieg in die Tour ist knapp 9 km vom Campingplatz entfernt:
GPS: 68.048260, 13.120076
GPS: 68°02'53.7"N 13°07'12.3"E

④ Nusfjord

Das kleine Dorf auf der Insel Flakstadøy war einmal der wichtigste Fischereiort der Lofoten. Die Familie, die im 19. Jh. ein Haus nach dem anderen aufgekauft hat,

erhielt es so originalgetreu, dass es heute im Sommer als Freilichtmuseum dient. Charakteristische rote und gelbe Häuser drängen sich um eine glasklare Bucht des gleichnamigen Fjords. Zu besichtigen gibt es u. a. eine Räucherei, eine Bäckerei, eine Schmiede und eine über 100 Jahre alte Kolonialwarenhandlung.

23 km vom Campingplatz Fredvang. Parkplatz kann im Sommer voll sein. Etwas steile Anfahrt.

⑤ Lofotr Vikingmuseum

Auf der Anhöhe von Borg wird die Wikingerzeit in vielen Facetten zum Leben erweckt – nicht zuletzt durch die »echten« Wikinger, die Besuchern gern Fragen beantworten und abends auf Vorbestellung ein Wikingermahl zubereiten. Ein mächtiges Langhaus (83 m) – Sitz eines Häuptlings – wurde mitsamt Gildehalle, Wohn-

räumen, Lager und Stall rekonstruiert. Schafe und Pferde grasen auf der Weide, und vor der Küste liegt ein Wikingerschiff, das auch Museumsbesucher mitnimmt. Mit Törn, Ausstellung und Film sollte man mindestens 3 Std. einplanen.

52 km vom Campingplatz Fredvang, Prestegårdsveien 59, Bøstad, Mai–Mitte Sept. tgl., sonst variierende Öffnungszeiten, www.lofotr.no

Beste Reisezeit

… ist natürlich der Sommer mit seinen nicht enden wollenden Tagen. Das wissen auch viele andere Gäste zu schätzen. Wenn es nachts wieder dunkel wird, kann man Nordlichter sehen.

Gewusst, wie

Für Skandinavien gilt generell: Am besten keine starre Route planen, sondern nach dem Wetter fahren. Websites wie niederschlagsradar.de sagen sehr präzise voraus, wann es wo und wie lange regnen wird. Und schön ist die Landschaft fast überall!

02 Nördliches Fjordnorwegen

Ein Muss, ein Wahnsinn! Man kann sich in dieser Gegend schier unter Druck gesetzt fühlen, die berühmteste Straße (Trollstigen), den malerischsten Fjord (Geiranger), ein geniales Jahrhundertbauwerk (Atlantikstraße), Gletscher, Seen, Gipfel, Nationalparks etc. »mitzunehmen«. Dabei wäre es jammerschade, hektisch die bekannten Sehenswürdigkeiten anzusteuern und den Rest zu vergessen: die grandiose Mischung aus dunkelblauen Meeresarmen, schneebedeckten Bergen, grünen Tälern und zerklüfteter Küste. Von den kulturellen Zeugnissen ganz zu schweigen – seien es fast 1000 Jahre alte Stabkirchen, traditionelle Bauernhöfe oder die wunderbare Jugendstilstadt Ålesund.

www.visitalesund-geiranger.com/de

Wie ein lauerndes Reptil schiebt sich die Aussichtsplattform über den Fels und eröffnet einen Premiumblick auf den Trollstigen.

Jotunheimen

Jotunheimen, norwegisch für »Heimat der Riesen«, ist das höchste Gebirge Skandinaviens und gleichzeitig ein einzigartiger Nationalpark. Ein Netz von Wanderwegen durchzieht ihn, es gibt ein paar Hütten (manche sogar bewirtschaftet) und mit Galdhøpiggen und Glittertind findet man hier die höchsten Gipfel Norwegens (beide knapp 2500 m). Am nördlichen Rand des Gebiets verläuft der 110 km lange Sognefjellsveien (Rv 55), die höchstgelegene Passstraße Nordeuropas. Die Fahrt von Lom im Osten über das Gebirge bis hinunter zum Lustrafjorden im Westen ist an einem Tag zu schaffen. Landschaftlich ist die Strecke in jedem Fall dramatisch, und wenn man Glück hat, erlebt man auch klimatische Kapriolen: Der Startpunkt Lom liegt auf 380 m über dem Meeresspiegel. Dann geht es hinauf ins Jotunheimen, vorbei an schneebedeckten Gipfeln und weiten Tälern; schon bei 1100 m verläuft die Baumgrenze, sodass die Landschaft grau, kalt und streng wirkt. Der höchste Punkt der Passstraße liegt bei 1434 m. Im Juni kann links und rechts der Fahrbahn noch mannshoch Schnee liegen, auch wenn es in der Sonne schon über 20°C hat. Winzige Pflanzen blühen in erstaunlichen Farben, weiße Wollgrasbüschel spiegeln sich in moorbraunen Teichen. Kurz vor dem Fjord ändert sich jäh die Landschaft: Die Bäume kehren zurück, die Temperatur steigt, die Straße windet sich in Serpentinen steil bergab. Links und rechts grüne Wiesen, der eine oder andere Bauernhof taucht auf. Und mit einem Mal öffnet sich der Blick auf den Lustrafjorden und auf eine geradezu liebliche Landschaft. Ein empfehlenswer-

ter Anlaufpunkt nach dieser Fahrt ist der Campingplatz Dalsøren (s. unten).

Sognefjellsveien: im Winter (ca. Okt.–Mai) gesperrt; Tourist Info: im Supermarkt Coop, Sognefjellsvegen 2, Lom, Tel. +47 90 99 37 31, im Sommer (Ende Mai–Aug.) geöffnet, www.visitjotunheimen.no

 ### Stabkirche Kaupanger

Frei nach Loriot: Man kann durch Norwegen fahren, ohne eine einzige Stabkirche zu besuchen; es lohnt sich nur nicht. Als der christliche Glaube ab dem 10. Jh.

> **Dalsøren Camping**
>
> Ein heimeliger Platz direkt am Fjordufer: Hübsche rote Hütten stehen auf dem Gelände, das von Büschen und Bäumen unterteilt (keine Parzellen, eher wie ein Garten) und nach Norden von einer Scheune abgeschlossen wird. Hier lässt es sich tagelang aushalten, beim Bootfahren, Schwimmen oder einfach im Liegestuhl beim Lesen …
> Auf der anderen Seite des Fjords, 28 km vom Campingplatz entfernt, stürzt einer der höchsten Wasserfälle Norwegens in die Tiefe, der Feigefossen. Achtung, die Straße ist sehr eng und führt durch mehrere niedrige Tunnel. Nur mit Pkw oder Fahrrad (mit gutem Licht) machbar.
> An der Hauptstr., Luster, Tel. +47 57 68 54 36, Mai–Sept., dalsoren.com
> **GPS: 61.443196, 7.460094**
> **GPS: 61°26'35.5"N 7°27'36.3"E**

im Norden Fuß fasste, errichteten die Menschen zwar Kirchen aus Holz, verzierten sie jedoch mit Symbolen, die in ihren Traditionen und Mythen verankert waren. Dazu gehörten Drachenköpfe und verschlungene Tierfiguren. 28 dieser Kirchen sind noch erhalten. Eines dieser Zeugnisse mittelalterlicher Holzbaukunst steht gut 50 km südlich vom Dalsøren Campingplatz: die Stabkirche von Kaupanger aus dem 12. Jh. Von außen wirkt sie schlicht; Schnitzereien und Wandmalereien finden sich in ihrem Inneren. Die bunt bemalte Kanzel und der Altar stammen aus dem 17. Jh.

Mitten im Ort; Juni–Aug., www.stavechurch.com/en/kaupanger

 ### Nigardsbreen

Sportfreunde treffen sich im Breheimsenteret – einem Infocenter in Form eines umgedrehten Schiffs, oder ist es eine Gletscherspalte? Es beherbergt eine Ausstellung, ein Café und einen Shop, außerdem werden hier die Tickets für diverse Outdoor-Aktivitäten verkauft – darunter geführte Touren auf das Gletschereis. Man kann vom Breheimsenteret ca. 40 Min. zu Fuß zum Gletschersee laufen, es gibt dort aber auch einen Parkplatz.

Breheimsenteret, Mai–Sept., www.jostedal.com; Parkplatz: **GPS: 61.651571, 7.277348** **GPS: 61°39'05.7"N 7°16'38.5"E** Parkplatz näher am Gletscher (Mautstraße): **GPS: 61.672113, 7.234991** **GPS: 61°40'19.6"N 7°14'06.0"E**

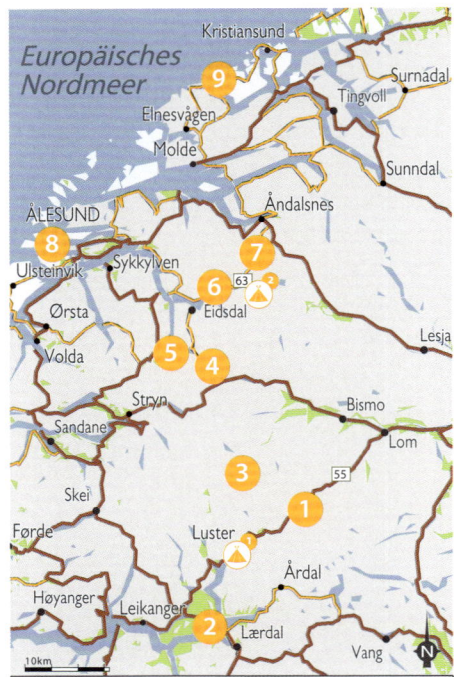

Beste Reisezeit

Von November bis Mai kann man diese Tour nicht fahren, da diverse Straßen im Winter gesperrt sind.

4 Dalsnibba

Wer sich dem berühmten Geirangerfjord von Süden her nähert, kann ihn sich erstmal von oben anschauen. An der Straße Rv 63 zweigt eine gebührenpflichtige Straße ab: Hier geht es hinauf zum Berg Dalsnibba. Aus 1500 m Höhe und 7 km Luftlinie blickt man auf den Fjord – was für eine Aussicht!

Mai–Okt., www.dalsnibba.no;
Beginn der Mautstraße an der Djupvasshytta:
GPS: 62.030744, 7.276690
GPS: 62°01'50.7"N 7°16'36.1"E

5 Geiranger

Der Ort wie auch der Fjord gehören zum Welterbe der Unesco. Mit dem Schiff zwischen den fast senkrechten Felswänden durchzufahren ist ein Erlebnis; mindestens ebenso atemberaubend ist der Blick von oben, wenn selbst Kreuzfahrtschiffe zu kleinen Schaluppen schrumpfen. Hoch über dem Wasser klammern sich in dieser Region mehr als 30 verlassene Höfe an den Fels. Hier hatten arme Familien im letzten Jahrhundert versucht, sich anzusiedeln, doch das karge Land brachte zu wenig Ertrag. Von Geiranger aus kann man nach einer 40–60-min. Bootsfahrt zum Hof Skageflå hinaufklettern (45 Min., anspruchsvoll und steil!). Auf der anderen Fjordseite stürzt der Wasserfall »Sieben Schwestern« in die Tiefe; daneben versteckt sich, winzigklein inmitten der majestätischen Natur, der ebenfalls zugängliche Almhof Knivsflå.

www.geirangerfjord.no

6 Grønningsæter

Trollstigen und Gudbrandsjuvet sind – zu Recht – die touristischen Hotspots an der Straße Rv 63, und entsprechend trubelig geht es dort im Sommer zu. Ruhe und Stille findet man auf einer der Wanderungen, die von der Straße abzweigen. Eine schöne Tour (8 km, etwa 700 Höhenmeter) führt z. B. von Grønningsæter (Abzweig von der Hauptstraße, Maut) zur Hütte Tjønnebu (nicht bewirtschaftet). Nach 2 km geht es steil bergauf und danach gemütlicher weiter durch das Steindalen am Fluss Steindalselva.

Information, Fotos und Höhenprofil unter
www.ut.no/tur/2.13635;
Abzweig von der Hauptstraße bei:
GPS: 62.338101, 7.540267
GPS: 62°20'17.2"N 7°32'25.0"E

△2 Gudbrandsjuvet Camping

Der Campingplatz liegt direkt an der gleichnamigen Klamm, die der Fluss Valldøla gegraben hat. Davor steht ein architektonisch interessanter Café-Pavillon aus Glas und Stahl, von dem Brücken und Stege aus organisch geformtem und edel gerostetem Metall abgehen. Auf dem Wiesengelände mit Miethütten ist Platz für Wohnmobile, Wohnwagen und Zelte. Die Ausstattung ist einfach, die Lage wiegt das kleine Manko auf.
Gudbrandsjuvet, Tel. +47 70 25 86 31
GPS: 62.328652, 7.470091
GPS: 62°19'43.1"N 7°28'12.3"E

Besuchern des Aussichtsbergs Aksla liegt die Innenstadt Ålesunds zu Füßen.

Stein wieder auf. Einen tollen Blick auf den langgestreckten, auf einer Insel liegenden Kern hat man vom Aussichtsberg Aksla aus. Bei kaltem Wetter bietet sich ein Besuch im Salzwasseraquarium an (www.atlanterhavsparken.no).

Tourist Info: Skateflukaia, Ålesund, Tel.+47 70 16 34 30, www.visitalesund-geiranger.com; Parkplatz für Wohnmobile im Zentrum: **GPS: 62.476581, 6.159325** **GPS: 62°28'35.7"N 6°09'33.6"E**

⑨ Atlanterhavsveien

Als Jahrhundertbauwerk wird die Atlantikstraße gern bezeichnet, eine waghalsige Konstruktion aus acht kurvigen Brücken, die kleine Inseln und Holme in der Bucht Hustadvika miteinander verbinden. Etwa in der Mitte gibt es eine Tourist Info und ein Café.

www.nasjonaleturistveger.no/de/routen/ atlanterhavsvegen; westl. Beginn der Straße: **GPS: 63.008393, 7.304553** **GPS: 63°00'30.2"N 7°18'16.4"E**

⑦ Trollstigen

Die Straße aller Straßen. In Camperforen werden Diskussionen geführt, ob und mit welchem Gefährt die Tour möglich ist. Wer einem Linienbus begegnet, braucht gute Nerven, denn es wird richtig eng – und das nicht nur in den elf Haarnadelkurven. Hinzu kommt eine Steigung von bis zu 10 %. An einem schönen Sommertag ist das Verkehrsaufkommen häufig sehr hoch – unter Umständen lieber bis zum Abend warten. Wie man sich auch entscheidet, der Weg lohnt sich: Ganz oben spiegelt sich ein modernes Besucherzentrum aus Glas und Sichtbeton in angelegten Pools und setzt sich mit seinen spitzen Formen hervorragend gegen die Landschaft durch. Von dort windet sich ein Fußweg hinab zu mehreren kubistisch-vieleckigen Aussichtsplattformen, die den Blick ins Tal und auf die Serpentinen freigeben.

Der Trollstigen kann von Nov.–Mai gesperrt sein; allgemeine Info: www.nasjonaleturist veger.no/de/routen/geiranger-trollstigen; Parkplatz am Besucherzentrum: **GPS: 62.453465, 7.662861** **GPS: 62°27'12.5"N 7°39'46.3"E**

⑧ Ålesund

Holzarchitektur fällt einem als Erstes ein, wenn man an Kirchen und Häuser in Norwegen denkt. Umso mehr erstaunt das Zentrum von Ålesund mit seinen hohen, hellen Jugendstilbauten. Im Jahr 1904 hatte ein verheerendes Feuer die alte Holzstadt in Schutt und Asche gelegt, und man baute sie recht unnorwegisch in

Gewusst, wo

»Nasjonale turistveger« – nationale Landschaftsrouten – sind spektakuläre Straßen, immer kombiniert mit moderner Architektur: www.nasjonaleturistveger.no/de

Kein Geländer: Der Felsen Preikestolen (»Kanzel«) ragt 600 m über dem Fjord auf.

03 Norwegens Südwesten

Ja, es birgt ein gewisses Risiko, seinen Sommerurlaub nach Nordeuropa zu verlegen. Es kann regnen, es kann ein scheußlicher Wind wehen, Wohnmobil oder gar Zelt kühlen u. U. auf empfindliche Innentemperaturen ab (oder müssen mit viel Gas aufgeheizt werden); dann wünscht sich so mancher, ein wärmeres Ziel gewählt zu haben. Aber wenn der Sommer kommt – und das ist gar nicht so selten – dann sind die Nächte hell und die Menschen von Kopenhagen bis Tromsø

regelrecht berauscht. Zeitungen drucken den Wetterbericht als Hauptmeldung, Kinder springen in den kalten Atlantik und nicht einmal die hohen Bierpreise können einem die Laune verderben. Und wer sich beispielsweise einen der wundervollen Sandstrände der Region Jæren nicht mit zehntausend Anderen teilen muss, weiß warum er hier ist und nicht an der Adria. Und den Rotwein kann man ja mitbringen! Der Südwesten Norwegens geht auch, wenn man mal nicht so viel Zeit hat. Es

muss ja nicht immer die Anreise über die Osloregion sein: Vom dänischen Hafen Hirtshals fahren zwei Mal täglich Schiffe der Color Line oder Fjordline nach Kristiansand. Das Tolle daran: Es sind Schnellfähren, die geradezu über den Skagerrak rasen! In 3:15 Std. (nach Norwegen) bzw. 2:15 Std. (nach Dänemark) schaffen sie die gut 140 km übers Meer.

www.kristiansand-norway.com,
www.visitrogaland.com

1 Kristiansand

Die wichtigste Stadt Südnorwegens ist ein guter »Landeplatz«, wenn man die Osloregion auslassen möchte und von Dänemark mit der Fähre kommt. Viele Reisende fahren gleich weiter, was nicht ganz unverständlich ist: Kristiansand wirkt weder besonders gemütlich noch genuin norwegisch, da die Innenstadt nach dem letzten Brand von 1892 in Stein wiederaufgebaut wurde. Es gibt aber durchaus etwas zu sehen: Klassische, schöne Häuser sind in Skandinaviens größtem Holzhausviertel Posebyen erhalten, am Hafen liegt die alte Festung Christiansholm und die Aussicht vom Turm der im spätgotischen Stil errichteten Domkirche ist eine Wucht.

Tourist Info: Rådhusgaten 18, Kristiansand,
www.kristiansand-norway.com;
Städt. Parkplatz auf der Insel Odderøya:
GPS: 58.139096, 7.999854
GPS: 58°08'20.8"N 7°59'59.5"E

2 Mandal

Mit seinen hübschen Holzhäusern, dem modernen Kulturzentrum, in dem auch die Tourist Info untergebracht ist, und dem 800 m langen Strand Sjøsanden bietet Mandal mehrere Attraktionen für einen

Beste Reisezeit

Im Juli werden frisch gepflückte Erdbeeren und Kirschen an Straßenständen verkauft – direkt vom Bauernhof.

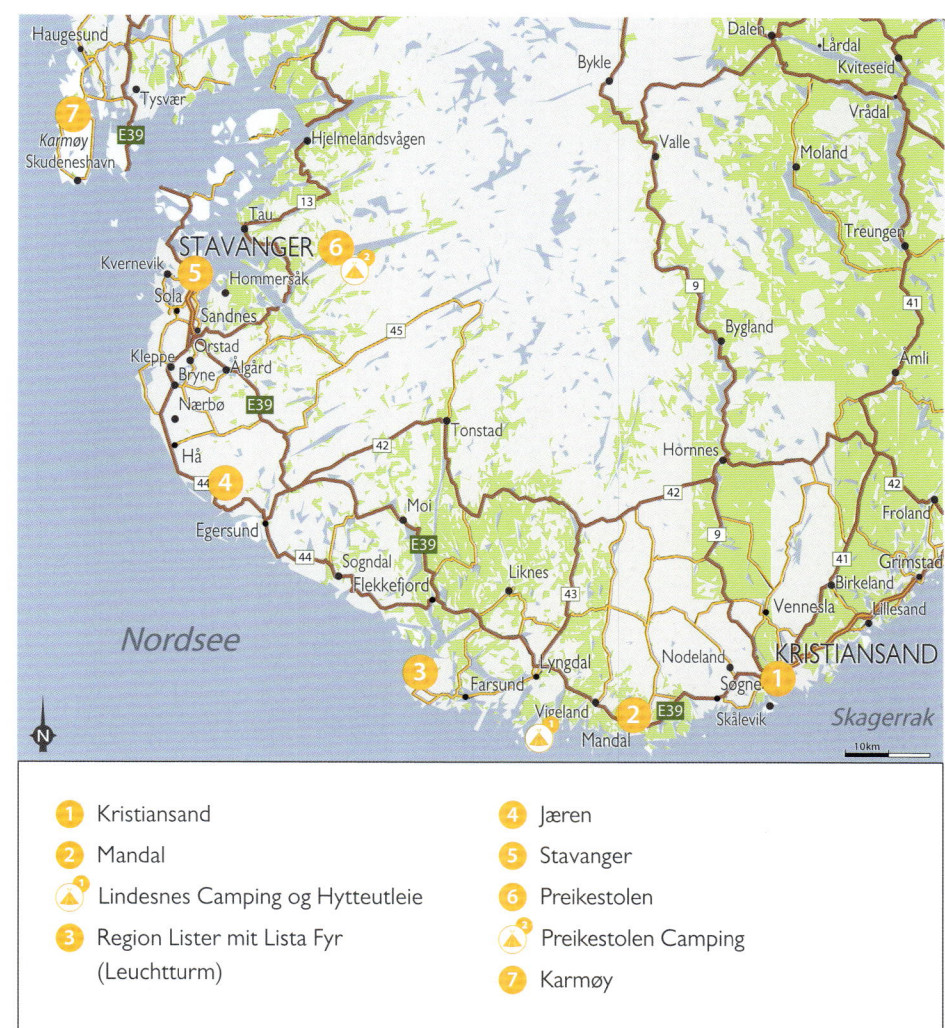

1 Kristiansand	4 Jæren
2 Mandal	5 Stavanger
⛺ Lindesnes Camping og Hytteutleie	6 Preikestolen
3 Region Lister mit Lista Fyr (Leuchtturm)	⛺ Preikestolen Camping
	7 Karmøy

Zwischenstopp. 40 km südwestlich hat man den südlichsten Punkt des Landes erreicht: Lindesnes fyr stammt aus dem Jahr 1656 und ist damit der älteste Leuchtturm Norwegens (der heutige Bau ist allerdings von 1915). Ein kleines Museum berichtet von der Geschichte des Leuchtturms und der Seefahrt an dieser strategisch wichtigen Stelle, an der sich zwei Meere treffen; auf einigen markierten Wanderwegen kann man die Umgebung erkun-

den (www.lindesnesfyr.no/en). Hier, am »Südkap« Norwegens, ist man mehr als 2500 km vom Nordkap entfernt, wie ein Wegweiser informiert. »Es ist lang, dieses Land«, schrieb der norwegische Dichter Rolf Jacobsen einmal. »Das meiste davon ist Norden.«

Tourist Info und Parkplatz in Mandal:
Havnegata 2, Mandal, Tel. +47 38 27 83 00,
www.lindesnesregionen.com

Region Lister mit Lista Fyr

Die Region westlich von Mandal liegt zwischen Höhenzügen und dem Meer; die fruchtbare Küstenlandschaft geht in die vorgelagerten Schären über. Einen Abstecher lohnen die pittoresken Orte Lyngdal, Farsund oder auch Flekkefjord. Der Leuchtturm Lista Fyr (1833 erbaut) bestand ursprünglich aus drei Leuchtfeuern, damit Seeleute ihn von anderen Signalen an der Küste unterscheiden konnten. Heute steht noch einer von ihnen, 34 m hoch und mit seiner Konstruktion aus Granitblöcken eine wichtige Landmarke. 135 Stufen führen hinauf zu einer grandiosen Aussicht. Ein Infocenter erzählt von der Geschichte, Natur und Kultur der Region. Außerdem gibt es eine Kunstgalerie (www.lista-fyr.no).

Parkplatz in Flekkefjord:
GPS: 58.292726, 6.662677
GPS: 58°17'33.8"N 6°39'45.6"E

 **Lindesnes Camping og Hytteutleie**

Südlicher geht's nicht in Norwegen! Kleiner Platz nahe dem gleichnamigen Leuchtturm auf einem zum Wasser hin schmaler werdenden, leicht welligen Gelände. Man steht auf Gras oder Kies, ganz vorne hat man Blick aufs Meer. Mit Motorbootverleih und kleinem Kiosk.
Lillehavn, Lindesnes,
Tel. +47 38 25 88 74, April–Mitte Sept.,
www.lindesnescamping.no
GPS: 57.995500, 7.089507
GPS: 57°59'43.8"N 7°05'22.2"E

Parkplatz am Leuchtturm Lista Fyr:
GPS: 58.109191, 6.569219
GPS: 58°06'33.1"N 6°34'09.2"E

 Jæren

Geradezu unnorwegisch zeigt sich dieser folgende Landstrich. Die stark landwirtschaftlich geprägte Region Jæren ist platt wie ein Pfannkuchen. Sehenswert ist z. B. der Alte Pfarrhof von Hå (Aussprache: Hoh!): Er besteht aus mehreren Gebäuden und dient als lokales Zentrum für Kunst und Kunsthandwerk. In der Nähe liegt der Leuchtturm Obrestad fyr mit Unterkünften und Ausguck auf die Nordsee.

Hå Gamle Prestegård: Håvegen 347, Nærbø, www.hagamleprestegard.no:
GPS: 58.666576, 5.550935
GPS: 58°39'59.7"N 5°33'03.4"E

 Stavanger

Jung und gleichzeitig alt kommt die Stadt Stavanger (133 000 Einwohner) daher; beschaulich und doch topmodern. Seit dem 12. Jh. ein Hafen und damit Fischerei- und Handelsstandort, bildet sie seit den 1960er-Jahren das Zentrum der norwegischen Erdöl- und Erdgasindustrie. Diesen Kontrast erleben Besucher, wenn sie erst im historischen Stadtkern Gamle Stavanger (»Altes Stavanger«) durch die gepflasterten Gassen mit ihren weißen Holzhäusern spazieren und dann das Norwegische Erdölmuseum besuchen: ein Gebilde aus eckigen und runden Gebäudeteilen mit einer Haut aus Metall, das sich optisch zu

einer Art Bohrinsel zusammenfügt (www.norskolje.museum.no).

Tourist Info: Strandkaien 61, Stavanger, Tel. +47 51 85 92 00, www.regionstavanger.com; Parkplatz: gut 3 km vom Zentrum (Bushaltestelle Tastadalen, 12 Min. ins Zentrum, Fahrplan unter www.kolumbus.no):
GPS: 58.980666, 5.682339
GPS: 58°58'50.4"N 5°40'56.4"E

 Preikestolen

Welche Laune der Natur diesen Felsen wohl geformt hat? Ein fast vollkommenes, flachliegendes Quadrat scheint 600 m über

Preikestolen Camping

The place to be, wenn man auf den Preikestolen will. Sehr gefragt, keine Reservierung möglich. Tipp: Früh am Tag einchecken, Platz belegen (z. B. mit Tisch und Stühlen) und mit dem Auto zum 4 km entfernten Wanderparkplatz an der Preikestolen Fjellstue fahren. Alternativ kann man das Fahrrad oder einen Bus nehmen. Oft sind Campingplätze an Topsehenswürdigkeiten eher durchschnittlich – die Gäste kommen ja sowieso. Dieser Platz ist eine wohltuende Ausnahme: schön angelegt, sehr gute Sanitäranlagen, Restaurant, Tourist Info und Internetcafé. Preikestolvegen 97, Jørpeland, Tel. +47 48 19 39 50, ganzjährig, www.preikestolencamping.com
GPS: 58.999225, 6.092062
GPS: 58°59'57.2"N 6°05'31.4"E

dem Lysefjord zu schweben, als hätte eine höhere Macht von hier etwas verkünden wollen. Sicher war es dieser Eindruck, der zum Namen »Prediktstuhl« führte. Mutige lassen die Beine über die Kante baumeln, weniger Mutige robben vorsichtig an den Rand. Doch, es stimmt: Die Wand stürzt senkrecht hinunter, kein Geländer, keine Sicherung schützt die Besucher. Hintergefallen ist noch nie jemand, jedenfalls nicht aus Versehen. Nur 330 Höhenmeter sind zu bewältigen, doch zum einen ist der Pfad an manchen Stellen sehr steil, zum anderen muss man an engeren Passagen häufig warten, weil die Wanderer in Scharen hinauf und hinunter strömen. Der Aufstieg lohnt sich aber so oder so: Ist man erstmal oben angekommen, wird alles klein – der Fels, der Fjord, die umliegenden Berge und sogar der schreiende Fotograf, der die chinesische Reisegruppe begleitet und unter großem Hallo jede Minute dokumentiert. Wer solchem Trubel entgehen will, unternimmt die Wanderung frühmorgens oder am Abend.

Parkplatz und Tourist Info an der Preikestolen Fjellstue, www.ryfylke.com; wenn dieser voll ist, 1 km weiter unten, beide ausgeschildert:
GPS: 58.991717, 6.138199
GPS: 58°59'30.2"N 6°08'17.5"E

Karmøy

Auf der langgestreckten Insel vor Haugesund haben sich seinerzeit einflussreiche Fürsten niedergelassen, um in der Meerenge Karmsundet Zölle zu kassieren. Diese Durchfahrt hat dem ganzen Land seinen Namen gegeben: »Nordvegen«, der Weg nach Norden. Grabhügel, Gedenksteine und Schiffsfunde zeugen von der jahrtausendealten Besiedelung. Im Geschichtszentrum Nordvegen in Avaldsnes haben Forscher zusammengetragen, was man aus alten Sagen weiß und anhand archäologischer Grabungen herausfand. Die Ausstellung ist u. a. Harald Hårfagre (»Harald Schönhaar«) gewidmet, der große Teile Norwegens im Jahr 872 erstmals zu einem Reich einte und hier seinen Königssitz errichtete (Kong Augvaldsvei 101, Avaldsnes, Ende April–Ende Sept. tgl., opplevavaldsnes.no). 10 Min. entfernt befindet sich Vikinggarden, ein rekonstruiertes Dorf, in dem weniger die kriegerische Seite der Wikinger im Mittelpunkt steht als vielmehr ihre Rolle als Handwerker, Bauern, Fischer und Händler. Unbedingt vorbeischauen sollte man in Skudeneshavn im Süden der Insel. In der Blütezeit der Stadt (1830–1870) wurden die Menschen durch den Heringsfang reich; Kapitäne und Reeder errichteten weiße Häuser mit rot gedeckten Dächern – eine Extravaganz in Norwegen. Die Straßen der Altstadt sind winzig, die Cafés und Läden urgemütlich.

Parkplatz in Kopervik:
GPS: 59.283344, 5.300464
GPS: 59°17'00.0"N 5°18'01.7"E
Tourist Info Skudeneshavn: Kaigata 5, Torget, Skudeneshavn, Tel. +47 52 85 80 00, www.visitkarmoy.no; große Fahrzeuge lässt man am besten am Campingplatz:
GPS: 59.156681, 5.243754
GPS: 59°09'24.1"N 5°14'37.5"E

Romantik auf Norwegisch: weiße Holzhäuser im alten Teil von Stavanger.

Gewusst, wo

Die Website www.ut.no/kart zeigt detaillierte topografische Wanderkarten an. Sie ist zwar auf Norwegisch, aber wenn man weiß, wo man hinwill, ist sie ein wertvolles Planungstool.

04 Dalarna und Hälsingland

Der Landesteil rund um die schwedische Hauptstadt Stockholm, zu dem Dalarna und Hälsingland gehören, wird Svealand genannt. Er macht nur ein Fünftel des Staatsgebiets aus, doch in diesem »Herzstück« sind Traditionen und Symbole entstanden, die heute stellvertretend für ganz Schweden stehen. Da wäre z. B. das hölzerne, oft rot bemalte Dalapferdchen »Dalahäst«, das ab dem 17. Jh. von Waldarbeitern als Kinderspielzeug geschnitzt wurde. Zwei riesige Exemplare flankierten den schwedischen Pavillon auf der Expo 2010 in Shanghai. Volkstrachten, Mittsommerkränze und rote Häuser hat der Maler Carl Larsson festgehalten und überall in der Welt berühmt gemacht. Weniger bekannt, aber ebenso einzigartig, sind die historischen Bauernhöfe in Hälsingland – hier trafen europäische Hoch- und schwedische Volkskultur aufeinander und verbanden sich zu einer außergewöhnlichen Kunstform, welche die Unesco unter Schutz gestellt hat (s. S. 23).

www.visitdalarna.se/de,
www.visithalsinglandgastrikland.se/en

Ursprünglich Kinderspielzeug, heute Symbol für Schweden: »Dalahäst«, das Dalapferd.

① Falun

Hier kommt es her, das berühmte Rot, das nicht nur in Skandinavien so viele Holzhäuser ziert. »Faluröd« wird von Schweden-Enthusiasten heiß geliebt, und dass es einst als Nebenprodukt des Kupferbergbaus entstand, ist eigentlich ganz egal. Populär wurde der Farbton übrigens im 17. Jh., weil er an die Backsteinbauten im reicheren Mitteleuropa erinnerte. Heute gilt er als Nationalsymbol. Was für eine Karriere! Die Geschicke der Stadt Falun hingen schon immer mit dem Bergbau zusammen, der seit dem 11. Jh. betrieben wurde. Im 17. Jh. stammten zwei Drittel der weltweiten Kupferproduktion von hier. Als große Teile der Grube 1687 einstürzten, kam glücklicherweise kein einziger Mensch ums Leben (sie feierten alle Mittsommer), doch das Ende der Blütezeit war angebrochen. Falun verlor an Bedeutung, fiel mehreren Bränden zum Opfer, wurde über die Jahrhunderte umgestaltet. Aus der glorreichen Bergwerkszeit sind drei Arbeiterviertel sowie die Industrielandschaft rund um die Grube erhalten und gehören seit dem Jahr 2001 zum Unesco-Weltkulturerbe. Ein Besuch im Bergwerk beginnt in der Garderobe: Bevor es 67 m in die Tiefe geht, werden Regencapes und Helme ausgeteilt. Bei einer geführten Tour erfährt man alles über die Geheimnisse des Kupferabbaus. Spannend für alle Altersgruppen! Mit Museum, Restaurant und Souvenirshop.

Mehr als 60 000 historische und moderne Exponate, welche die Identität der Region spiegeln, zeigt das Dalarna Museum – darunter Objekte mit Kurbitsmalerei. Nie gehört? Aber bestimmt schon gesehen:

Campingplatz mit »Wasseranschluss«: In Schweden eher die Regel als die Ausnahme.

bunte Fantasiepflanzen, Blüten und Blätter auf einfarbigem Grund. Sie zierten früher Möbel oder Wände und heute einfach alles bis hin zu Strumpfhosen und Tätowierungen (Stigaregatan 2–4, in der Nähe der Grube, dalarnasmuseum.se).

Tourist Info: Trotzgatan 10–12, Falun, Tel. +46 771 62 62 62, www.visitdalarna.se; Bergwerk Falu gruva mit Wohnmobilstellplätzen: Gruvplatsen 1, Falun, www.falugruva.se

② Carl Larsson-gården

14 km nordöstl. von Falun liegt das Wohnhaus des Malers Carl Larsson (1853–1919) – eine der beliebtesten Sehenswürdigkeiten Dalarnas und entsprechend gut besucht. Es kann nur im Rahmen einer Führung (Englisch) besichtigt werden; Tickets am besten im Voraus im Internet buchen. Wie kein anderer hat Carl Larsson das Bild vom idyllischen schwedischen Familienleben und nicht zuletzt den als typisch skandinavisch geltenden Wohnstil transportiert, den seine Frau Karin, ebenfalls Künstlerin, gestaltet hat. Er malte häufig seine acht Kinder, draußen und drinnen, mit Hunden, Katzen, beim Spielen oder bei alltäglichen Tätigkeiten. Wer die Bilder vor Augen hat, erkennt im Wohnhaus vieles wieder: Den hellen Boden, die grün und gelb gestrichenen Wände, rote Stühle und Bänke, sogar die blütenförmigen Lampen über dem Esstisch. Der Garten wurde 2014 in den Zustand von 1928 versetzt – ein wildes, kleines Paradies.

Carl Larssons väg 12, Sundborn, Mai–Sept., www.carllarsson.se

1 Falun
2 Carl Larsson-gården (Museum)
3 Mora
 Ljusdals Camping
4 Nationalpark Fulufjället
5 Hälsingegårdar
2 Våmåbadets Camping

Radierungen und Skulpturen auch dessen Kunst- und Silbersammlungen aus. Trachten aus Mora sind im angrenzenden Zorns Gammelgård ausgestellt. Hier legte er 1914 ein Freilichtmuseum mit traditionellen Holzhäusern an. Sehenswert ist auch die von ihm zusammengetragene Volkskunst im Zorngården (nur mit Führung), dem Wohnhaus des Künstlers und seiner Frau Emma.

Tourist Info: Köpmannagatan 3a, Mora, Tel. +46 77 162 62 62, www.siljan.se; Parkplatz in der Stadt: **GPS: 61.009303, 14.549254** **GPS: 61°00'33.5"N 14°32'57.3"E**

4 Nationalpark Fulufjället

Einen komplett anderen Charakter als die sanfte Landschaft am Siljansee besitzt der nordwestliche Teil Dalarnas, der an Nor-

3 Mora

Nun geht es ins Herz von Dalarna, zum Siljan-See, dann weiter nach Mora. Ein Umweg führt auf kleinen Straßen durch eine malerische Gegend: Von Leksand aus nimmt man nicht die große Straße 70, sondern fährt den Siljansvägen in nördlicher Richtung am See entlang, durch hohe Wälder oder rollende Hügel mit Obstbäumen. Viele rote Häuser stehen links und rechts, bis das pittoreske Tällberg erreicht ist. Danach geht es hinunter zum Siljansee, am Ufer entlang und bei Kullsbjörken wieder auf die Straße 70. Mora selbst, die größte

Stadt am See, ist keine Schönheit, spannend ist aber das Erbe des umtriebigen Künstlers Anders Zorn (1860–1920): Das ihm gewidmete Museum (Vasagatan 36, Juni–Anfang Sept. tgl., sonst Mo geschl., www.zorn.se) stellt neben Landschaftsbildern, Porträts,

Beste Reisezeit

Beim Festival »Musik vid Siljan« Ende Juni/Anfang Juli werden Rock-, Pop-, Jazz- und auch Kammermusikkonzerte veranstaltet (www.musikvidsiljan.se).

Ljusdals Camping

Kleiner Platz außerhalb des Orts am Ufer des Sees Växnan, an der Landstraße, nachts aber ruhig. Um das Wiesengelände stehen hohe Kiefern, der Sandstrand ist nur wenige Schritte entfernt. Etwa 80 Stellplätze. An der kleinen Rezeption gibt es knallbunte Süßigkeiten, die man bei einer Runde Minigolf aufessen kann. Ramsjövägen 56, Ljusdal, Tel. +46 65 11 29 58, ganzjährig, www.ljusdalscamping.se **GPS: 61.838857, 16.040893** **GPS: 61°50'19.9"N 16°02'27.2"E**

Genau hinschauen: Die »Tapeten« der Hälsingegårdar sind handgemalt.

Anwesen. Äußerlich folgten die Architekten der althergebrachten Holzbauweise, die schon im Mittelalter bekannt war. Der Clou sind die Wandmalereien in den Festräumen: Bekannte und unbekannte Maler schufen eine einzigartige Mischung aus Volkskunst und bäuerlicher Kultur mit den Stilen, die beim Landadel gerade *en vogue* waren, darunter Barock und Rokoko. Da finden sich Palmen neben den traditionellen Rosen und Blüten, es gibt mit Farbe imitiertes Mahagoniholz, simulierten Marmor ebenso wie opulente Wandgemälde von Landschaften und ganzen Städten. Die Farben leuchten noch immer so kräftig, dass man sich verwundert die Augen reibt.

Jeder Hof hat individuelle Angebote und Öffnungszeiten. Info unter www.regiongavleborg.se/halsingegardar

wegen grenzt. Wo das Land ansteigt, wird es einsamer, karger, wilder. Im Nationalpark Fulufjället lässt der Wind in exponierten Berglagen keine Bäume wachsen, dafür gedeiht in den Tälern eine Art nordischer Urwald. Unbedingt besuchen sollte man den Njupeskär, mit 93 m Schwedens höchster Wasserfall. In der Nähe liegt das Nationalparkzentrum Naturum, das Besucher mit Kaffee, Kartenmaterial und Informationen versorgt.

Parkplatz am Njupeskär-Wasserfall:
GPS: 61.635178, 12.720337
GPS: 61°38'06.6"N 12°43'13.2"E

5 Hälsingegårdar

Als »Hälsingegårdar« werden historische Bauernhäuser in Hälsingeland bezeichnet.

Sie verteilen sich auf den Landstrich zwischen Sundsvall und Gävle. Sieben von ihnen hat die Unesco ins Weltkulturerbe aufgenommen, 41 Höfe stehen Besuchern offen. Sie entstanden im 18. und 19. Jh., als die hiesigen Bauern wahre Reichtümer mit Flachshandel und Waldwirtschaft angehäuft hatten. Wer Geld hatte, wollte es zeigen, also bauten die Familien prächtige

Gewusst, wo

10 km nordöstlich von Våmåbadets Camping liegt die Hansjö Mejeri, die Blauschimmelkäse, Brie, Hart- und Frischkäse aus eigener Herstellung von 70 glücklichen Kühen verkauft. Hofladen: Mässvägen 4, Orsa, Fr 14–17, Sa 11–14 Uhr

2 Våmåbadets Camping

Da Dalarna sehr beliebt ist, gibt es viele Campingplätze mit angeschlossenem Hüttendorf und viel Gaudi wie Bowlingbahnen und Spaßpools. Dieser Platz ist anders: Er hat 70 Stellplätze, davon 35 mit Stromanschluss, und acht Hütten. Er liegt an der Mündung des Flusses Våmån in den Orsasee. Das Unterhaltungsprogramm besteht aus zwei Kanus, einem Ruderboot und einem Lagerfeuerplatz. Herrlich entspannend.
Våmåbadsvägen 51, Våmhus,
Tel. +46 25 04 53 46, Mai–Sept.,
www.vamabadet.se
GPS: 61.117111, 14.494040
GPS: 61°07'01.6"N 14°29'38.5"E

Als würde Michel aus Lönneberga gleich über die Wiese springen: Skåne und Småland sind Schweden für's Herz.

05 Skåne und Småland

Den Süden Schwedens durchziehen Schnellstraßen wie die E 22, E6 und E4. Vorteil: Man ist flott unterwegs. Nachteil: Der Charme der Landschaft hält sich in Grenzen – wie es links und rechts von Autobahnen eben oft der Fall ist. Wer nach dem Motto »der Weg ist das Ziel« unterwegs ist, wählt lieber kleinere Straßen. Skåne ist die schwedische Region, die man zuerst erreicht, wenn man mit der Fähre in Trelleborg ankommt, von Kopenhagen nach Malmö über die Öresundbrücke fährt oder auf der »Vogelflugroute« vom dänischen Helsingør zum schwedischen

Helsingborg übersetzt. In die sanften Hügel sind spannende Städte eingebettet, Kultstätten erzählen von Wikingern, Schlösser vom europäischen Adel. Die Küste zieht sich schier endlos, hier kann man sich verlieren an immer neuen Sandstränden, beim Angeln, Kanu fahren, Wandern ... Der Name Småland setzt sich aus den schwedischen Wörtern für »kleine« und »Länder« zusammen. Aus vielen Teilen ist eine große Region geworden, die landschaftlich genauso reizvoll ist wie Skåne (hübsche Hütten, wilde Wälder, viel Wasser) und zudem einige kulturelle Beson-

derheiten aufweist. Zum einen gibt es hier eine lange Tradition der Glasbläserei (das »Glasreich«, schwedisch »glasriket«), zum anderen haben etliche Möbelhersteller hier ihre Wurzeln – nicht das Möbelhaus mit den vier Buchstaben, sondern Meister wie Bruno Matthson, ein Zeitgenosse von Charles Eames und Arne Jacobsen. Und dann ist da noch Astrid Lindgren, die das Schwedenbild so vieler Kinder geprägt hat. Also auf nach Vimmerby, in ihr Geburtshaus, wo alles begann!

www.visitskane.com, www.visitsmaland.se

Malmö

Wer über die gewaltige Öresundbrücke fährt, erreicht gleich ein Highlight: Im Zentrum von Schwedens drittgrößter Stadt stehen noch viele Fachwerkhäuser aus dem 16. Jh. Das Renaissanceschloss Malmöhus ist von einem Park umgeben, in dem man entspannen und ein Picknick machen kann. Und falls es kalt sein sollte: In der ehemaligen Festung sind einige Museen untergebracht, darunter das Kunstmuseum, das Stadtmuseum und das Naturkundemuseum. Ein modernes und weithin sichtbares Wahrzeichen der Stadt ist der 190 m hohe, verdrehte Wolkenkratzer »Turning Torso«, den Architekt Santiago Calatrava als Teil des neuen In-Viertels Västra Hamnen entworfen hat.

Info Points: mehrere, z. B. im Moderna Museet, Ola Billgrens plats 2–4, Malmö, Tel. +46 40 34 12 00, www.malmotown.com/de; Park- und Stellplatz für Wohnmobile: 5 km vom Zentrum, Bushaltestelle in der Standgatan, Mitte April–Mitte Sept.:
GPS: 55.582641, 12.917726
GPS: 55°34'57.5"N 12°55'03.8"E

Ystad

Wallander rauf, Wallander runter: Die kleine Stadt genießt dank Henning Mankell einen Kultstatus unter Krimifans. Warum er seine Verbrechergeschichten wohl gerade hier angesiedelt hat? Wer an einer Kommissar-Wallander-Führung teilnimmt, kann dieser Frage nachgehen und entdeckt dabei all die Orte, Straßen, Cafés, Restaurants, das Polizeirevier und vieles mehr aus den

Ales Stenar: 59 Steine, die vor mindestenst 1000 Jahren hochkant in die Erde gesetzt wurden – unsicher ist, ob es sich um eine Grab- oder Kultstätte handelt.

Büchern. Für das Krimivergnügen im Liegestuhl finden sich östlich von Ystad lange Sandstrände, die nach Norden hin von einem Wald (»skog«) abgeschlossen werden. Dieser sogenannte Sandskogen wurde vor 200 Jahren angepflanzt, um den Flugsand zu bändigen. Spazierwege und Radtouren erschließen das Naturreservat.

Tourist Info: St Knuts torg, Ystad, Tel. +46 411 57 76 81, www.visitystad osterlen.se; Park- und Stellplatz für Wohnmobile: an der Marina mitten in Ystad, Juni–Mitte Sept.:
GPS: 55.426792, 13.815308
GPS: 55°25'36.5"N 13°48'55.1"E

Ales Stenar

Wo das Land ins Meer stürzt und man bis zum Horizont nur noch Wasser sieht, da stehen sie: 59 Steine, in Form eines 19 m breiten und 67 m langen Schiffs. Die Ales Stenar sind das größte und am besten bewahrte Monument dieser Art in Schweden. Haben die Menschen der Eisenzeit (500–1000 n. Chr.) solche Schiffssetzungen als Grabstätten oder für astronomische Beobachtungen errichtet? Man weiß es nicht genau. 2012 wurden in der Nähe aber Urnen gefunden, die noch Tausende Jahre älter sind. Der Ort hat eine eigene Magie, vor allem abends oder morgens, wenn die Steine lange Schatten werfen.

Gewusst, wo

In der Malmö Chokladfabrik ist alles Handarbeit, vom Handling der Bohnen bis zur fertigen Tafel. Man kann sogar Schokoladenverkostungen buchen. Nicht nur für Kinder ein Erlebnis. www.malmochokladfabrik.se

Kartenlegende

- **1** Malmö
- **2** Ystad
- **3** Ales Stenar
- **4** Helsingborg
- **5** Kalmar & Öland
- **6** Växjö
- **7** Värnamo
- **8** Store Mosse Nationalpark
- **1** Flatenbadet Camping
- **9** Vimmerby
- **2** Hultsfred Camping
- **10** Göteborg
- **3** Liseberg Camping

Übrigens ist auch das benachbarte Dorf Kåseberga mit seinen regionalen Lebensmittelläden (toll: die Fischräucherei) und Kunstateliers einen Rundgang wert.

www.kaseberga.se/visitors; Parkplatz:
GPS: 55.388401, 14.063287
GPS: 55°23'18.2"N 14°03'47.8"E

4 Helsingborg

Wer in die Innenstadt möchte, kann sich am Hafen nach einem Parkplatz umsehen und als Erstes das Wahrzeichen der »Perle des Öresunds« besuchen, den Turm Kärnan. Er wurde im Mittelalter als Teil einer größeren Burganlage er-

richtet und bietet einen tollen Ausblick auf die Umgebung. Ein Spaziergang führt in nördlicher Richtung am Meer entlang. Nach gut 2 km hat man die Badeanstalt Pålsjöbaden erreicht – die cremefarbenen Gebäude auf der Seebrücke sind eine Augenweide. Etwa 5 km vom Kärnan entfernt liegt das Schloss Sofiero, ein Gartenjuwel, vom damaligen Königspaar höchstpersönlich geschaffen: 1907 pflanzten sie den ersten Rhododendron, heute wachsen 600 Arten auf dem Areal. Manche sagen, es sei die schönste Parkanlage Schwedens, ja sogar Europas (www.sofiero.se).

Info Points: mehrere, z. B. im Kärnan, Slottshagsgatan, Helsingborg, Tel. +46 42 10 43 50, www.visithelsingborg.com

5 Kalmar & Öland

Nun geht es 300 km nach Osten. Die alte Stadt Kalmar ist am und ins Wasser gebaut: Das Renaissanceschloss (Führung empfehlenswert) und auch die Altstadt Kvarnholmen stehen auf je einer Insel. Eine Sehenswürdigkeit neueren Datums ist die 6 km lange Ölandbrücke, die das Festland mit der gleichnamigen Insel verbindet. Mit ihrer sanft gewellten Landschaft, den vielen Windmühlen und mehr als 20 Campingplätzen ist sie ein beliebtes Sommerziel.

Tourist Info: Ölandskajen 9, Kalmar Gästhamn, Tel. +46 480 41 77 00, www.kalmar.com/de; Parkplatz Altstadtinsel:
GPS: 56.663541, 16.370711
GPS: 56°39'48.8"N 16°22'14.6"E

Große Tradition: Die Glasbläser aus Südschweden sind weltbekannt.

8 Store Mosse (Nationalpark)

Schwedens größtes Moorgebiet südlich von Lappland wurde im Jahr 1982 zum Nationalpark erklärt. Auf Wanderungen lassen sich typisch nordische Tiere und Pflanzen entdecken; für Vogelbeobachtungen steht am See Kävsjö ein speziell errichteter Turm. Wer im Sommer an einer geführten Tour teilnimmt, bekommt Schneeschuhe ausgehändigt – um nicht einzusinken.

www.storemosse.se, Haupteingang und Nationaparkhaus Naturum:
GPS: 57.300118, 13.928664
GPS: 57°18'00.4"N 13°55'43.2"E

6 Växjö

Westlich von Kalmar beginnt das »Glasreich«, ein Landstrich, der für seine Glasherstellung bekannt ist. Im Dom der Universitätsstadt steht mit dem gläsernen Flügelaltar das wichtigste Werk dieser Kunstrichtung in Schweden. Alles über sechs Jahrhunderte Glasherstellung erfährt man in Sveriges Glasmuseum, gleich neben dem Smålands Museum (www.kulturparkensmaland.se), in dem Exponate von der Stein- über die Wikingerzeit bis heute zu sehen sind.

Tourist Info: Residenset, Stortorget, Växjö, Tel. +46 470 73 32 80, vaxjoco.se/de

7 Värnamo

Die kleine Stadt (19 000 Einwohner) ist stolz auf ihren bekannten Sohn: Bruno Mathsson (1907–1988) war einer der wichtigsten schwedischen Möbeldesigner des Funktionalismus. Seine ehemalige Firmenzentrale dient als Museum für seine Tische, Stühle u. v. m. (www.mathsson.se). Jüngeren Datums (2011) ist das Museum Vandalorum für Zeitgenössische Kunst und Design (www.vandalorum.se).

Info Points: mehrere, z. B. am Vandalorum, Tel. +46 37 01 88 99, www.visitvarnamo.se

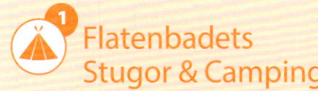

Flatenbadets Stugor & Camping

Kleiner einfacher Platz, direkt am Ufer des Sees Flaten; er bietet keine großartige Ausstattung, dafür einen Premiumblick in den Sonnenuntergang. Nur 6 km vom Store Mosse Nationalpark entfernt. Kiosk, Café, Minigolf und Kanuverleih. Der Platz wurde in den 1950er-Jahren gegründet und strahlt in gewisser Weise immer noch ein nostalgisches, etwas verschlafenes Flair aus.
Uppebo, Hillerstorp, Tel. +46 37 02 50 66, Mai–Aug., www.flatenbadets camping.se
GPS: 57.357390, 13.932004
GPS: 57°21'26.6"N 13°55'55.2"E

Beste Reisezeit

Mitte August findet das Malmöfestival statt, ein Mix aus Konzerten, Theater, Film, Mode u. v. m. Die Stadt ist eine einzige Party – und brechend voll. Am besten früh einen Stellplatz organisieren und auf ins Getümmel, oder eben großzügig umfahren.

Camping Hultsfred

Der Platz liegt auf einer kleinen Nase am See Hulingen am Rande des 5000-Seelen-Orts Hultsfred und bietet knapp 150 Stellplätze. Die Astrid-Lindgren-Welt und Astrid Lindgrens Näs sind rund 20 km entfernt. Aber auch vor Ort kann man sich beschäftigen: Schwimmen, Kanufahren, Angeln, Radfahren, Wandern.
Folkparksvägen 10, Hultsfred, Tel. +46 702 17 31 16, Mai–Mitte Sept., www.camping-hultsfred.eu
GPS: 57.491875, 15.863230
GPS: 57°29'30.8"N 15°51'47.6"E

9 Vimmerby

Vimmerby steht vollständig im Zeichen seiner berühmtesten Tochter, der Kinderbuchautorin Astrid Lindgren. In dem nach ihr benannten Themenpark tauchen Kinder ganz und gar in die Schauplätze ihrer weltbekannten Erzählungen ein – äußerst liebevoll wurden z. B. die Mattisburg, Karlssons Dach und die Villa Kunterbunt nachgebaut. Pippi Langstrumpf fegt vorbei, Ronja Räubertochter nimmt kleine Gäste an die Hand und führt sie herum. Nur 1 km entfernt liegt Astrid Lindgrens Näs: In dem rot gestrichenen Hof mit der weißen Treppe wurde die Schriftstellerin im Jahr 1907 geboren. Wer hier umherstreift, erkennt die Welt der »Kinder aus Bullerbü« wieder und meint fast, »Michel aus Lönneberga« käme gleich um die Ecke gelaufen. Sogar der Limonadenbaum ist hier zu sehen! Rund um das Elternhaus

(nur mit Führung) wurden Gärten angelegt; es gibt eine Dauerausstellung und wechselnde Sonderausstellungen. Das moderne Gebäude mit Shop und Restaurant bildet einen interessanten Kontrast zum alten Anwesen.

Astrid Lindgrens Värld: Vimmerby, Anfang Mai–Ende Aug. tgl., www.alv.se, Tickets am besten online buchen; Astrid Lindgrens Näs: Prästgårdsgatan 24, Vimmerby, Mai–Sept. tgl., www.astridlindgrensnas.se

10 Göteborg

Schwedens zweitgrößte Stadt ist eine der ältesten Siedlungen: Felsritzungen zeigen, dass hier schon in der Steinzeit Menschen gewohnt haben. Lange Historie heißt aber keinesfalls Stillstand, im Gegenteil: Göteborg ist eine Stadt in Veränderung. Industriell geprägte Stadtteile werden aufgewertet, viel Neues entsteht – und die Stadt wird bei Besuchern immer beliebter. Die roten Holzhäuser im Schärengarten und das heimelige Haga-Viertel mit seinen Kopfsteinpflastergassen wechseln sich ab mit architektonischen Meilensteinen wie der Oper von 1994 (www.opera.se) oder dem Kunstzentrum Röda Sten in einem ehemaligen Industriegebäude (www.rodasten.com). Die vielen Parks und Wasserwege laden zum Flanieren ein, Museen wie das Hasselblad Center (www.hasselbladfoundation.org) für Fotografie oder auch das Röhsska Designmuseum (rohsska.se) füttern den Kopf. Ein Kuriosum ist die Feskekôrka (»Fischkirche«) aus dem Jahr 1874: eine Markthalle, deren Gestaltung an norwegische Stabkirchen

und gotische Kathedralen angelehnt wurde (www.feskekörka.se). Oder wie wäre es mit einer Schärentour? Göteborgs öffentliche Verkehrsmittel (www.vasttrafik.se) verbinden Stadtbesichtigung und Inselhopping: An der Centralstation nimmt man die Trambahn 11 Richtung Süden. Ein Zwischenstopp bietet sich im alten Arbeiterquartier Majorna an, das sich zum In-Viertel gemausert hat. An der Endstation Saltholmen kann man auf eine Fähre umsteigen und die Inseln des Schärengartens erkunden. Viele Restaurants und Wanderwege!

Tourist Info: Kungsportsplatsen 2, Göteborg, Tel. +46 313 68 42 00, www.goteborg.com; Parken: am besten an einem Campingplatz

Liseberg's Camping Askim Strand

Der Platz ist mit seinen 250 Stellplätzen für Wohnmobile und Wohnwagen und 150 Zeltplätzen nicht unbedingt lauschig, aber er liegt zum einen am Meer und zum anderen an einer Buslinie ins Zentrum von Göteborg. Es gibt eine Sauna und Spielplätze, einen kleinen Supermarkt an der Rezeption und ein Restaurant am Strand. Wegen der praktischen Lage wird hier gern gebucht – deshalb lieber früh reservieren.
Marholmsvägen 124, Askim, Tel. +46 31 84 02 00, Ende April–Ende Aug., www.liseberg.com > Accomodation > Camping
GPS: 57.628759, 11.920893
GPS: 57°37'43.5"N 11°55'15.2"E

Schärenhopping im Kleinformat: Zahllose Felsen liegen vor Finnlands Küste im Meer.

06 Finnlands Südwesten

Viele Routen führen nach Finnland, in das Land der 1000 Seen. Übrigens eine heillose Untertreibung, sind es doch mehr als 180 000 (!) Seen. Übers Wasser erfolgt denn auch die Anreise: Man kann in Deutschland auf ein Schiff steigen und von Travemünde nach Helsinki fahren. Das dauert etwa 30 Std. Weitere, keineswegs schnellere Möglichkeiten sind, über Estland zu kommen (2,5 Std. von Tallinn nach Helsinki) oder über Schweden, etwa von Stockholm nach Helsinki (ca. 16 Std.) oder Turku (ca. 11 Std.). Den Landweg

gibt es natürlich auch, doch mit dem eigenen Gefährt durch Russland zu fahren, ist nicht ganz unkompliziert (Papiere, Visapflicht), und über Nordschweden ist es ziemlich weit, was viel Zeit braucht. Wer die nicht hat oder kürzere Fährpassagen bevorzugt, »springt« von Stockholm oder vom schwedischen Hafen Kapellskär auf die Ålandinseln (ca. 2,5 Std.), bleibt dort ein paar Tage und fährt danach weiter ins finnische Turku (ca. 5,5 Std.).
Wie in Schweden und Norwegen kann man sich in Finnland als Camper einfach

treiben lassen – hierhin und dorthin gondeln, sich ein schönes Plätzchen an einem See oder Strand suchen, die schmucken kleinen (oder auch großen) Orte besuchen, Fahrradtouren unternehmen, wandern, paddeln oder Beeren suchen. Gerade die Südwestküste mit ihrem Schärengarten und die oft sonnenverwöhnten Ålandinseln bieten entspannte Reviere für skandinavisches Sommerglück.

www.visitaland.com, www.visitfinland.com

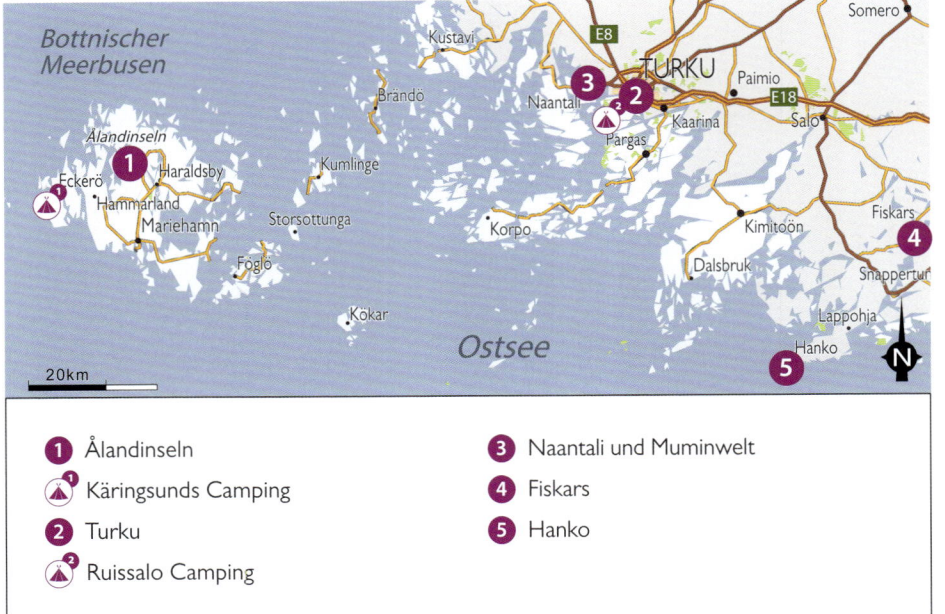

Map legend:
- **1** Ålandinseln
- **1** (tent) Käringsunds Camping
- **2** Turku
- **2** (tent) Ruissalo Camping
- **3** Naantali und Muminwelt
- **4** Fiskars
- **5** Hanko

1 Ålandinseln

Als vor etwa 10 000 Jahren die letzte Eiszeit zu Ende ging, hoben sich an den Rändern des skandinavischen Festlands Tausende Inseln und Holme aus dem Meer. Diese glattgeschliffenen Schären formen einen Naturraum, der zu Inselhopping, Schwimmen, Angeln, Kajakfahren und allgemei-

nem Nichtstun einlädt. Auf den politisch weitgehend autonomen Ålandinseln – einem Archipel aus 6500 Eilanden, von denen 60 bewohnt sind – wird Schwedisch gesprochen. Wer die Hauptstadt Mariehamn hinter sich lässt, sieht bald nur noch Buchen und Birken, rote und gelbe Häuser, Sandstrände und das Meer.

Tourist Info: Storagatan 8, Mariehamn, Tel. +358 182 40 00, www.visitaland.com/de

2 Turku

500 Jahre lang hieß die Kapitale Finnlands nicht Helsinki, sondern Turku. Heute versteht sich die 184 000-Einwohner-Stadt vor allem als studentisch-junger Standort mit einem entsprechend umtriebigen Flair. Am Nordufer des Flusses Aurajoki steht eine mittelalterliche Burg – ein nicht

gerade häufiger Anblick in Finnland. Wahrzeichen der Stadt ist der Dom mit seinem wuchtigen Turm. Wer sich für die Weiterfahrt mit regionalen Lebensmitteln eindecken möchte, sollte unbedingt in der alten Markthalle vorbeischauen (Eerikinkatu 16, www.kauppahalli.fi/en).

Tourist Info: Aurakatu 2, Turku, Tel. +358 22 62 74 44, www.visitturku.fi, Parkplätze: **GPS: 60.44279, 22.24986 GPS: 60°26'34.0"N 22°14'59.5"E**

3 Naantali und Muminwelt

Was Pippi Langstrumpf für Schweden ist, sind die Mumins für Finnland: Kindheitserinnerung, Kulturgut und nicht zuletzt Exportschlager. Die Schriftstellerin Tove Jansson hat zwischen 1945 und 1970 neun Bücher über die Trolle mit

Beste Reisezeit

Finnland wird entweder von Nordlichtenthusiasten im Winter angesteuert oder von Mittsommerfans. Bei Großveranstaltungen wie dem Pori Jazz Festival im Juli kann es auch auf Campingplätzen manchmal eng werden. Am besten vorher informieren, was im Zielgebiet so los ist.

1 (tent) Käringsunds Camping

Die Insel Eckerö gilt als Sonnenseite der Ålandinseln. An ihrer Westküste finden sich auf einem Wiesengelände mit Sandstrand ca. 80 Stellplätze für Wohnmobile und 100 Zeltplätze, eine Sauna und ein überdachter Grillplatz. Nicht weit entfernt ist das Käringsund Conference Center mit Café, Restaurant und Sportmöglichkeiten. Besser reservieren! Käringsundsvägen 147, Eckerö, Tel. +358 183 83 09, Mitte Juni–Mitte Aug., www.karingsundscamping.se, **GPS: 60.233429, 19.545022 GPS: 60°14'00.3"N 19°32'42.1"E**

Im Fiskars Village produzieren und verkaufen Designer und Künstler ihre Kreationen.

den Nilpferdnasen geschrieben und illustriert. Im Themenpark Muumimaailma, der Muminwelt, können Kinder ihnen begegnen. Er liegt auf der Insel Kailo, die über einen Steg mit Naantali verbunden ist. Die Kleinstadt gehört zu den ältesten Orten des Landes und ist bei finnischen Sommerurlaubern beliebt.

Muminwelt Shuttleparkplatz »Moomin Car Park«: Tuulensuunkatu 12, Naantali, Mitte

Gewusst, wie

Camper haben ein inniges Verhältnis zu Mücken. In manchen Regionen gibt es sogar Spezies, die durch die Kleidung stechen können. OFF ist ein wirklich wirksames, finnisches Mückenmittel. Gute Nachricht: Auf den Schäreninseln gibt es die Biester nicht.

Juni–Ende Aug., www.moominworld.fi; Tourist Info: Nunnakatu 2, Naantali, Tel. +358 24 35 98 00, visitnaantalifinland.com

 Fiskars

Fiskars kennt man bei uns vor allem aus dem Baumarkt – als Hersteller von Werkzeugen für Küche, Haus und Garten. Die Marke heißt so, weil das Unternehmen im 17. Jh. in dem gleichnamigen finnischen Dorf gegründet wurde. Dort hat man sich auf die handwerklichen Wurzeln des heutigen Weltkonzerns besonnen und das »Fiskars Village« eingerichtet: Ein lebendiges Zentrum mit Designern, Künstlern, Kunsthandwerkern und ihren Werkstätten und Showrooms. Gestaltet und produziert werden hier Textilien, Glas, Schmuck, Keramik, Schokolade, Leuchten u. v. m. Es gibt wechselnde Ausstellungen, Cafés, ein Restaurant und his-

torische Gebäude, Kinder toben sich auf den Spielplätzen aus.

Fiskars, www.fiskarsvillage.fi/en; Hauptparkplatz auch für große Fahrzeuge: **GPS: 60.130676, 23.544586** **GPS: 60°07'50.4"N 23°32'40.5"E**

 Hanko

Hanko liegt rund 60 km von Fiskars entfernt. Die kleine Stadt gilt als sonnigster Ort Finnlands. Bleibt nur die Entscheidung: an den Strand, auf einen Naturpfad oder hinaus zum Bengtskär, dem größten Leuchtturm Skandinaviens?

Tourist Info: Raatihuoneentori 5, Hanko, Tel. +358 192 20 34 11, tourism.hanko.fi

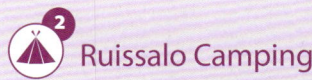 **Ruissalo Camping**

Die vorgelagerte Insel Ruissalo war einst Jagdrevier der Oberschicht von Turku. Eichenwälder, Villen aus dem 19. Jh. und ein Radwegenetz machen das Eiland selbst zu einem Ziel. Praktisch ist auch, dass es eine Busverbindung nach Turku gibt (15 Min. Fahrzeit). Großes parkähnliches Gelände, teilweise mit hohen Birken. Ein munterer Platz mit – natürlich – einer Sauna, einem Laden, Sportfeldern, Spielplätzen, Café und Restaurant.
Saarontie 25, Turku, Tel. +358 22 62 51 00, Juni–Aug., www.visitturku.fi/en > Accomodation > Camping
GPS: 60.425780, 22.098090
GPS: 60°25'32.8"N 22°05'53.1"E

Stimmungsvoll: Nyhavn war einst der »neue Hafen« Kopenhagens und ist heute eine beliebte Ausgehmeile.

07 Kopenhagen, Seeland und Møn

Auch wenn Camper eher zu Stränden und Wäldern, dünn besiedelten Landstrichen und Seen tendieren: Kopenhagen ist ein absolutes Muss für alle, die auf der Insel Seeland unterwegs sind. Die Stadt ist so spektakulär, dass sie einen ganzen Urlaub verdient – ob man nun Schlösser und Museen besucht, auf den Kanälen herumschippert oder einfach in einem der unglaublich stylischen Cafés entspannt.

Für Wohnmobile befindet sich in der City ein Stellplatz, sodass der Weg zu Bars und Kneipen kurz ist. Vorsicht, Shoppinggefahr: Ein Schälchen von Rice oder eine Bluse von Noa Noa passen auch in den kleinsten Schrank, und Übergepäck haben Camper ja nicht zu befürchten!
Außerhalb der dänischen Hauptstadt geht es zwar etwas gemächlicher zu, was aber nicht heißt, dass nichts los ist. Wer

auf den Spuren von dänischen Königen und Wikingern wandeln möchte, ist auf Seeland richtig. Ein Kleinod ist die kleine Insel Møn südlich der Hauptstadtregion, die mit ihren steil abfallenden Kreidefelsen an Rügen erinnert.

www.visitvestsjaelland.dk,
www.visitnordsjaelland.dk,
www.sydkystdanmark.dk

Kopenhagen

Kleines Land, großartige Kapitale: In Kopenhagen verbinden sich Museen von Weltrang, Königsschlösser, das Flair einer alten Hafenstadt und ein vitaler Innovationsgeist zu einer genialen Mischung. Schnell fällt z. B. die Kombination aus über 100 Jahre alten bürgerlichen Vierteln und gewagter neuer Architektur ins Auge. Der »Sorte Diamant« (Schwarzer Diamant) etwa, der 1999 eröffnete Anbau der Dänischen Königlichen Bibliothek, fügt sich gerade *nicht* in das umliegende Backsteinensemble ein. Hier sind das Nationale Fotomuseum, das Museum für Dänische Karikaturen und das Buchmuseum untergebracht (www.kb.dk/en/dia/museer). Weitere architektonische Landmarken sind die Oper von 2005 und das Schauspielhaus von 2008 (kglteater.dk). Die Dänen lieben ihr Königshaus, allen voran ihre Königin Margrethe II. Royale Ziele in der Stadt sind das Schloss Amalienborg im Zentrum und das Renaissanceschloss Rosenborg mit dem schönsten Park Kopenhagens. Im dortigen Museum kann man die Kronjuwelen bestaunen (www.kongernessamling.dk/rosenborg). Wieder ganz anders präsentiert sich der Nyhavn (»neuer Hafen«) mit seinen bunten Fassaden. Im 17. Jh. wurde ein Kanal gebaut, um den Handel weiter Richtung Zentrum zu verlagern. Diese Funktion verlor die Wasserstraße schon vor über 100 Jahren, das muntere Flair ist jedoch geblieben und macht Nyhavn

Erst die Kronjuwelen, danach ein Eis im Schatten? Park und Schloss Rosenborg in der dänischen Hauptstadt Kopenhagen.

zu einer beliebten Ausgehmeile. Wenn im Sommer die Sonne scheint, sitzt die halbe Stadt vor den Kneipen und auf der Kaimauer und nimmt einen Drink. Lieber etwas Mode und Design gefällig? Ein Gang durch die Fußgängerzone Strøget und die angrenzenden Straßen führt zu den Shops angesagter Labels von Bruuns Bazaar bis Hay. Das Dänische Designmuseum widmet sich dem Industriedesign und Kunsthandwerk des 20. und 21. Jh. (www.designmuseum.dk).
Etwas ganz Besonderes ist der Tivoli in der Nähe des Bahnhofs, der zweitälteste Vergnügungspark der Welt. Seine Fahrgeschäfte, Restaurants und Bühnen sind in einem märchenhaften Park aufgebaut (www.tivoli.dk).
Nicht nur Kinder fasziniert ein Besuch im Aquarium »Den Blå Planet« südlich von Kopenhagen. Es ist in Bereiche gegliedert, darunter die Färöer, die Seen Afrikas oder auch der Regenwald. Eine Sensation ist das riesige Ozeanbecken, in dem Haie und Rochen ihre Bahnen ziehen (www.denblaaplanet.dk).

Tourist Info: Vesterbrogade 4, Kopenhagen, Tel. +45 70 22 24 42, ganzjährig geöffnet, www.visitcopenhagen.de; Park- und Stellplatz nur für Wohnmobile:
GPS: 55.654498, 12.555679
GPS: 55°39'16.2"N 12°33'20.4"E

② Küstenstraße nach Norden

Wer sich auf den Weg Richtung Helsingør macht, sollte unbedingt ein paar Stopps einlegen. Zum einen sind hier mehrere Bauwerke des dänischen Designstars Arne Jacobsen (1902–1971)

Kattegat

Helsingborg

Helsingør **3**

Hillerød **2**

KOPENHAGEN

Kalundborg

Roskilde **1**

5 *Sjælland* **4** MALMÖ

6 E20 Sorø

Nyborg Slagelse

Næstved E47

Ostsee

Nakskov *Falster*

Nyköbing *Lolland*

Møn **7**

20km N

- **1** Kopenhagen
- **2** Küstenstraße nach Norden (Route, Architektur)
-  Højsager Camping
- **3** Helsingør
- **4** Roskilde
- **5** Kalundborg
- **6** Wikingerburg Trelleborg
- **7** Møns Klint
- Camping Møns Klint

Beste Reisezeit

Für alle, die über Fehmarn kommen: Mitte August macht die Baltic Sail mit ihren Großseglern und Windjammern in Nysted auf der Insel Lolland Station. An Land wird dazu kräftig gefeiert.

zu sehen (GPS s. u.), zum anderen liegt 10 km südlich von Helsingør das Museum Louisiana für Moderne Kunst. International anerkannte Meister wie Francis Bacon, Henry Moore und Andy Warhol sind ebenso vertreten wie aufstrebende Künstler. Die lässige, schlichte und zugleich elegante Architektur bringt Liebhaber der 1950er-Jahre zum Schwärmen (www.louisiana.dk).

Arne Jacobsens ikonische Tankstelle:
GPS: 55.763222, 12.599341
GPS: 55°45'47.6"N 12°35'57.6"E
Arne Jacobsens Bellevue-Theater und toller Strand direkt gegenüber:
GPS: 55.777638, 12.590390
55°46'39.5"N 12°35'25.4"E

3 Helsingør

Ohne Shakespeare wäre alles ganz anders gekommen: Um 1600 schrieb der Brite seine Fassung des damals schon bekannten Hamlet-Stoffs und landete damit einen Riesenerfolg. Schloss Kronborg als Schauplatz des Dramas wurde ebenfalls berühmt. Der prächtige Renaissancebau fungierte jahrhundertelang als Zollstation und Kaserne. Erst 1935 wurde er als Museum eröffnet und im Jahr 2000 von der Unesco zum Weltkulturerbe ernannt. Auch Helsingørs hübsche Altstadt ist einen kleinen Rundgang wert; einen Kontrast zum Schloss und den Kopfsteinpflastergassen bildet das 2010 eröffnete Kulturværftet (»Kultur-Werft«) mit Theater, Bibliothek, Museum und Restaurant: Die Fassade besteht aus dreieckigen Metall- und Glaselementen, die wie

kubistisch verfremdete Segel an die ehemalige Backsteinwerft gesetzt wurden.

Tourist Info in Kulturværftet, Allégade 2, Helsingør, www.visitnordsjaelland.dk; Parkplatz am Schloss Kronborg:
GPS: 56.040436, 12.614935
GPS: 56°02'25.6"N 12°36'53.8"E

4 Roskilde

Roskilde war im Mittelalter eines der Machtzentren im südlichen Skandinavien. Aus noch früherer Zeit datieren Schiffswracks, die Archäologen im Roskildefjord gefunden haben. Sie geben interessante Einblicke in Handwerkskünste, Leben und Reisen der Wikinger. Im Wikingerschiffmuseum sind sie ausgestellt (www.vikingeskibsmuseet.dk). Die zweite Top-Sehenswürdigkeit der Stadt ist der Dom (www.roskildedomkirke.dk), seit 1995 Weltkulturerbe. Im 12. Jh. begonnen

Højsager Camping

Gemütlicher Platz mit vielen Büschen und Bäumen und roten Hütten, ein Stück weg von der Küste, dafür ruhig gelegen. Das Gelände ist an manchen Stellen wellig – was man mit Auffahrkeilen aber in den Griff bekommt. Kleiner Minimarkt und Kinderspielplatz.
Humlebækvej 31, Fredensborg, Tel. +45 49 19 44 48, Ende März–Mitte Aug., www.hojsager.dk-camp.dk
GPS: 55.967764, 12.454669
GPS: 55°58'04.0"N 12°27'16.8"E

und im 13. Jh. im gotischen Stil umgebaut, dient er 21 dänischen Königen und 17 Königinnen als Grabstätte.

Tourist Info: Stændertorvet 1, Roskilde, Tel. +45 46 31 65 65, www.visitroskilde.de; Parkplatz für Wohnmobile nahe dem Vikingeskibsmuseum:
GPS: 55.649307, 12.078838
GPS: 55°38'57.5"N 12°04'43.8"E

5 Kalundborg

In Kalundborg ist die romanische Frauenkirche sehenswert – mit ihren fünf Türmen ist sie weltweit einzigartig. Neben einem schmucken Zentrum mit Fachwerkhäusern lohnt das Weingut Dyrehøj Vingård 10 km im Westen einen Besuch: Bei einer Führung kann man ihn kosten und sich davon überzeugen, dass es ihn wirklich gibt, den dänischen Wein.

Dyrehøj Vingård: Røsnæsvej 254, Kalundborg, Tel. +45 28 43 58 91, www.dyrehoj-vingaard.dk; Parkplatz in Kalundborg:
GPS: 55.681225, 11.065154
GPS: 55°40'52.4"N 11°03'54.5"E

Gewusst, wo

Die Statue der kleinen Meerjungfrau in Kopenhagen ist weltberühmt. Seit 2012 hat sie ein augenzwinkerndes Pendant: In Helsingør sitzt die Edelstahlskulptur »Han« (»Er«) in gleicher Pose auf einem Stein im Hafen von Helsingør und spiegelt die Umgebung.

Rügen lässt grüßen: Die dänische Insel Møn verfügt ebenfalls über eine beeindruckende Steilküste, ist aber weniger stark besucht.

6 Wikingerburg Trelleborg

In der Nähe von Slagelse befindet sich die Wikingerburg Trelleborg, eine von drei erhaltenen Ringfestungen in Dänemark. Vor über 1000 Jahren hat König Harald Blauzahn die Anlage errichtet, deren Durchmesser fast 140 m beträgt. Im Museum sind Modelle, Ausgrabungsfunde und Rekonstruktionen ausgestellt. Höchst lebendig wird das Areal beim Wikingerfestival Ende Juli.

Trelleborg Allé 4, Slagelse, April–Okt., www.natmus.dk/museerne/ trelleborg; Parkplatz:
GPS: 55.394461, 11.273000
GPS: 55°23'40.1"N 11°16'22.8"E

7 Møns Klint

Wie Rügen, nur nicht so überlaufen: die spektakuläre, bis zu 128 m hohe Steilküste im Osten der Insel Møn. Genau hinschauen, vielleicht liegen versteinerte Seeigel oder Ammoniten am Strand. Das Geocenter informiert auf unterhaltsame Weise über die Entstehungsgeschichte der Kreidefelsen: 100 Mio. Jahre rauschen in einer halben Stunde vorbei!

Die Klippen sind ca. 1,5 km zu Fuß vom Campingplatz Møns Klint (s. u.) entfernt, www.visitmoensklint.de; GeoCenter: Stengårdsvej 8, Borre, Ostern–Okt., www.moensklint.dk

2 Camping Møns Klint

Ein großer Platz für bis zu 400 Wohnmobile oder Wohnwagen in nächster Nähe der Steilküste. Es werden auch Hütten und Ferienhäuser vermietet. Nettes Extra: Ein Teil des Platzes wird nachts nicht beleuchtet, damit man den Sternenhimmel besser sieht. Besucher können in der Sternenlounge das Firmament betrachten und mittels einer speziellen App ihre Kenntnisse vertiefen. Für diesen »Dark Sky Park« wurde der Platz 2016 mit dem ADAC Camping Award ausgezeichnet.
Klintevej 544, Borre Møn, Tel. +45 55 81 20 25, Ende April–Ende Okt., www.moensklintresort.dk
GPS: 55.967764, 12.454669
GPS: 55°58'04.0"N 12°27'16.8"E

08 Jütland

Nach Jütland kommt man auch ohne Fähre (oder Brücke). Dänemarks einziger Landesteil auf dem europäischen Festland wird von Stammgästen heiß geliebt. Die endlosen Sandstrände im Westen und die interessanten Orte im Osten machen ein Themenhopping zwischen Natur und Kultur ganz leicht. Als Camper ist hier gut leben: Das Land ist flach, die Straßen sind gut, Anlaufstellen gibt es viele, man braucht nur auswählen, ob man am See, in der Heide oder direkt hinter den Dünen stehen möchte. Eine besondere Landmarke Nordjütlands ist der Limfjord. Der Meeresarm zieht sich in wilden Verästelungen quer durch das Land und hat auf diese Weise vom Festland umgebene Inseln geschaffen. Eine von ihnen ist Fur, und manche sagen, sie sei die schönste Insel Dänemarks: nicht nur wegen ihrer einzigartigen Steilküste, sondern auch weil sie nur 800 Einwohner, aber mehr als 20 Galerien und Ateliers besitzt. Ein kleiner Geheimtipp.

www.visitnordjylland.de, www.sydvestjylland.com, www.visitsonderjylland.dk

Surfspots für Groß und Klein: An der Westküste Jütlands grenzt ein Strand an den nächsten.

- 1 »Berge« Jütlands
- 1 Camping Blommehaven
- 2 Aarhus
- 3 Djursland
- 2 Fur Camping
- 4 Aalborg
- 5 Strände im Nordwesten
- 6 Skagen

Beste Reisezeit

Im August und September findet das Aarhus Festival mit Tanz, Theater und Musik statt. Beim Food Festival am ersten Septemberwochenende gibt es regionale Spezialitäten von Fischburger bis Craft Beer (www.foodfestival.dk).

1 »Berge« Jütlands

Dänemark ist platt wie ein Teller? Das stimmt in gewisser Weise, und doch wieder nicht. 40 km südwestlich von Aarhus stößt man beim Örtchen Tåning auf die »Berge« Jütlands. Zwar ist der Ejer Bavnehøj mit 170,35 m über Normalnull nur die dritthöchste Erhebung Dänemarks (»überragt« vom benachbarten Møllehøj mit 170,86 m und dem 3 km entfernten Yding Skovhøj mit 170,77 m), aber er ist der einzige mit Gipfelbauwerk: Den Wiedervereinungsturm aus den 1920er-Jahren – ein Zeichen der Freude über die Rückkehr von Süderjütland nach Dänemark – bezeichnen böse Zungen als »Schornstein Jütlands«.

GPS: 55.977586, 9.830391
GPS: 55°58'39.3"N 9°49'49.4"E

2 Aarhus

Das Thema Urbanität spielt in der zweitgrößten Stadt Dänemarks eine wichtige Rolle. Der Vergangenheit kann man beispielsweise im Freilichtmuseum »Den Gamle By« (»Die alte Stadt«) nachspüren, dessen Besonderheit darin besteht, dass hier tatsächlich eine Stadt bewahrt wird und nicht, wie so oft, ein dörfliches Ensemble (www.dengamleby.dk). Die ältesten Häuser stammen von 1550, es gibt aber auch Wohnungen aus den 1970ern – man fühlt sich wie auf einer Zeitreise! Ein modernes Wahrzeichen ist das Kunstmuseum ARoS: Über dem eckigen Bau schwebt ein ringförmiger Panoramagang aus buntem Glas. Auf neun Ebenen sind Werke des 18. Jh. bis zur Gegenwart ausgestellt (www.aros.dk).

Tourist Info: Dokk1, Hack Kampmanns Pl. 2, www.visitaarhus.com; Parkplatz f. Wohnmobile:
GPS: 56.148631, 10.210726
GPS: 56°08'55.1"N 10°12'38.6"E

3 Djursland

Die »Nase Jütlands« punktet mit diversen Attraktionen: In Ebeltoft liegt die Fregatte Jylland, 1860 erbaut und heute Museumsschiff. Der Nationalpark Mols Bjerge umfasst die ganze Bucht. Wie wäre es mit einem Besuch bei der Ruine von Kalø oder dem 5000 Jahre alten Steingrab von Porskær, das in den 1890er-Jahren beinahe von einem Steinmetz in die Luft gesprengt worden wäre?

www.visitdjursland.de, www.nationalparkmols bjerge.dk; Parkplatz an der Fregatte Jylland:
GPS: 56.198859, 10.675234
GPS: 56°11'55.9"N 10°40'30.8"E

1 Camping Blommehaven

Südlich von Aarhus (Busverbindung) direkt am Strand in einem Waldgebiet; durch die Küstenstraße zweigeteilt. Knapp 390 Stellplätze, keine Dauercamper. Spielplätze, Lebensmittelkiosk.
Ørneredevej 35, Højbjerg,
Tel. +45 86 27 02 07, Ende März–Ende Okt., www.camping-blommehaven.dk
GPS: 56.110185, 10.232081
GPS: 56°06'36.7"N 10°13'55.5"E

Die Wellenbrecher bei Skagen verhindern die weitere Erosion der Kattegatküste.

Hauptstraßen – Dorfidylle. 14 km nördlich steht der Leuchtturm Rubjerg Knude Fyr, den eine Wanderdüne nach und nach verschlingt.

www.loekken.dk; Parkplatz:
GPS: 57.368176, 9.712788
GPS: 57°22'05.4"N 9°42'46.0"E
Leuchtturm: www.rubjergknude.dk; Parkplatz:
GPS: 57.449102, 9.777968
GPS: 57°26'56.8"N 9°46'40.7"E

④ Aalborg

Das Schloss in Aalborg zu erkennen ist gar nicht so einfach: Die schlichte weiß-rote Fachwerkanlage aus dem 16. Jh. könnte auch ein stattlicher Gutshof sein (keine Besichtigung). Direkt daneben steht das letzte Werk des Architekten Jørn Utzon, der auch die Oper in Sydney gestaltet hat: Das Utzon Center ist ein Forschungszentrum, zeigt aber auch Ausstellungen (www.utzoncenter.dk). Deutlich repräsentativer als das Schloss wirkt das Haus, das sich der reiche Kaufmann Jens Bang im Zentrum errichten ließ: Das fünfstöckige Anwesen von 1624 ist üppig mit steinernen Blättern und Ranken verziert und gilt als eines der ältesten und schönsten Renaissancegebäude im ganzen Norden.

Tourist Info: Kjellerups Torv 5, Kedelhallen, Aalborg, Tel. +45 99 31 75 00, www.visitaalborg.dk, Parkplatz für Wohnmobile u. a.:
GPS: 57.057017, 9.908370
GPS: 57°03'25.3"N 9°54'30.1"E

⑤ Strände im Nordwesten

Jütlands Westküste ist ein einziger Strand. Im ehemaligen Fischerdorf Løkken treffen sich Beachlife und – zumindest abseits der

 2
△ Fur Camping

Gestufter Platz mit 100 Plätzen auf der gleichnamigen Insel im Limfjord. 400 m nördl. liegt der Strand, 1,5 km westl. die örtliche Brauerei (Führungen, Restaurant). An der Steilküste Knudeklint sieht man, wie Ascheschichten im Laufe der Jahrmillionen zusammengepresst wurden.
Råkildevej 6, Fur, Tel. +45 97 59 33 33, April–Ende Okt., www.furcamping.dk
GPS: 56.833523, 8.977091
GPS: 56°50'00.7"N 8°58'37.5"E

⑥ Skagen

In Dänemarks Norden herrscht im Sommer ein so berückendes Licht, dass sich hier um 1880 eine Künstlerkolonie gebildet hat: die Skagenmaler. Skagens Museum (www.skagensmuseum.dk) zeigt die schönsten Gemälde.

Tourist Info: Vestre Strandvej 10, Skagen, Tel. +45 98 44 13 77, www.skagen-tourist.dk; Parkplatz nahe der »Spitze«:
GPS: 57.738995, 10.632981
GPS: 57°44'20.4"N 10°37'58.7"E

Gewusst, wie

Viele Campingplätze in Dänemark empfehlen, die Camping Key Europe-Karte vorzulegen. Sie ersetzt den Personalausweis und bietet viele Rabatte. Info: www.campingkey.com

09 Schottland

Schottland in einer Reise zu entdecken, wird nicht gelingen. Nicht einmal, wenn man sich ein Thema vornimmt, etwa den Whisky oder die Highland Games. Das kleine Land ist vollgepackt mit Attraktionen, allein die großen Städte sind jede für sich eine Reise wert: Da wäre die pittoreske Hauptstadt Edinburgh mit ihrem mittelalterlichen Schloss und dem Military Tattoo, mit der eleganten georgianischen »New Town«, mit dem Hausberg Arthur's Seat und dem hübschen Calton Hill, von

dem aus man einen tollen Blick auf die Stadt genießt. Daneben das größere Glasgow, das viel urbaner als Edinburgh wirkt und eine Vielzahl an modernen architektonischen Landmarken und bemerkenswerten Museen aufweist. Genannt seien hier nur »The Lighthouse« mit der Dauerausstellung über den wegweisenden Designer und Architekten Charles Rennie Mackintosh (www.thelighthouse.co.uk), und das »House for an Art Lover«: Mackintosh hat es gemeinsam mit seiner Frau im Jahr

1901 entworfen, es wurde aber erst in den 1990er-Jahren realisiert und dient als Kunstgalerie, Eventlocation, Café und Shop (www.houseforanartlover.co.uk). So spannend diese Städte sein mögen: Camper zieht es sicherlich in die ländlichen Gebiete. Deshalb dreht sich diese Tour um die südwestlichen und westlichen Highlands und führt in die berühmte Speyside, das Herzland des Whiskys.

www.visitscotland.com

Campingtraum in Traumlandschaft: roter Bulli am Loch Leven, nördlich von Edinburgh.

① Loch Lomond and The Trossachs

Als romantische Traumlandschaft wurden der Loch Lomond und das bewaldete Tal The Trossachs schon im 19. Jh. entdeckt. Vor allem aus England kamen Gäste, die Romane von Sir Walter Scott über tapfere Clanchefs und die Erhabenheit der Highlands gelesen hatten und nun alles mit eigenen Augen sehen wollten. Es entstanden zwar keine Hotelburgen und die Ufer der Seen wurden nicht mit Promenaden zugebaut, aber voll kann es in diesem Nationalpark trotzdem werden. Besucher aus dem nahen Glasgow oder auch von weiter her kommen wegen des großen Angebots an Aktivitäten in malerischer Landschaft: Wanderer streifen durch die Eichen- und Kiefernwälder, Fahrradfahrer erkunden die Gegend auf ausgewiesenen Strecken, Mountainbiker finden Trails auf den Höhen, Wasserratten segeln, angeln oder gehen windsurfen. Reizvoll ist die Kombination aus Schifffahrt und Wanderweg: Auf dem Loch Lomond und dem Loch Katrine fahren Passagierschiffe hin und her; so kann man die Landschaft an sich vorbeiziehen lassen, bevor oder nachdem man ein paar Meilen gelaufen ist. Ähnlich wie in Norwegen (Nasjonale Turistveger, s. S. 15) wurden mehrere Straßen im Nationalpark zu *scenic routes* erklärt. An Punkten mit besonders spektakulärer Aussicht haben Architekten Bauwerke gestaltet, die dem Ganzen noch einen besonderen Twist verleihen: »Woven Sound« zum Beispiel ist eine Tunnel-Aussichtsplattform-Konstruktion über dem Wasserfall Falls of Falloch, die aussieht wie ein Geflecht aus Weidenruten, in Wirklichkeit jedoch aus Stahl geformt ist und die Geräusche der Umgebung verfremdet und intensiviert. Ein Halt lohnt sich im Städtchen Aberfoyle: Im Scottish Wool Center werden alte Schafrassen gezeigt, in der Tourist Info steuern engagierte Mitarbeiter Ideen für Ausflüge bei und in der urigen Metzgerei (Main Street, www.aberfoyledelibutcher.co.uk) kann man sich mit köstlichem Lammfleisch zum Grillen eindecken. Wer einmal Haggis probieren möchte, bekommt hier ein hausgemachtes. Nur Mut, das berüchtigte Gericht im Schafsmagen schmeckt lecker!

Tourist Info Nationalpark: National Park Visitor Centre, Balmaha, Tel. +44 13 89 72 21 00, www.lochlomond-trossachs.org; Parkplatz:
GPS: 56.084891, -4.539460
GPS: 56°05'05.6"N 4°32'22.1"W
Falls of Falloch mit »Woven Sound«:
GPS: 56.349989, -4.697203
GPS: 56°20'60.0"N 4°41'49.9"W

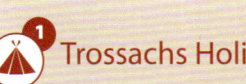

Trossachs Holiday Park

Der gut ausgestattete Platz liegt einsam auf dem Land, umgeben von kleinen Wäldern und großen Feldern am Rande des Nationalparks Loch Lomond and The Trossachs. Alle 45 *pitches* für Fahrzeuge und sogar die 20 Zeltplätze haben Strom- und Wasseranschluss. Guter Ausgangspunkt z. B. für Ausflüge zum kleinen Loch Ard, zum größeren Loch Katrine oder natürlich zum Loch Lomond.
Gartmore, Stirling, Tel. +44 800 197 11 92, März–Okt., trossachsholidays.co.uk
GPS: 56.140020, -4.356003
GPS: 56°08'24.1"N 4°21'21.6"W

Parkplatz in Aberfoyle:
GPS: 56.178121, -4.382798
GPS: 56°10'41.2"N 4°22'58.1"W

② Highland Games

Kinlochard, ein winziges Nest in den Trossachs, an einem Tag im Juli: Musiker mit Dudelsäcken stehen im Halbkreis um eine provisorische Bühne, auf der sich abwechselnd Männer, Frauen und Kinder im Tanz drehen – natürlich alle in Tartan gekleidet. Ein paar Meter weiter werden Baumstämme geworfen und große Steine geschleppt. Zuschauer stehen Schlange um mitzumachen; der Sieger in jeder Disziplin wird mit großem Hallo gefeiert. Im Gemeindehaus werden Lose für die Tombola verkauft, und die Frauen des Orts haben Kuchen gebacken: zuckerbäckerbunte Kreationen, denn der schönste *cake* wird prämiert, bevor er verspeist wird. Es gibt Bier und Würstchen, Kinder flitzen hin und her, die Stimmung ist ausgelassen ... Zwischen Mai und September finden überall in Schottland Highland Games statt, mehr als 100 an der Zahl. Ob halbprivate Dorfspiele wie in Kinlochard oder große Show – ein Erlebnis ist es so oder so.

Termine bei der Scottish Highland Games Association (SHGA): www.shga.co.uk

③ Oban

Nun geht es ans Meer. Die kleine Stadt Oban (8600 Einwohner) punktet mit ihren buntlackierten Fassaden und üppigem Blumenschmuck, mit einem Kolosseum

1 Loch Lomond and The Trossachs

1 Trossachs Holiday Park

2 Highland Games (in ganz Schottland)

3 Oban

4 Isle of Skye

2 Glenbrittle

5 West Highlands & Ullapool

6 Speyside

(tatsächlich!), der örtlichen Destillerie – und natürlich ihrer Lage am Atlantik. Mit dem Nachbau des Kolosseums wollte der reiche Bankier John Stuart McCaig Ende des 19. Jh. sich und seiner Familie ein Denkmal setzen und den örtlichen Handwerkern Arbeit verschaffen.

Es wurde nie fertig, thront aber wie ein gestrandetes Ufo über der Stadt und verleiht Oban eine einzigartige Skyline. Von oben hat man einen wunderbaren Blick auf die Stadt und die Bucht. Die mitten im Ort gelegene Destillerie stellt seit Ende des 18. Jh. Whisky her. Eine Führung durch die sehenswerte Anlage wird mit einer kleinen Kostprobe abgeschlossen (www.discovering-distilleries.com/oban).

Tourist Info: North Pier, Oban, Tel. +44 16 31 56 31 22, www.oban.org.uk; Parkplatz: **GPS: 56.419735, -5.468712 GPS: 56°25'11.1"N 5°28'07.4"W**

4 Isle of Skye

Hier schlägt das wilde Herz Schottlands. Im Süden der Insel ragen die Cuilin Hills fast 1000 m in den Himmel – eine Landschaft aus kahlem, dunklem Fels mit tiefen Scharten und Rinnen. Schon der Blick von Sligachan aus auf die alte Steinbrücke und die Bergkette ist eine Wucht. Der Hauptstraße A87 nach Norden folgend gelangt man nach Portree: Der Hauptort der Insel ist ihre einzige Stadt und mit der bunten Häuserreihe, die sich in der Bucht spiegelt, eine liebliche Schönheit. Weiter nördlich ist es mit der Heimeligkeit gleich wieder vorbei. Auf der Trotternish-Halbinsel steht eine 50 m hohe Felsnadel unweit der Straße, der Old Man of Storr, abweisend und faszinierend zugleich. Die A855 führt um die Halbinsel herum zum Skye Museum of Island Life, einer Ansammlung von reetgedeckten Blackhouses, eingerichtet wie vor 100 Jahren, inklusive einer

Beste Reisezeit

Die Sommermonate sind Klassiker für Schottlandreisen, das Wetter kann allerdings immer launisch sein. Im Mai und September ist weniger Betrieb, aber es finden schon bzw. noch immer Highland Games statt.

Weberei und einer Schmiede (www.skye museum.co.uk). Die lange Geschichte des McLeod-Clans ist im Dunvegan Castle dokumentiert(www.dunvegancastle.com). Unbedingt einplanen sollte man einen Besuch in der Destillerie Talisker (www. discovering-distilleries.com/talisker), der einzigen auf Skye. Es ist einfach schön, den Menschen zuzuhören, die mit so großer Hingabe das schottische Nationalgetränk herstellen. Am Ende gibt's auch hier ein kleines Tasting. Zum Schluss noch eins: Die Insel ist nicht riesig, aber eine wahre Schatzkammer. Weitere Burgen, Buchten, Wanderungen, Tierbeobachtungen (Otter!), Museen, stehende Steine und mythische Plätze bieten Beschäftigung für mehrere Ferientage. Wer dann noch nicht genug hat von den Hebriden, kann sich die äußeren Inseln vornehmen: Fähren starten am Hafen von Uig.

Tourist Info: Bayfield House, Bayfield Rd, Portree, Tel. +44 14 78 61 29 92, www.skye. co.uk; Parkplatz am Old Man of Storr: **GPS: 57.497611, -6.159241 GPS: 57°29'51.4"N 6°09'33.3"W** Skye Museum of Island Life: **GPS: 57.660039, -6.368764 GPS: 57°39'36.1"N 6°22'07.5"W**

5 West Highlands & Ullapool

Die West Highlands hinaufzufahren, ist Fahrvergnügen pur. Zur Landseite erheben sich raue Berge, die je nach Jahreszeit sattgrün oder orangefarben leuchten; der Blick nach Westen schweift über die zerklüftete Küste und zahllose Inseln. Achtung: Abseits der Hauptrouten sind die Straßen sehr klein. Vorsichtig fahren! Die Stadt Ullapool hat zwar nur 1500 Einwohner, ist aber ein bedeutender Ort in den ansonsten spärlich besiedelten Highlands. Im Pub The Seaforth Inn am Hafen treffen sich freitags Fischer und Seeleute bei einem *pint* – authentischer geht's nicht. Gegenüber ist der Souvenirshop Captain's Cabin untergebracht, wo man originelle Mitbringsel ergattern kann. Bei klarem Wetter lohnt sich ein Trip auf den Stac Polaidh, einen markanten Aussichtsberg 24 km nördlich von Ullapool. Nach 2 Std. Aufstieg eröffnet sich ein fantastischer Blick über die Inselgruppe Summer Isles.

Tourist Info: Argyle Street, Ullapool, Tel. +44 18 54 61 24 86, www.ullapool.com; wer in dem Städtchen keinen Parkplatz findet, kann den Broomfield Holiday Park ansteuern:

Gewusst, wo

Die Inverawe Smokery and Fisheries in der Nähe von Oban verkaufen Räucherlachs in höchster Qualität. Mit Café und Ausstellung über das Handwerk (www.inverawe-fisheries.co.uk).
GPS: 56.435007, -5.209923
GPS: 56°26'06.0"N 5°12'35.7"W

Kraftmeierei auf Schottisch: Das Baumstammwerfen ist Bestandteil der Highland Games.

GPS: 57.894665, -5.163482
GPS: 57°53'40.8"N 5°09'48.5"W
Parkplatz am Fuß des Stac Polaidh:
GPS: 58.034593, -5.207291
58°02'04.5"N 5°12'26.2"W

6 Speyside

Die Speyside ist Whiskyland. Von den gut 100 Brennereien Schottlands liegen etwa 50 in diesem relativ kleinen Areal. Wer tief in das Thema einsteigen möchte, kann sich hier von Destillerie zu Destillerie hangeln (nur wenige haben kein Visitor Center). Man braucht nicht jedes Mal eine Führung mitmachen, denn der Brennvorgang ist im Wesentlichen immer derselbe. Interessant sind die individuellen Finish-Methoden: Der Whisky wird unterschiedlich lang und in verschiedenen Eichenfässern gelagert, in denen zuvor z. B. Bourbon, Sherry, Rum, Wein oder andere Spirituosen reiften. Mit etwas Übung schmeckt man diese Noten heraus. Beeindruckend ist ein Besuch in der Speyside Cooperage, wo jährlich Abertausende Fässer aus den USA, Spanien etc. für die Destillerien aufbereitet werden. Die Männer werden nach Fass bezahlt und leisten absolute Schwerstarbeit: Sie nehmen die Fässer auseinander und prüfen die Dauben, hämmern die eisernen Bänder wieder drauf, prüfen die Dichtigkeit der Fässer und brennen sie aus.

Tourist Info: Broomfield Square, Aberlour, Tel. +44 13 40 88 17 24, April–Sept.; Speyside Cooperage: www.speysidecooperage.co.uk, Parkplatz:
GPS: 57.483063, -3.181088
GPS: 57°28'59.0"N 3°10'51.9"W

2 Glenbrittle

Die Lage! Zwischen den höchsten Gipfeln der Isle of Skye und einer feinen Sandbucht liegt diese Campsite mit 120 Plätzen, gut 30 davon asphaltiert. Der Luxus besteht weniger in der Ausstattung als vielmehr in der extravaganten Natur. Auf dem Weg hierher kommt man an den Fairy Pools vorbei, einer verwunschenen Tallandschaft mit verschlungenen Wasserläufen.
Glenbrittle, Carbost, Isle of Skye, Tel. +44 14 78 64 04 04, April–Sept., www.dunvegancastle.com > Your Visit > Glenbrittle Campsite
GPS: 57.202140, -6.286634
GPS: 57°12'07.7"N 6°17'11.9"W

In Cadgwith auf der Halbinsel The Lizard leben noch immer viele Familien von der Krebs- und Hummerfischerei.

10 Cornwall

Wenn Britannia schon cool ist, ist die Grafschaft Cornwall die coolste von allen. Hier treffen sich Surferstyle und Bulli-Liebe, Landwirtschaft und Kunstgalerien, alles garniert mit einer Prise Kitsch (Fischerdörfer! Rosamunde Pilcher!) und vergangener Industriekultur. Steinkreise und Gräber aus der Jungsteinzeit stehen wie beiläufig in der Landschaft und geben hervorragende Verstecke für Geocaches ab. Da begegnet man schon mal Urlaubereltern auf einem *public bridleway* (öffentlicher Pfad über privates Gelände), die einem zuraunen, so bekomme man die Kids wenigstens mal an die frische Luft. Was so natürlich und urig wirkt, wird liebevoll von Menschenhand gepflegt. Der National Trust, UKs Denkmalpflege- und Naturschutzorganisation, kümmert sich beispielsweise um den Erhalt des South West Coast Path, Großbritanniens längsten Fernwanderweg, der sich die gesamte kornische Küste entlangzieht. Ranger erzählen, dass man hier Millionen Pfund investiert, um die Ausbreitung des Japanischen Knöterichs in den Griff zu bekommen. Die extrem schnell wachsende asiatische Pflanze verdrängt die heimische Vegetation und lässt sich nur ausrotten, indem man sie bis zum letzten Wurzelchen ausgräbt und verbrennt – eine Mammutaufgabe. In der Stadt Penzance steht mit dem Jubilee Pool ein beinahe überirdisch schönes Beispiel für die Bäderarchitektur des Art-Déco. Nachdem das in Hellblau und Weiß erstrahlende Seewasserbad 2014 bei einem Sturm stark beschädigt wurde, bildete sich sogleich eine Bürgerinitiative, die Geld für dessen Restaurierung sammelte. Mittlerweile ist es wieder geöffnet (www.jubileepool.co.uk).

www.visitcornwall.com

❶ Dartmoor

Es stimmt: Das Dartmoor liegt nicht in, sondern ganz knapp vor Cornwall. Doch wer von Osten mit dem Auto kommt, muss sowieso hier vorbei. Dartmoor, das klingt nach Gruselgeschichten, nach Gespenstern und Nebelschwaden, nach dem Hund der Baskervilles! Tatsächlich kann man in die mehrere Meter hohen, knubbeligen Granitfelsen (*tors*), die in der Moor- und Heidelandschaft aufragen, alles Mögliche hineinfantasieren – zumindest bei trübem Wetter. Ansonsten zeigt das Dartmoor eine recht heitere Seite, etwa in den netten Örtchen wie Moretonhampstead oder Princetown, aber auch am Rand der kleinen Straßen, wo manchmal bunte Kisten mit hausgemachter Marmelade stehen, an denen man sich einfach bedienen kann. Bei Sonnenschein verlieren auch die *tors* ihren Grusel und werden fleißig von Besuchern bekraxelt, darunter die wichtigste Landmarke des Dartmoors, der Haytor. Feines Zuckerl für Zelter: Mit ganz kleinem Equipment ist Wildcampen im Dartmoor erlaubt. Einzelheiten und freigegebene Flächen auf der Website www.dartmoor.gov.uk.

Mehrere Tourist Infos, siehe Website; Achtung, Dickschifffahrer: Viele Straßen im Dartmoor sind wirklich schmal und von unerbittlichen Hecken begrenzt. Einen »Coach Driver and Motorhome Guide for Dartmoor« gibt es hier: www.dartmoor.gov.uk/visiting; dort ist genau beschrieben, welche Straße für welche Fahrzeugbreite geeignet ist und wo sich Parkplätze befinden. Haytor Parkplatz:
GPS: 50.577020, -3.753563
GPS: 50°34'37.3"N 3°45'12.8"W

Marmelade *to go* im Dartmoor: Die Anbieter vertrauen darauf, dass die Passanten das Geld hinterlegen.

❷ Tintagel

Ob König Artus wirklich etwas mit dieser Burg zu tun hatte, ist ungewiss; ja sogar, ob es König Artus überhaupt gegeben hat. Dass dieser zerklüftete, nur über eine schmale Landbrücke mit dem Festland verbundene Felsen jedoch schon vor Jahrhunderten besiedelt war und eine höchst interessante Geschichte aufweist, belegen archäologische Funde. Tintagel Castle bzw. die Ruine stammt aus dem 12. Jh., da war der König bereits Legende und die goldenen Zeiten der Burg als Residenz und Handelssitz lang vorbei. Man muss ordentlich runter und wieder raufklettern, um zur Ruine zu gelangen, da das Meer im Laufe der Zeit Felsen weggespült hat,

die einst eine Zugbrücke trugen, aber das wilde Areal lohnt die Mühe.

Tintagel Head, Tintagel, www.english-heritage. org.uk/visit/places/tintagel-castle; Parkplatz 600 m entfernt im Ort:
GPS: 50.664221, -4.751510
GPS: 50°39'51.2"N 4°45'05.4"W

❸ Bedruthan Steps

Die spektakuläre Szenerie ist nicht nur bei Fotografen beliebt: An der Westküste unweit von Newquay stehen mehrere gewaltige Felstürme quasi mit den Füßen im Wasser – zumindest bei Flut, bei Ebbe stehen sie frei auf dem Strand. Der Riese Bedruthan soll sie als Trittsteine benutzt

⛺❶ Trevalgan Touring Park

Bis zur Promenade von St. Ives sind es 3,7 km – das schafft man mit dem Fahrrad, zu Fuß oder mit einem der Royal Buses (www.royalbuses.co.uk), die direkt am Campingplatz halten. Noch näher ist es zur Küste, wo man etliche winzige Buchten mit Sandstränden erkunden kann. Mittelhohe Büsche und Bäume trennen die 135 Stellplätze voneinander. Kleiner Shop und Tourist Info, kostenlose Duschen, Sanitärbereich mit Fußbodenheizung, Kinderspielplatz.
Trevalgan, St. Ives, Cornwall TR26 3BJ, Tel. +44 1736 791892, Mai–Sept., www.trevalgantouringpark.co.uk
GPS: 50.207724, -5.519027
GPS: 50°12'27.8"N 5°31'08.5"W

Legende:

1 Dartmoor
2 Tintagel
3 Bedruthan Steps
4 Hayle und Gwithian
1 Trevalgan Touring Park
5 St. Ives
6 St. Michael's Mount
7 The Lizard
2 Veryan Camping and Caravanning Club Site

Parkplatz am nördl. Ende des Gwithian Beach:
GPS: 50.230640, -5.388641
GPS: 50°13'50.3"N 5°23'19.1"W

5 St. Ives

Die Stadt ist der Star der Grafschaft, das schillernde Wunderkind zwischen den gediegenen Fischerdörfern, den Schafweiden und Feldern und Überbleibseln des Bergbaus. Dabei hat der Ort bodenständige Wurzeln: Am Wasser wohnten einst die Fischerfamilien, weiter oben am Hang die Minenarbeiter. Als diese Industriezweige zurückgingen und immer mehr Künstler kamen, wandelte sich St. Ives. Schon Ende des 19. Jh. zog es Meister der Landschaftsmalerei nach Cornwall, und seitdem haben sechs, sieben Generationen hier gearbeitet. Sie ließen und lassen sich vom Licht inspirieren, das warm auf den Dächern schimmert, in grellem Türkis vom Hafenbecken reflektiert wird und weiter draußen in einem satten Dunkelblau ausläuft, das wiederum den in allen Blautönen strahlenden Himmel spiegelt. Nicht nur Maler kamen, auch Bildhauer, Literaten, und nicht zuletzt ist St. Ives für Keramik berühmt. Sogar die große Tate Gallery hat hier eine

haben. Bei Sonnenuntergang sind die *steps* besonders magisch.

www.nationaltrust.org.uk/carnewas-at-bedruthan, Parkplatz:
GPS: 50.481452, -5.031794
GPS: 50°28'53.2"N 5°01'54.5"W

4 Hayle und Gwithian

Diese beiden bilden ein famoses Duo: Hayle, die kleine Stadt, die etwas zurückgesetzt vom Meer liegt und eine witzige Mischung aus Antiquitätenläden, Cafés und Fish&Chips-Shops besitzt; sie gehört mit ihrer Industriegeschichte zur von der Unesco geschützten »Bergbaulandschaft von Cornwall und West Devon«. Und, direkt benachbart, das Dorf Gwithian an seinem drei Meilen langen Strand, an dem sich Surfer und Familien tummeln; dahinter verläuft die Dünenlandschaft The Towans. Nördlich des Strands fällt die Küste steil ins Meer. Zwischen Gras und Blumen führt der Coast Path vorbei, immer mit Blick auf den Godrevy-Leuchtturm. An der höchsten Stelle (88 m) schaut man hinunter auf die tobende Brandung – der Punkt wird, treffend, Hell's Mouth genannt.

Tourist Info: Hayle Library, Commercial Road, Hayle, Tel. +44 17 36 75 43 99; Parkplatz:
GPS: 50.183699, -5.420672
GPS: 50°11'01.3"N 5°25'14.4"W

St. Ives ist mehr als gut besucht und trotzdem ein Juwel – berühmt für das Licht, die Galerien, die Läden und die Stadtstrände.

Dependance (Porthmeor Beach, Di–So 10–16 Uhr, www.tate.org.uk/visit/tate-st-ives), von den vielen Galerien ganz zu schweigen. Ein kleines Paradies also? Ja, aber ein überfülltes: Im Sommer werden Busladungen von Gästen hergefahren, die abends fast alle wieder weg sind. Dann übernimmt ein feierlauniges Publikum die Regie. Trotzdem muss man St. Ives gesehen haben, denn das Licht, es leuchtet wunderbar wie eh und je, und authentische Mitbringsel (Keramik, Aquarelle u. v. a.) bekommt man hier auch.

Tourist Info: The Guildhall, Street-An-Pol, Saint Ives, Tel. +44 17 36 79 62 97, www.stives-cornwall.co.uk; Parkplatz:
GPS: 50.209213, -5.485487
GPS: 50°12'33.2"N 5°29'07.8"W

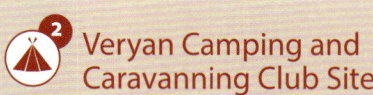

Veryan Camping and Caravanning Club Site

Zwischen Feldern und Trockenmauern liegt dieser kleine Campingplatz, auf dem die Fahrzeuge kreuz und quer stehen dürfen. Für Zeltcamper ist eine eigene Wiese abgetrennt. Im nahgelegenen hübschen Fischerdorf St. Mawes bietet sich ein Besuch des Castles (16. Jh.) an.
Tretheake, Veryan, Truro,
Tel. +44 18 72 50 16 58, April–Okt.,
www.campingandcaravanningclub.co.uk
GPS: 50.234298, -4.899473
GPS: 50°14'03.5"N 4°53'58.1"W

6 St. Michael's Mount

Gegenüber der Ortschaft Marazion steht diese kleine Gezeiteninsel. Sie kann einem vage bekannt vorkommen, ist sie doch dem Mont Saint-Michel in der Normandie fast zum Verwechseln ähnlich. Und tatsächlich waren es Mönche von jener Insel, die hier im Mittelalter den Bau der Kapelle und des Klosters initiierten. St. Michael's Mount ist bei Ebbe zu Fuß und sonst mit Booten erreichbar.

www.stmichaelsmount.co.uk; größerer Parkplatz 1,3 km entfernt:
GPS: 50.128848, -5.490030
GPS: 50°07'43.9"N 5°29'24.1"W

7 The Lizard

Die Halbinsel, deren Name nichts mit einem Reptil zu tun hat, sondern auf den kornischen Begriff für »Hohes Gericht« zurückgeht, ist ein wahres Schatzkästchen. Hier kann man sich tagelang verlieren: den Coast Path entlang wandern, geschützte Buchten wie Kynance Cove und kleine Häfen wie Mullion Cove entdecken oder im Pub The Cadgwith Cove Inn im gleichnamigen Ort mit Fischern den Tag ausklingen lassen …

www.lizard-peninsula.co.uk

Gewusst, wo (nicht)

Land's End wird mit Visitor Centre und viel Halligalli vermarktet; im Sommer ist das Gelände mit Imbissbuden und Karussell »verziert«. Kann man ansteuern, muss man aber nicht. Die zerklüftete Küste und den wilden Atlantik erlebt man auch anderswo.

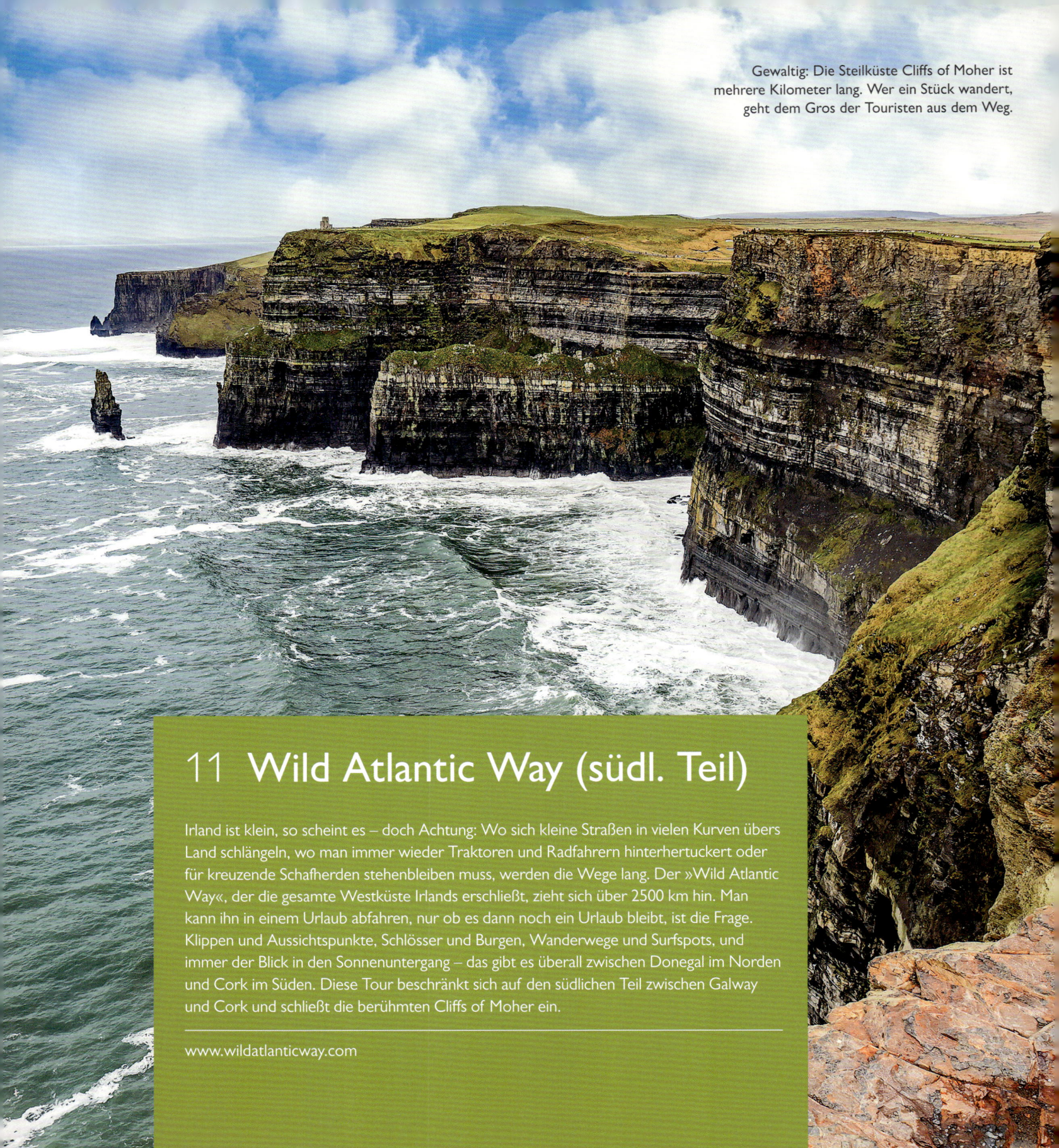

Gewaltig: Die Steilküste Cliffs of Moher ist mehrere Kilometer lang. Wer ein Stück wandert, geht dem Gros der Touristen aus dem Weg.

11 Wild Atlantic Way (südl. Teil)

Irland ist klein, so scheint es – doch Achtung: Wo sich kleine Straßen in vielen Kurven übers Land schlängeln, wo man immer wieder Traktoren und Radfahrern hinterhertuckert oder für kreuzende Schafherden stehenbleiben muss, werden die Wege lang. Der »Wild Atlantic Way«, der die gesamte Westküste Irlands erschließt, zieht sich über 2500 km hin. Man kann ihn in einem Urlaub abfahren, nur ob es dann noch ein Urlaub bleibt, ist die Frage. Klippen und Aussichtspunkte, Schlösser und Burgen, Wanderwege und Surfspots, und immer der Blick in den Sonnenuntergang – das gibt es überall zwischen Donegal im Norden und Cork im Süden. Diese Tour beschränkt sich auf den südlichen Teil zwischen Galway und Cork und schließt die berühmten Cliffs of Moher ein.

www.wildatlanticway.com

1 Galway

2 The Burren

3 Cliffs of Moher

4 Ennis Friary

△**1** Lakeside Holiday Park

5 Dingle Peninsula

6 Killarney

7 Ring of Kerry

△**2** Mannix Point Camping and Caravan Park

Beste Reisezeit

Gibt es nicht so richtig, da das Wetter auch in den Sommermonaten extrem wechselhaft und kühl sein kann. Sonnencreme und Regenschutz gehören auf jeden Fall ins Gepäck.

1 Galway

Die junge, heitere Universitätsstadt versteht sich als heimliche Musikkapitale Irlands. Straßenmusiker beleben die mittelalterlichen Gassen, in Pubs wie Monroe's oder Tíg Cóilí wird abends regelmäßig aufgespielt. Am Ufer des Flusses Corrib steht ein Torbogen, der 1584 erbaute Spanish Arch – ursprünglich war er ein Teil der Stadtmauer und beherbergt heute das Stadtmuseum. Einkaufstipp: Auf dem Galway Farmers Market werden jeden Samstag Lebensmittel aus der Region verkauft.

Tourist Info: Forster St., Galway City, Tel. +353 91 53 77 00, www.discoverireland.ie; Parkplatz für Wohnmobile:
GPS: 53.269409, -9.050968
GPS: 53°16'09.9"N 9°03'03.5"W

2 The Burren

Manchmal klappert es, wenn man auf eine lose Kalksteinplatte tritt. The Burren ist ein Nationalpark im County Clare, und anders als sonst auf der grünen Insel ist es hier karg und steinig. Kein Baum wächst auf der nackten Ebene. Wer genau hinschaut, entdeckt aber Gräser, Moose und Flechten in vielen Farben. Manche davon sind eigentlich in den Alpen oder in arktischen Gebieten heimisch. Eine besondere Schau ist die Stelle, an der The Burren ins Meer stürzt, beim Aussichtspunkt Murrooghtoohy (findet sich auf der Website, in der App und im Kartenatlas zum Wild Atlantic Way). Trotz des abweisenden Charakters haben hier schon vor Jahrtausenden Menschen

gesiedelt: Archäologen konnten Grabstätten, Kochstellen und Ringburgen nachweisen. Am etwa 1500 Jahre alten Steinfort Caherconnell gibt es ein Besucherzentrum, das nicht nur über die Gegend informiert, sondern auch mit einer schönen irischen Attraktion aufwartet: *sheep-dog*-Vorführungen von Border Collies.

www.burrenbeo.com; Besucherzentrum: Caherconnell Stone Fort, Carron, Kilfenora, März–Okt., www.caherconnell.com; Parkplatz:
GPS: 53.041983, -9.137462
GPS: 53°02'31.1"N 9°08'14.9"W

3 Cliffs of Moher

Die atemberaubendsten Stellen eines Landes hat man selten für sich allein. Gerade im Sommer ziehen die Besucher in Scharen zu den berühmten Cliffs of Moher, die über 200 m fast senkrecht aus dem Meer aufragen und vor allem im Abendlicht magisch glühen. Trotzdem sind die Klippen sehenswert, Urlaubermassen hin oder her. Man muss ja nicht an der überlaufensten Stelle bleiben; der Coastal Walk an den Cliffs of Moher ist 20 km lang und verläuft zwischen den Orten Doolin und Liscannor. Oder man kommt später am Abend: Dann sind die Reisebusse abgezogen und das Tickethäuschen ist geschlossen. Auf dem Parkplatz kann man als Camper auch übernachten.

www.cliffsofmoher.ie; Parkplatz am Visitor Center:
GPS: 52.972450, -9.422721
GPS: 52°58'20.8"N 9°25'21.8"W

4 Ennis Friary

And now for something completely different, könnte man sagen: So majestätisch und publikumswirksam sich die Steilküste von Moher präsentiert, so unaufgeregt wirkt der Zauber dieser Ruine. Sie liegt mitten im Ort Ennis und ist in die örtliche Bebauung eingebettet; auf der einen Seite schließt sich ein Pub an, auf der anderen ein Geschäft. Mit dem Bau des Franziskanerklosters wurde im 13. Jh. begonnen – das riesige Fenster im Chorraum war für diese Zeit eine Sensation. Aus dem 15. und 16. Jh. sind steinerne Figuren erhalten: der heilige Franziskus, ein Bischof, die Jungfrau mit Kind u. a. Es gibt Ornamente, deren Funktion man nicht mehr genau kennt – sie könnten ein Grab geschmückt haben. Im Jahr 1870 wurde die Kirche aufgegeben und verfiel, heute dient sie als Freilichtmuseum.

Abbey Street, Ennis, www.heritageireland.ie; mit sehr großen Wohnmobilen schwierig, kleinere parken hier:
GPS: 52.845438, -8.982825
GPS: 52°50'43.6"N 8°58'58.2"W

5 Dingle Peninsula

Ein kleines Urlaubsparadies ist die Halbinsel von Dingle, die sich knapp 50 km nach Westen ins Meer erstreckt. Benannt ist sie nach dem touristischen Zentrum der Gegend, dem hübschen, sehr gut besuchten Städtchen Dingle mit seinen bunten Fassaden. Man kann sich einfach an den malerischen Stränden entspannen – am Inch Strand etwa oder an The

1 Lakeside Holiday Park

Es muss nicht immer die windige Küste sein: Dieser Campingplatz liegt am See Lough Derg und ist von hohen Bäumen umgeben. Kajaks und Ruderboote kann man ausleihen und z. B. zur in Irland berühmten Klosterinsel Holy Isle übersetzen, auf der ein Rundturm sowie die Ruinen von sechs(!) Kirchen zu sehen sind. Zu Läden und Pubs im hübschen Mountshannon sind es nur 20 Min. zu Fuß.
Mountshannon, Tel. +353 61 92 72 25, Mai–Sept., www.lakesideireland.com
GPS: 52.927272, -8.418568
GPS: 52°55'38.2"N 8°25'06.8"W

Maharees, die alle die Blaue Flagge für besonders sauberes Wasser tragen –, sich auf Delfinsafari begeben, einen Ausritt auf dem Pferderücken machen oder ein Seekajak mieten. Auch in dieser Gegend wurden zahlreiche vor- und frühgeschichtliche Zeugnisse gefunden. Spannend ist z. B. das Gallarus Oratory, ein Bethaus aus dem 8. Jh., das in der Trockenmauertechnik gebaut und niemals undicht wurde.

www.dingle-peninsula.ie

6 Killarney

Die größte Stadt in Kerry ist gleichzeitig das quirlige Zentrum der Region, umgeben vom wunderschönen Killarney-Nationalpark mit seiner fast subtropischen Vegetation. Der Ort selbst liegt in einem

Tal am Ufer des Sees Lough Leane und lädt zu einem Bummel ein, vorbei an Kunsthandwerksläden, Pubs, Cafés und Galerien, die auf ein sehr internationales Publikum ausgerichtet sind. Schon im 18. Jh. kamen Sommerfrischler hierher und bewunderten die *scenery* der umliegenden Berge, Seen und Wasserfälle. Zwei der Hotspots im Killarney-Nationalpark sind das viktorianische Muckross House und das mittelalterliche Ross Castle. Ersteres, ein Herrensitz aus dem 19. Jh. mit riesigem Park, ist komplett eingerichtet mit Mobiliar, Büchern und Kunstwerken – Downton Abbey lässt grüßen (www.muckross-house.ie)! 200 bis 300 Jahre älter ist die Ausstattung, die man im Ross Castle besichtigen kann. Wer es gern sportlicher mag, kann westlich von Killarney in den MacGillicuddy's Reeks, Irlands höchsten Bergen, Wander- oder Mountainbiketouren unternehmen.

Tourist Info: Beech Road, Killarney, Tel. +353 646 63 16 33, www.killarney.ie; die Stadt bietet keine extra Parkplätze für Wohnmobile, man kann aber an den größeren Straßen parken, wenn es nicht zu voll ist. Der nächste

Gewusst, wie

Irische Autofahrer sind sehr rücksichtsvoll. Auch wenn es eng wird, kommt man immer irgendwie aneinander vorbei. Ganz kleine Straßen (mit 5- oder 6-stelligen Nummern) muss man mit einem Gefährt größer als ein Kastenwagen nicht mehr unbedingt fahren, das zerrt nur an den Nerven.

Zwischen Palmen und blühenden Büschen stehen Wohnmobile, Zelte und Caravans an Irlands schönstem Campingplatz Mannix Point.

Campingplatz ist Killarney Flesk Caravan & Camping Park – an der Ausfallstraße gelegen, aber nur 2,2 km von der Highstreet entfernt:
GPS: 52.043013, -9.499542
GPS: 52°02'34.9"N 9°29'58.4"W

7 Ring of Kerry

Der Ring of Kerry ist eine Panoramaroute rund um die Iveragh-Halbinsel. Viele Irlandurlauber empfinden diesen Abschnitt als den schönsten ihrer ganzen Reise. Abgesehen von der malerischen Küstenlandschaft – dem türkis schimmernden Meer, goldenen Stränden und grünen Hügeln mit oder ohne Abbruchkanten – gilt es auch hier, uralte Forts und stehende Steine zu bewundern. Der Golfstrom streichelt die Westküste Irlands und bringt Wärme aus südlicheren Gefilden mit sich. Wie mild das Klima hier sein kann, erlebt man auf der vorgelagerten Insel Valentia in den lieblichen Gärten des Glanleam House. In den 1830er-Jahren hat ein Adliger begonnen, exotische Pflanzen zu kultivieren, die in Nordeuropa sonst nur in Gewächshäusern gedeihen. Seine verarmten Nachkommen ließen das Haus im 20. Jh. komplett verfallen, bis es die Deutsche Meta Kreissig im Jahr 1975 entdeckte, erwarb, in jahrelanger Arbeit restaurierte und die ursprüngliche Pracht des Gartens wieder hervorzuzauberte. Einen völlig anderen Charakter besitzt die Insel Skellig Michael, ein schroff aufragender Fels im Atlantik, auf dem verfolgte Katholiken im 7. Jh. ein Kloster errichteten. In

180 m Höhe schichteten sie Steinplatten zu winzigen Hütten auf; hinunter zum Meer sind es über 600 Stufen. Beeindruckend, wenn man sich vorstellt, dass die Menschen außer Fisch und den Früchten ihrer kleinen Gärten nichts zu essen hatten. Die Ähnlichkeit mit dem Mont Saint Michel in der Normandie und dem St. Michael's Mount in Cornwall ist frappierend. Seit das Eiland im Star-Wars-Film »Das Erwachen der Macht« zu sehen war, pilgern auch Filmfans hierher.

Busse und große Fahrzeuge sollten den Ring of Kerry wegen der schmalen Straßen nur gegen den Uhrzeigersinn befahren.
Boote zur Insel Skellig Michael legen in Portmagee ab, der Ausflug dauert insgesamt 6 Std., skelligislands.com; kleiner Parkplatz:
GPS: 51.886114, -10.363220
GPS: 51°53'10.0"N 10°21'47.6"W

Mannix Point Camping and Caravan Park

Der schönste Campingplatz Irlands! Das von Büschen und Palmen unterteilte Gelände wird liebevoll von Mortimer unterhalten. Zeltcamper freuen sich über die große, voll ausgestattete Küche, im Kaminzimmer treten immer wieder Musiker auf. Im Frühling grünt und blüht es wunderschön. Im nah gelegenen Portmagee legen die Schiffe zur Insel Skellig Michael ab (s. S. 51). Im noch näheren Cahirciveen (1 km) gibt es nette Pubs und Läden.
Cahirciveen, Ring of Kerry Coast, Tel. +353 669 47 28 06, Ende März bis Mitte Sept., www.campinginkerry.com
GPS: 51.942626, -10.243524
GPS: 51°56'33.5"N 10°14'36.7"W

West-, Mittel- und Osteuropa

12 Sylt

13 Flensburger Förde

14 Rund um Rügen

19 Polnische Ostseeküste bis Masuren

20 Holland

21 De Hoge Veluwe und Umgebung

15 Östliches Sachsen

16 Pfalz

17 Naturpark Altmühltal

22 Bretagne

18 Schwarzwald

27 Tirol

28 Steiermark

26 Jura und Drei-Seen-Land

25 Berner Oberland

23 Französische Atlantikküste

24 Provence

»Natur ist das große Bilderbuch, das der liebe Gott uns draußen aufgeschlagen hat.«

Joseph von Eichendorff

34 m plus 16 m Düne ragt der Leuchtturm
Hörnum selbstbewusst in die Höhe –
die Reethäuser scharen sich schüchtern,
aber nicht minder schön um ihn.

12 Sylt

Campen auf Sylt, der »Königin der
Nordsee«? Die Insel der Prominenten
und Sportwagenfahrer als Ziel für Zeltno-
maden? Aber sicher doch! Die Karriere
Sylts als Tourismusregion begann schon
Mitte des 19. Jahrhunderts als Kurbad.
Heute lockt die natürliche Schönheit
dank ihrer Vielfalt und Wandelbarkeit das
ganze Jahr (meist kerngesunde) Gäste
über den Hindenburgdamm: im Februar
zum Biikebrennen, der hiesigen Variante
des Osterfeuers, im Frühjahr, wenn die
Rosensträucher erste Blätter zeigen,
im Juni, wenn die Nächte kurz und hell
sind, im Oktober, wenn die Strände sich
lichten, im November, wenn das Meer
tobend mit seinen Kräften spielt. Die Insel
mit ihrer unverwechselbaren Form bietet
Romantikern kilometerlange Strände
für ausgedehnte Spaziergänge, Seglern
und Surfern die nötige steife Brise sowie
Naturliebhabern Wanderungen im Watt
und Weitblick im Westen – insbesondere
vom legendären Roten Kliff, der 30 m
hohen Steilküste. Und am Abend? Sylt
ist bekannt für seine mondäne Schicke-
ria, deren rauschende Partys bis zum
Morgengrauen dauern und ausreichend
Stoff für bunte Blätter liefern. Gegen
den Kater danach helfen frische Austern,
die standesgemäß in einem der vier mit
Michelin-Stern dekorierten Restaurants
geschlürft werden. Wer nicht zur Szene
gehört oder gehören will, wählt die
idyllisch gelegenen Campingplätze als
Bleibe. Ein gut ausgebautes Straßennetz,
ausreichend große Parkplätze in Strand-
nähe und eine Inselgröße, die an einem
Wochenende mit jedem Mobil locker zu
schaffen ist – was will man mehr? Und bei
schlechtem Wetter? Friesennerz überziehen, abwarten und Ostfriesentee trinken.
Natürlich mit Kluntjes.

www.sylt.de

① Ellenbogen

Hier am nördlichsten Ende Sylts treffen das ruhige Wattenmeer und die stürmische Nordsee aufeinander – ein faszinierendes Naturschauspiel. Der Ellenbogen ist Natur- und Vogelschutzgebiet, aber auch perfekter Fluchtpunkt für Ruhe suchende Menschen. Die einsamen Wanderdünen, die noch aktiven Leuchttürme List Ost und List West, der Sandstrand und die 300 frei laufenden Schafe geben ein tolles Motiv ab, das schon Thomas Mann begeisterte – er verglich die Halbinsel mit der Sahara. Die Fahrt auf der Privatstraße bis zur Spitze ist kostenpflichtig (Tageskarte Pkw 5 Euro/Wohnmobil 8 Euro). Wer vorher parkt, kann den ausgeschilderten »Nördlichsten Punkt Deutschlands« nahe am Strand einschlagen. Bei guter Sicht kann man von hier die 4 km entfernte dänische Nachbarinsel Rømø erblicken und, noch näher, Kreuzfahrtschiffe bei ihrer An- und Abfahrt.

Ellenbogen, List; befahrbar bis zum Parkplatz östl. des Leuchtturms List Ost:
GPS: 55.045678, 8.454365
GPS: 55°02'44.4"N 8°27'15.7"E

② Rotes Kliff

4 km lang und bis zu 30 m hoch ist das Rote Kliff, die dramatische Abbruchkante zwischen Kampen und Wenningstedt. Besonders eindrucksvoll ist ein

Oft fotografiert, immer wieder überwältigend: die steilen Abbruchkanten am Roten Kliff.

Besuch zum Sonnenuntergang, z. B. am Leuchtturm »Christian«. Dann tost die Brandung der Nordsee noch lauter und die feuerrot glühende Steilküste sieht in der tiefstehenden Abendsonne noch markanter aus. Das auffällige Kliff diente schon früh Seefahrern zur Orientierung. Leider verliert die Insel durch Brandung und Sturmfluten jedes Jahr an Land.

Zwischen Kampen und Wenningstedt; Parkplatz:
GPS: 54.961662, 8.333910
GPS: 54°57'42.0"N 8°20'02.1"E

③ Das Watt

Das Wattenmeer, die spektakuläre Landschaft zwischen der Ostseite der Insel und dem Festland, entdeckt man am besten zu Fuß. Über 10 bis 30 km Breite erstreckt sich der einzigartige Naturraum, dessen Schlick- und Sandfläche ständig durch Ebbe und Flut vom Meerwasser eingenommen und wieder freigegeben wird. Seit 1985 wird das Watt als Nationalpark Schleswig-Holsteinisches Wattenmeer geschützt, trotzdem darf man in Ufernähe wandern. Am leichtesten ist dies am breiten und festen Strand bei Ebbe. Eine Wattwanderung (in Gummistiefeln oder festem Schuhwerk) ist Pflicht auf einer Syltreise. Unbedingt empfehlenswert ist ein kundiger Wattführer, der die

Beste Reisezeit

Die sonnigste Zeit ist von Mai bis September, wobei es im Mai/Juni noch ruhiger zugeht und spontanes Campen möglich ist (siehe »Gewusst, wie«). Ende Juni/Anfang Juli findet der mehrtägige Kitesurf Cup in Westerland statt – rund 100 000 Besucher schauen den internationalen Profis bei spektakulären Tricks in verschiedenen Disziplinen zu (www.kitesurfcup-sylt.de).

Gezeiten und die vielen verschiedenen Tierarten kennt.

Ostseite von Sylt, Gezeitenkalender in den Kurverwaltungen und unter www.sylt.de; geführte Wanderungen: www.schutzstation-wattenmeer.de, www.naturgewalten-sylt.de

4 Braderuper Heide

Am schönsten wirkt sie ab April bis in den Spätsommer hinein – in der unter Naturschutz stehenden Braderuper Heide spaziert man wunderbar und betrachtet dabei die farbenfroh blühende Besenheide, Glockenheide und Krähenbeere. Die Landschaft ist entstanden, nachdem eine Waldfläche abgeholzt wurde. Heute wird die 137 ha große Fläche von Menschen und von Schafen gepflegt und erhalten. Letztere weiden hier und sorgen so dafür, dass die Pflanzen nicht zu sehr wuchern und die Heide nicht verholzt.

Zugang über Üp de Hiir oder M.T.-Buchholz-Stig, Wenningstedt/Braderup; Parkplatz:
GPS: 54.930202, 8.356779
GPS: 54°55'48.7"N 8°21'24.4"E
organisierte Wanderungen unter www.naturschutz-sylt.de/event/heidewanderung

5 Keitum

Wie ein bewohntes Freilichtmuseum wirkt das »friesische Juwel« mit seinen 200 Jahre alten, von Kapitänen gebauten Friesenhäusern, seinen grasbewachsenen Wällen und den alten Kastanien, Buchen und Linden. Nette Boutiquen und Teestuben, inspi-

rierende Galerien und Kunsthandwerker sowie herausragende Köche machen den Besuch zu einem Fest der Sinne. Die Seefahrerkirche St. Severin mit Prominentenfriedhof und Weinberg thront über dem Dorf. Ein grandioses Gesamtkunstwerk.

Tourist Info: Gurtstig 23, Keitum, Tel. +49 46 51 99 80, www.insel-sylt.de; Parkplatz:
GPS: 54.888065, 8.369975
GPS: 54°53'17.0"N 8°22'11.9"E

6 Morsum-Kliff

Das Farbenspiel des Nationalen Geotops beeindruckt besonders an einem sonnigen Morgen: Zum Rostrot des Limonitsandsteins, Weiß des Kaolinsands und Blauschwarz der Kliffböden kommen das Gelb der Dünen, das Grün des Strandhafers, das Violett der Heide und der blaue Himmel. Das 1800 m lange und bis zu 21 m hohe Morsum-Kliff zeigt auf einen Blick zehn Millionen Jahre Erdgeschichte: Die Eiszeitgletscher haben die Schichten vor rund 150 000 Jahren schräg gestellt, nun liegen sie gut sichtbar nebeneinander.

Aussichtsplattform: 2 km östl. von Morsum; Parkplatz: 8 Min. Fußweg vom Kliff entfernt:
GPS: 54.872609, 8.457962
GPS: 54°52'21.4"N 8°27'28.7"E

7 Hörnum-Odde

Ein ca. einstündiger Spaziergang bei Niedrigwasser an der Hörnumer Odde offenbart sehr anschaulich, wie die Natur die Insel im Griff hat: Mal spülen Stürme

Locker verstreute, farbige Tupfer, die sich in den Dünen gleich hinter dem Meer verstecken – so sieht Zelten im »Dünen Camping Sylt« aus.

1 Campingplatz Rantum

Auf halbem Weg zwischen Hörnum und Westerland liegt der Rantumer Campingplatz – zwischen offener See und ruhigem Wattenmeer, angrenzend an das Vogelschutzgebiet. Kleine Camper freuen sich über den großen Spielplatz, alle anderen über die Strandsauna mit Blick aufs Meer. Manchmal ist die Sauna auch bei Vollmond geöffnet. Auf dem Campingplatz gibt es neben den 50 Zelt- und 220 Stellplätzen zehn Mobilheime mit Veranda und Blick aufs Rantumbecken.
Hörnumer Str. 3, Rantum, Tel. +49 465 18 89 20 08, April–Okt., www.camping-rantum.de
GPS: 54.864103, 8.294269
GPS: N 54°51'50.75'' E 8°17'39.39''

im Jahr 20 m, mal 40 m Küstensaum an der Südspitze Sylts einfach so ins Meer, denn die Heide- und Dünenlandschaft ist an drei Seiten vom Meer umgeben. Im Osten liegt die sanfte Wattseite mit artenreichen Salzwiesen, dem Vogelschutzgebiet Sandnehrung und der ruhigen See. Im Westen ist die See rauer und die Brandung stärker. Mit Glück sichtet man an der Westküste Schweinswale (vor allem im Juni und Juli bei Windstille), die hier im Nationalpark Schleswig-Holsteinisches Wattenmeer besonders geschützt werden. Schweinswale sind die einzigen heimischen Wale in Nord- und Ostsee.

Tourist Info: Rantumer Str. 20, Hörnum, Tel. +49 465 19 62 60, www.hoernum.de; Parkplatz am Hörnum Hafen:
GPS: 54.757201, 8.293817
GPS: 54°45'25.9''N 8°17'37.7''E

2 Dünen Camping Sylt

Dieser Campingplatz ist ein Traum zum Zelten: In den Dünen findet jeder ein geschütztes, ruhiges und idyllisches Plätzchen. Dementsprechend sind es von hier auch nur 50 m bis an den Strand, der über eine Holztreppe erreichbar ist. Ein Stückchen hinter den Zeltplätzen gibt es aber auch für Wohnmobile schöne Plätze mit Strom- und Wasseranschluss, Mietwohnwagen werden ebenfalls angeboten. Das nahe Krüppelkiefer Wäldchen bietet auch Vierbeinern viel Auslauf. Ein großer Abenteuerspielplatz lädt Kinder zum Entdecken ein. Südlich von Westerland gelegen, sind es nur wenige Gehminuten ins Zentrum – wer lieber so viel Zeit wie möglich in der Natur verbringt, hat ausreichend Versorgungsmöglichkeiten im zum Platz gehörigen Tante-Emma-Laden.
Rantumer Straße, Westerland, Tel. +49 46 51 83 61 60, Mitte März–Okt., www.campingplatz-westerland.de
GPS: 54.893713, 8.299680
GPS: 54°53'37.4''N 8°17'58.9''E

Gewusst, wie

Für die Hauptsaison zwischen Juli und September sollte man unbedingt vorausbuchen, denn Sylt ist ein beliebtes Reiseziel und wildes Campen ist auf der gesamten Insel (u. a. weil mehr als 50 Prozent der Insel Naturschutzgebiet sind) strikt verboten.

13 Flensburger Förde

Unter Segelsportlern gehört die Flensburger Förde zu den beliebtesten Revieren der Ostsee. Landratten, die auf vier Rädern unterwegs sind, freuen sich am fast südländischen Flair, während sie am schimmernden Wasser entlangfahren und die weißen Boote und Schiffe zählen. Aus der Luft scheint es, als sei die Flensburger Förde eine Art natürliche Grenze zwischen Deutschland und Dänemark. Tatsächlich geht die heutige Landesgrenze jedoch mitten durch das ehemalige Herzogtum Schleswig, um das sich Dänen und Deutsche lange stritten. 1864 eroberten Preußen und Österreich das Gebiet, 1920 wurde es nach einer Volksabstimmung in das heute dänische Nord- und das deutsche Südschleswig geteilt. Die Förde ist nichts anderes als ein Fjord, geformt von den Eismassen und dem Schmelzwasser der letzten Eiszeit. Im Laufe der Jahrtausende entstand hier eine hügelige Moränenlandschaft mit flachen Stränden und Küstenklippen, Wäldern, vielen Äckern und zahlreichen kleinen Buchten und Nooren – das ist kein Schreibfehler, ein Noor bezeichnet ein Haff oder einen Strandsee. Genug Platz jedenfalls, um entspannte Tage am Strand zu verbringen. Und wenn es einem doch zu ruhig wird, sind die nächsten Burgen, Schlösser und sogar Ritter nicht weit.

www.flensburger-foerde.de,
www.ferienlandostsee.de

Von der Flensburger Museumswerft genießt man am Abend diesen schönen Blick auf die Kirche St. Jürgen.

Flensburg

Statt hinunter ans Wasser geht es in Flensburg erstmal hinauf: auf den Museumsberg nämlich. 1876 gegründet, ist er mit seinen zwei Gebäuden eines der größten Museen Schleswig-Holsteins. Im Heinrich-Sauermann-Haus – benannt nach dem Gründer des Museums – gibt es Objekte der Kunst- und Kulturgeschichte vom Mittelalter bis ins 19. Jh. zu sehen. Einzigartig sind die originalen Bauernstuben sowie die historische Möbelsammlung, mit über 900 Stücken eine der umfangreichsten ihrer Art in Deutschland. Im benachbarten Hans-Christiansen-Haus liegt der Schwerpunkt auf schleswig-holsteinischer Kunst seit dem 19. Jh., darunter die Jugendstilabteilung mit Hauptwerken des Künstlers Hans Christiansen, expressionistische Werke u. a. von Erich Heckel, Ernst Barlach und Emil Nolde (www.museumsberg-flensburg.de). Nun geht es aber doch ans Wasser, zum historischen Hafen. In der Museumswerft gibt es nicht nur Nostalgisches zu sehen, hier wird auch richtig gearbeitet: Die Bootsbauer arbeiten nach alten Plänen für Segelschiffe und Arbeitsboote, wie sie vor 100 bis 200 Jahren gebaut wurden, und bilden auch Lehrlinge aus (www.museumswerft.de). Im ehemaligen Zollpackhaus sind das Schiffahrtsmuseum und das Rummuseum untergebracht. Seefahrtsbegeisterte freuen sich über Schiffsporträts und -modelle, Bilder von Kapitänen, über Navigationsinstrumente, Seekarten und Seefahrtsbücher. Für den Rum waren Seefahrer des 18. Jh. verantwortlich, die den starken Roh-Rum aus der Karibik mitbrachten, mit Flensburger Wasser verfeinerten und die Stadt so zu einer Kapitale des goldbraunen Getränks machten. Auch wenn er heute keinen bedeutenden Wirtschaftsfaktor mehr darstellt, wird der Rum in Flensburg noch kultiviert – zum Beispiel von der Familie Johannsen, die seit 1878 in der Marienstraße edle Spirituosen herstellt. Dort befindet sich auch der gemütliche Laden (Marienstr. 8, Flensburg, Mo–Fr 10–18, Sa 10–15 Uhr, www.johannsen-rum.de).

Tourist Info: Rote Str. 15-17, Flensburg, Tel. +49 46 19 09 09 20, www.flensburger-foerde.de; Parkplatz für Wohnmobile: 1,5 km zum Stadthafen:
GPS: 54.779452, 9.425850
GPS: 54°46'46.0"N 9°25'33.1"E

 ## Glücksburg

Zum Stadtgebiet von Glücksburg gehören die Halbinsel Holnis mit ihrer Steilküste, der Pugumer See und gleich mehrere Strände – aber mal ehrlich, hierher kommt man wegen des zauberhaften Renaissanceschlosses. Der strahlend weiße Bau mit dem roten Ziegeldach und den vier Ecktürmen steht direkt im Wasser – bei ruhigem Wetter verdoppelt der Teich diese Pracht. 1583–1587 wurde Glücksburg im Auftrag von Herzog Johann dem Jüngeren von Schleswig-Holstein-Sonderburg erbaut. Bis zur Reformation hatte hier ein Zisterzienserkloster aus dem Mittelalter gestanden. Der schönste Raum ist der reich ausgestattete 30 m lange Rote Saal. Die namengebenden roten Tapeten sind zwar nicht mehr erhalten, die Ornamente des Gewölbes zählen jedoch zu den frühesten Stuckarbeiten Schleswig-Holsteins. Der Raum diente als Salon und Wohnzimmer sowie als Festsaal (www.schloss-gluecksburg.de, Mai–Okt. tgl. 10–18, sonst Sa/So 11–16 Uhr).

Tourist Info: Schinderdam 5 / im Rathaus, Glücksburg, Tel. +49 46 31 45 11 00, www.flensburger-foerde.de; Parkplatz für Wohnmobile: 700 m vom Schloss:
GPS: 54.833765, 9.552814
GPS: 54°50'01.6"N 9°33'10.1"E

 ## Langballigau

Ein »Tal« in Schleswig-Holstein? Das gibt es wirklich, und es ist ein Naturschutzgebiet: Der Bach Langballigau hat sich auf 5 km Länge zwischen dem Ort Langballig und der Küste ins Gelände gegraben. In diesen geschützen Hanglagen wächst nicht nur eine relativ üppige

Campingplatz Seehof

Ein rot-weißer Wächter steht direkt an diesem kleinen Platz: der Falshöfter Leuchtturm. Wie überall in der Gegend viele Dauercamper – vorher anrufen, ob noch ein Plätzchen frei ist. Etwas rupfiges Wiesengelände, am Kiosk gibt es das Nötigste zu kaufen. Direkt am Strand, der sanft ins Wasser übergeht. Gammeldamm 5, Pommerby, Tel. +49 464 36 93, April–Okt., www.camping-seehof.de
GPS: 54.765052, 9.968117
GPS: 54°45'54.2"N 9°58'05.2"E

① Flensburg
② Glücksburg
③ Langballigau
④ Geltinger Birk
⑤ Dänische Fördeküste
⑥ Sønderborg
△① Campingplatz Seehof
△② Gammelmark Strand Camping

Galloway-Rinder und Wildpferde grasen auf den Heideflächen; Dünen, Moore und lichte Wälder wechseln sich ab. Achtung, es gibt keine Zäune – den Tieren sollte man mit Hunden nicht zu nahe kommen! In der früheren Falshöfter Lotsenstation ist die Integrierte Station Geltinger Birk untergebracht, an der man Informationen einholen kann.

Tourist Info: Nordstr. 1a, Gelting, Tel. +49 464 37 77, www.ferienlandostsee.de, www.geltinger-birk.de;
Parkplatz z. B. am Geltinger Birk Café:
GPS: 54.768820, 9.908235
GPS: 54°46'07.8"N 9°54'29.6"E

Vegetation, hier wohnen auch Tiere, die gern ihre Ruhe haben, wie der Eisvogel und die Bauchige Windelschnecke. An der Bachmündung liegt ein kleiner Hafen und ein schöner Sandstrand.

Tourist Info: Süderende 1, Langballig, Tel. +49 46 36 88 80, www.flensburger-foerde.de;
Parkplatz:
GPS: 54.820571, 9.654478
GPS: 54°49'14.1"N 9°39'16.1"E

④ Geltinger Birk

Zu Besuch bei »Charlotte«: Nein, es ist nicht die freundlichste Wirtin der Region, es ist die reetgedeckte Holländermühle, die zum Symbol des Naturschutzgebiets Geltinger Birk geworden ist. Um 1830 wurde sie zur Entwässerung und zum Kornmahlen gebaut. Diverse Wanderwege führen über die nördlichste Spitze der Halbinsel Angeln. Zottelige

⑤ Dänische Fördeküste

Auf der dänischen Seite könnt man nun die Straße 401 nach Osten nehmen. Das geht sicher schneller, doch dann würde man eine sensationelle Fahrt entlang der Küste verpassen. Vom Grenzort Kruså aus fährt man nur 750 m auf der 401 und biegt dort rechts in den Fjordvejen ein, der nach Kollund, Sønderhav und weiter führt. Schon der Blick aus dem Auto auf das glitzernde Wasser und die weißen

Idyllisch eingerahmt: Der Campingplatz Seehof liegt zwischen Feldern und dem Meer im Osten der Halbinsel Angeln.

Boote ist fantastisch, noch schöner ist es, das Fahrzeug in Stranderød zu parken und zu Fuß weiterzugehen. Diese Strecke ist auch Teil eines langen, grenzüberschreitenden Wanderwegs: der »Gendarmsti« (Gendarmenpfad – er wurde tatsächlich im 19. Jh. zur Überwachung der Grenze angelegt) beginnt im Westen in Padborg, schlängelt sich immer an der Küste entlang um die Halbinsel Broagerland herum, streift Sønderborg und endet in Høruphav. Er verläuft oft direkt am Strand und ist in vier Tagesetappen unterteilt – der Campingplatz Gammelmark Strand Camping (s. Box unten) liegt übrigens genau am Übergang zwischen der »Strandetappe« und der »Krähenetappe«. Auf der deutschen Seite setzt der Förde-steig den Wanderweg fort. Zusammen sind die Routen etwa 150 km lang.

www.gendarmsti.dk/de; Parkplatz Stranderød:
GPS: 54.883385, 9.541767
GPS: 54°53'00.2"N 9°32'30.4"E

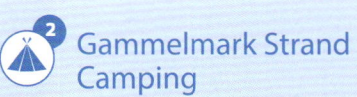

Gammelmark Strand Camping

Hier stehen die Camper nicht so eng wie auf der deutschen Seite der Förde. Der Platz für 300 Fahrzeuge ist leicht terrassiert, sodass fast jeder Meerblick hat. Von der Rezeption bis zum Badesteg sind es 500 m. Im Minimarkt wird täglich frisches Brot angeliefert. Für Kinder gibt es Spielplätze, für Angler einen Fischputzplatz.

Gammelmark 20, Broager,
Tel. +45 74 44 17 42, Ende März–Anf. Okt., www.gammelmark.dk
GPS: 54.882186, 9.728327
GPS: 54°52'55.9"N 9°43'42.0"E

6 Sønderborg

Die 30 000-Einwohner-Stadt eignet sich für eine Shoppingrunde, einen Cafébesuch oder eine Schlossbesichtigung. Wer zum richtigen Zeitpunkt hierher kommt, erlebt eines der spektakulären Ringreiterfeste: Was im Mittelalter als Ritterturnier begann, wurde im Laufe der Jahrhunderte zu einem unblutigeren Geschicklichkeitswettbewerb. Die Reiter zielen mit der Lanze nicht auf einen Gegner, sondern auf Ringe. Im vollen Galopp müssen sie aufgespießt werden, und der Clou dabei ist, dass sie immer kleiner werden. Das letzte Exemplar hat nicht mal 1 cm Durchmesser! Drumherum findet ein Volksfest mit Umzügen, Bier und Buden statt.

Tourist Info: Perlegade 48, Sønderborg, Tel. +45 74 42 35 55, www.visitsonderborg.de; Parkplätze hinter dem Bahnhof oder auf diesem Parkplatz mit etwas größeren Stellplätzen (f. Kastenwagen):
GPS: 54.913214, 9.790585
GPS: 54°54'47.6"N 9°47'26.1"E

Gewusst, wo

Diese »Mühle« lohnt einen Abstecher: 35 km nördl. von Flensburg haben Nina & Henrik Loff die Krusmølle eingerichtet – einen coolen Interieur- und Lifestyleladen mit dem nostalgischen Fru Loff's Café und einem Delikatessengeschäft mit Spezialitäten aus Südjütland (Krusmøllevej 10, Sa, So 10 bis 17 Uhr, Aabenraa, www.krusmoelle.dk).

14 Rund um Rügen

Wer kennt sie nicht, die Kreidefelsen von Rügen mit ihrem Farbenspiel von morgendlichem Zartrosa bis zum in der Sonne gleißenden Schneeweiß? Zumindest vom Gemälde eines Caspar David Friedrich. Wer das ganze Farbspektrum erleben will, muss früh aufstehen, denn die Steilküste blickt direkt nach Osten. Vom Kap Arkona im Norden sieht man bei gutem Wetter bis zur dänischen Insel Møn – die übrigens eine ähnlich spektakuläre Felsküste zu bieten hat (s. S. 35). Ein herber Kontrast besteht zwischen dem malerischen Inseldorf Groß Zicker und dem »Koloss von Prora«: hunderte Meter lange Gebäuderiemen, in denen die Nationalsozialisten Zehntausende von Urlaubern unterbringen wollten und die das SED-Regime später militärisch nutzte. Deutschlands größte Insel ist seit den Romantikern ein Sehnsuchtsort und für sich schon eine Campingtour wert. Es wäre aber schade, die nähere Umgebung auszulassen, etwa die alten Hansestädte Rostock, Stralsund und Greifswald oder die Halbinsel Fischland-Darß-Zingst. Und Usedom liegt ja auch gleich um die Ecke ... am besten einfach die Reise verlängern!

www.ruegen.de

Gar nicht gruselig: die kahlen Stämme
des Gespensterwalds Nienhagen
im warmen Sonnenlicht.

Ostsee

1 Rügen
1 Camping Drewoldke
2 Gespensterwald Nienhagen
3 Rostock
4 Fischland-Darß-Zingst
2 Regenbogen Born
5 Stralsund
6 Greifswald

1 Rügen

Auch wenn die berühmte Kreideküste und die langen Sandstrände Naturfaszination und Badespaß versprechen (und das Versprechen auch halten), ist Rügen mehr als ein reines Sommerziel. Hier beginnt z. B. die Deutsche Alleenstraße: Wenn die Baumriesen im Juli einen dunkelgrünen Tunnel bilden oder sich im Herbst rot, gelb und orange verfärben, glaubt man durch ein Märchenland zu fahren. Der »Rasende Roland« wiederum hält glücklicherweise nicht, was sein Name verspricht: Die historische Bahn zockelt seit 1895 mit 30 km/h über die Insel und verbindet die klassischen Seebäder miteinander – darunter Binz mit seinem Kurhaus von 1908 und die Wilhelmstraße in Sellin (ruegensche-baederbahn.de). Zur Abwechslung etwas Herrschaftli-

ches? Der Fürst von Putbus ließ das Jagdschloss Granitz Mitte des 19. Jh. im Stil der italienischen Renaissance errichten. Es steht inmitten eines Waldgebiets auf dem 108 m hohen Tempelberg und bietet von seinem Aussichtsturm einen großartigen Rundblick (www.mv-schloesser. de). Reetgedeckte Häuser finden sich im Dorf Groß Zicker. Besonders hübsch ist das 1723 erbaute Pfarrwitwenhaus, in dem ein Museum untergebracht ist. Ganz anders der »Koloss von Prora«: Die Nationalsozialisten planten hier ein riesiges Seebad mit 4,5 km langen Gebäuden und Platz für 20 000 Urlauber. Als der Krieg ausbrach und die Bauarbeiten eingestellt wurden, standen fünf der acht Blöcke. 1956–1990 nutzte die »Nationale Volksarmee« (NVA) der DDR die sinistren Gebäude als Kaserne. Die Dauerausstellung »MACHTUrlaub« im Dokumentati-

onszentrum Prora zeichnet die Geschichte des Komplexes nach (www.proradok. de). Der bekannte Nationalpark Jasmund umfasst nur einen kleinen Teil Rügens, ist aber mit seiner dramatischen Küstenlinie und dem Kreidefelsen Königsstuhl der Star der Insel. Der uralte Buchenwald – einer der letzten Europas – gehört zum Unesco-Welterbe.

Tourist Info: Circus 16, Putbus, Tel. +49 38 38 80 77 80, www.ruegen.de; Nationalpark Jasmund: Parkplatz Hagen, von dort 3,5 km Wanderung durch den Wald oder per Pendelbus zum Nationalparkzentrum:
GPS: 54.562362, 13.626241
GPS: 54°33'44.5"N 13°37'34.5"E

2 Gespensterwald Nienhagen

Hoch wachsen die Bäume in den Himmel, nur ganz oben belaubt, wo genügend Licht ist. Darunter: schattige Kühle, kahle Stämme, ein wie leer gefegter Waldboden. Die Eichen und Buchen im Gespensterwald Nienhagen sind etwa 170 Jahre alt und wachsen teilweise in seltsam verdrehten Formen, wo die Äste dem Wind nicht

Beste Reisezeit

Viel Rumms und Effekte, Pferde, Schiffe und Stunts: Das sind die Störtebeker Festspiele auf Rügen. Das Open-Air-Spektakel erzählt die Legende vom Seeräuber Klaus Störtebeker und wird Ende Juni bis Anfang September aufgeführt.

Camping Drewoldke

Am Nordende eines kilometerlangen Sandstrands liegt dieser Campingplatz direkt am Meer. Von fast allen der 330 Stellplätze blickt man in die aufgehende Sonne. Parzellen gibt es nicht, dafür viel Sand unter Rädern und Füßen.
Zittkower Weg 27, Altenkirchen, Tel. +49 38 39 11 29 65, ganzjährig, www.camping-auf-ruegen.de
GPS: 54.634600, 13.373950
GPS: 54°38'04.6"N 13°22'26.2"E

standhalten konnten. Schön schaurig, besonders in der Dämmerung.

Stellplatz für Wohnmobile: in Elmenhorst, 3 km entfernt:
GPS: 54.152482, 12.016549
GPS: 54°09'08.9"N 12°00'59.6"E

3 Rostock

Die Hansestadt erhielt schon 1218 die Stadtrechte. Jahrhundertelang war sie eine wichtige Hafenstadt und ist es bis heute. Die Altstadt wurde im Krieg zerstört und teilweise wieder aufgebaut. Vom Turm der Petrikirche hat man einen tollen Blick, in der Marienkirche fasziniert die Astronomische Uhr von 1472.

Tourist Info: Universitätsplatz 6, Rostock, Tel. +49 38 13 81 22 22, www.rostock.de; Parkplatz für Wohnmobile am Hafen:
GPS: 54.092454, 12.131750
GPS: 54°05'32.8"N 12°07'54.3"E

4 Fischland-Darß-Zingst

Windwatten und Sandhaken, Lagunen und Zwergstrauchheiden, dazu Wildschweine, Rehe, Robben und Fischotter findet man auf der Halbinsel Fischland-Darß-Zingst. Vor über 100 Jahren ließen sich Künstler vom ungewöhnlichen Licht inspirieren. Im Kunstmuseum Ahrenshoop sind ihre Werke zu sehen (Weg zum Hohen Ufer 36, kunstmuseum-ahrenshoop.de).

Tourist Info Zingst: Seestr. 56-57, Zingst, Tel. +49 38 23 28 15 80, www.fischland-darss-zingst.de; Parkplatz am Kunstmuseum Ahrenshoop oder am andere Ende des Orts:
GPS: 54.391175, 12.439336
GPS: 54°23'28.2"N 12°26'21.6"E

5 Stralsund

Hier trifft norddeutsche Backsteingotik auf moderne Architektur. Zu den historischen Prachtstücken gehören das Rathaus und die Nikolaikirche am Alten Markt. Nur ein paar Schritte entfernt liegt das Ozeaneum wie ein geheimnisvolles Wesen aus der Tiefe. Genau um diese geht es auch im Inneren: Das Naturkundemuseum weiß alles über den Lebensraum Meer und beeindruckt mit riesigen Aquarien (www.deutsches-meeresmuseum.de/ozeaneum).

Tourist Info: Alter Markt 9, Stralsund, Tel. +49 3831 25 23 40, www.stralsundtourismus.de; Parkplatz für Wohnmobile 2 km vom Zentrum entfernt:
GPS: 54.301948, 13.101207
GPS: 54°18'07.0"N 13°06'04.3"E

6 Greifswald

Die geschlossene Altstadt von Greifswald wird im Norden vom Fluss Ryck und ansonsten von einem Grüngürtel begrenzt. Am Markt stehen schmucke gotische Giebelhäuser in ganz unterschiedlichen Formen mit Türmchen und Zinnen; hier herrscht an schönen Sommertagen ein heiteres Flair, z. B. auf der Terrasse vor dem Brauhaus Fritz, wo leckeres Craft-Bier serviert wird. Sehenswert sind auch das barocke Hauptgebäude der Universität und die drei großen gotischen Backsteinkirchen: der Dom, die »Dicke Marie« und St. Jacobi.

Tourist Info: Markt, Greifswald, Tel. +49 38 34 85 36 13 80, www.greifswald.info; zentrumsnaher Parkplatz für Wohnmobile:
GPS: 54.098658, 13.389357
GPS: 54°05'55.2"N 13°23'21.7"E

 Regenbogen Born

Außenrum sind Felder, aber der Platz selbst ist komplett von Büschen und Bäumen bestanden. Dadurch wird das große Gelände mit 350 Stellplätzen schön unterteilt. Der Campingplatz liegt an der dem Meer abgewandten Seite am Saaler Bodden; die Liegewiese geht bis hinunter zur kleinen Badebucht. Mit Surf- und Kiteschule, Fahrradverleih und Spielplatz.
Nordstr. 86, Born am Darß, Tel. +49 43 12 37 23 70, Ende März–Anfang Nov., www.regenbogen.ag
GPS: 54.384170, 12.504000
GPS: 54°23'03.0"N 12°30'14.4"E

15 Östliches Sachsen

Sachsen hat etwas Märchenhaftes. Da wären die knubbeligen Felsen der Sächsischen Schweiz, in denen man sich versteinerte Trolle vorstellen kann. Die Morgennebel, die über der Elbe aufsteigen und sich wie zarte Gespensterschleier in die Weinberge verziehen. Das Ensemble von Schloss und Dom zu Meißen, das mit seinen hellen und dunklen, runden und eckigen Türmen seit Hunderten von Jahren über die Gegend wacht. Sogar das Kaufhaus von Görlitz, 100 Jahre alt, scheint für echte Prinzessinnen gebaut worden zu sein. Und dann erst Dresden! Wenn sich die sensationelle Stadtkulisse in der Elbe spiegelt, dann fühlt man sich zurückversetzt in ferne, kurfürstliche Zeiten.

www.sachsen-tourismus.de,
www.nationalpark-saechsische-schweiz.de

Picknickplatz mit wunderbarer Aussicht: das Königsufer der Elbe in Dresden. Der Wohnmobilstellplatz ist gleich um die Ecke.

1 Meißen

Zugegeben – kein Camper hat ein Tässchen aus Meißner Porzellan im Gepäck. Aber man muss auch gar nicht wegen des zerbrechlichen Materials hierher kommen. In Meißen steht das älteste Schloss Deutschlands, die Albrechtsburg aus dem 15. Jh. Bei einem Schloss, so will es das Lexikon, steht im Gegensatz zur Burg nicht die Wehrfunktion im Mittelpunkt, sondern das schöne und repräsentative Wohnen. Dass dies den sächsischen Kurfürsten gelungen ist, steht ganz außer Frage: Stolz leuchtet das hoch aufragende Gebäude mit Erkern und Türmchen in die Landschaft, keine Mauer versperrt den Blick auf die strahlend weißen Wände und großen Fenster. Das Beste aber kommt innen: Baumeister Arnold von Westfalen hat Gewölbe und Treppen geschaffen, die jeder Fantasy-Filmproduktion gut zu Gesicht stehen würden. Der gotische Spitzbogen ist da gebogen, gewölbt, gedreht, verdoppelt und mit Ornamenten bemalt. Ein spiralförmiger Aufgang in einem Turm heißt gar »Großer Wendelstein« – da können sich die Bayern umschauen. Im Schloss ist ein Museum mit fünf spannenden Abteilungen untergebracht; da wird zum Beispiel der Frage nachgegangen, wie es sich wohl wirklich vor ein paar Hundert Jahren auf so einem Schloss gelebt hat. Und wer doch die weltberühmte Meißner Porzellanmanufaktur besucht (die übrigens einmal auf Schloss Albrechtsburg ansässig war), wird auch nicht gezwungen, ein Objekt mit Zwiebelmuster zu erstehen. Man kann einfach in der Schauwerkstatt lernen, was ein Bossierer macht, im Museum erfahren, was Ballett mit Porzellan zu

Zentraler geht's kaum: In Meißen parken Wohnmobile direkt unterhalb der Albrechtsburg.

tun hat, oder im Art Campus staunen, was sich internationale zeitgenössische Künstler so alles im Umgang mit dem Material einfallen lassen (www.meissen.com).

Tourist Info: Markt 3, Meißen, Tel. +49 352 14 19 40, www.touristinfo-meissen.de;
Parkplatz für Wohnmobile:
GPS: 51.167948, 13.473333
GPS: 51°10'04.6"N 13°28'24.0"E

2 Dresden

Wer die feine Garderobe eingepackt haben sollte, hat hier Gelegenheit, sie auszuführen. Bei einem Abend in der Semperoper macht man darin eine ebenso gute Figur wie beim Flanieren auf der Brühlschen Terrasse. Ausgerechnet dieses Mal keinen Anzug dabei? Macht auch nichts! Dresden ist elegant und lässig zugleich, und die traumhafte Barock-Skyline lässt sich auch perfekt von der Wiese am nördlichen Elbufer aus genießen, wo sich praktischerweise der Wohnmobilpark- und -stellplatz befindet (s. u.). Der Blick auf die Semperoper und das Schloss, die Katholische Hof- und die Frauenkirche macht Lust, die Elbbrücke zu überqueren und den ehrwürdigen Gebäuden einen Besuch abzustatten. Weit ist es nicht: Vom Parkplatz bis zum Striezelmarkt ist es gerade mal 1 km zu Fuß.

Tourist Info: QF-Passage, Neumarkt 2, Dresden, Tel. +49 351 50 15 01, www.dresden.de/tourismus;
zentrumsnaher Park- und Stellplatz:
GPS: 51.056713, 13.742658
GPS: 51°03'24.2"N 13°44'33.6"E

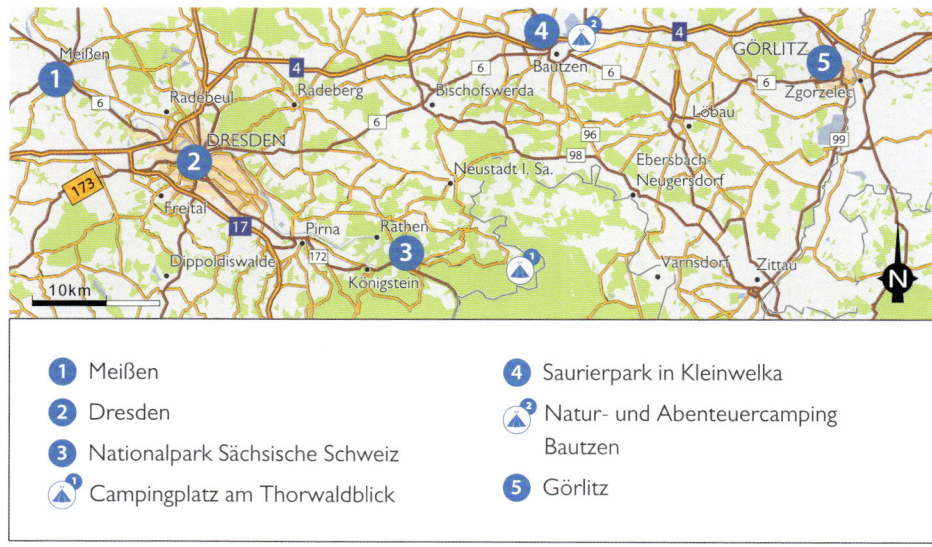

1 Meißen

2 Dresden

3 Nationalpark Sächsische Schweiz

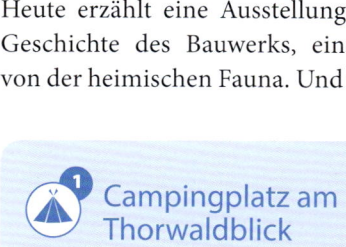 **1** Campingplatz am Thorwaldblick

4 Saurierpark in Kleinwelka

2 Natur- und Abenteuercamping Bautzen

5 Görlitz

3 Nationalpark Sächsische Schweiz

Das Tolle an Dresden ist: Die romantische Sächsische Schweiz liegt gleich um die Ecke. Oder ist es das Tolle am Elbsandsteingebirge, dass die schmucke Barockstadt nicht weit ist? Wie auch immer: Man kann das Beste aus beiden Welten verbinden, indem man beispielsweise die eigene »Landyacht« einmal stehen lässt und ein Elbeschiff besteigt. Die Sächsische Dampfschiffahrtsgesellschaft (www.saechsische-dampfschiffahrt.de) besitzt historische Schaufelraddampfer, moderne Salonschiffe und Motorschiffe. Sie fahren von Meißen über Dresden bis Bad Schandau und halten an 14 Stationen – u. a. im Kurort Rathen, wo der berühmte Basteifelsen seinen 200 m hohen Schatten wirft. Und wer doch mit dem Fahrzeug kommt: Einen großen Parkplatz gibt es an der Bastei auch, von dem aus man fast ebenerdig zu den verwinkelten Aussichtsbrücken und -stegen gelangt. Der Nationalpark teilt sich in einen kleineren, westlichen und einen größeren, östlichen Teil auf. Wie die Bastei liegt das Felsplateau des Brand im westlichen Part. Es ist noch 12 m höher als die Bastei und zu Fuß bequem vom Städtchen Hohnstein aus zu erreichen (3 km einfach). Breite, fast flache Wanderwege (kinderwagentauglich) führen durch einen mächtigen Mischwald; hier und da zweigen Pfade zu wilderen Etappen ab.

Beste Reisezeit

Eine Aufführung auf der Felsenbühne Rathen unter dem Basteifelsen zu erleben, ist eine Schau. Von Mai bis September ist hier Programm, von Märchen über Winnetou bis Musical. www.landesbuehnen-sachsen.de/felsenbuehne-rathen

Vom Blockhaus (Nationalparkinformationsstelle) am Rande des Plateaus, 170 m über dem Polenztal, eröffnet sich ein sagenhaftes Panorama vom Basteigebiet bis ins Erzgebirge und das Böhmische Mittelgebirge. Aus der Stadt Hohnstein sollte man nicht zu rasch wieder verschwinden. Die spitzen, roten Ziegeldächer und die Fachwerkhäuser wirken wie hingewürfelt um den steilen Burgfelsen. Die Festung, die dem Ort seinen Namen gab, geht auf das 14. Jh. zurück und hat eine bewegte Geschichte: Im Laufe der Zeit diente sie als Jagdschloss, kurfürstlicher Verwaltungssitz, Gerichtsstand, Gefängnis, Jugendherberge, KZ, nochmals Jugendherberge und Naturfreundehaus. Heute erzählt eine Ausstellung von der Geschichte des Bauwerks, eine andere von der heimischen Fauna. Und von ganz

1 Campingplatz am Thorwaldblick

Im »schönsten Dorf Sachsens« liegt dieser eingewachsene Platz für ca. 25 Wohnmobile oder Caravans; gezeltet wird unter Obstbäumen. Engagierte Besitzer, die u. a. Kletterequipment verleihen. 14 km entfernt liegt die Obere Schleuse in der Kirnitzschklamm; hier kann man eine Kahnfahrt zwischen ziemlich spektakulären Felswänden machen. Schandauer Str. 37, Hinterhermsdorf, Tel. +49 35 97 45 06 48, März–Okt., Nov.–Jan. auf Anfrage, www.thorwaldblick.de
GPS: 50.923416, 14.349878
GPS: 50°55'24.3"N 14°20'59.6"E

oben, vom Turm, bietet sich abermals ein schöner Blick auf die Umgebung.

www.nationalpark-saechsische-schweiz.de;
Parkplatz an der Bastei ausgeschildert;
Parkplatz in Hohnstein:
GPS: 50.979159, 14.114693
GPS: 50°58'45.0"N 14°06'52.9"E

④ Saurierpark in Kleinwelka

Nicht nur Kinder werden begeistert sein, wenn man ihnen einen Trip in den »Jurassic Park« verspricht. Was im Film nur Computeranimationen sind, ist hier alles (beinahe) echt: lebensgroße Dinosaurierfiguren, über 200 an der Zahl. Okay, sie bewegen sich nicht und sie brüllen auch nicht. Wenn man sich aber vorstellt, dass der Bildhauer Franz Gruß Ende der 1970er-Jahre die ersten 25 Urviecher in nur zwei Jahren und in Handarbeit geschaffen hat, kommt man schon ins Staunen. Seitdem ist der Park immer weiter gewachsen und bietet heute einen Kletterurwald, ein Saurierskelett zum selbst Ausgraben, »Galaktischen

Lässig im Saurierpark: Ob der Junge auch beim Erkunden des verlassenen Forscherlabors so cool bleibt?

Nebel« – direkt aus dem All, versteht sich – und eine verlassene Forscherstation, die man ganz vorsichtig erkunden kann. Denn wer weiß, was in den Laboren gewachsen ist. Da stellt sie sich dann schon ein, die Spannung!

Saurierpark 1, OT Kleinwelka, Bautzen, Ende März–Ende Okt., www.saurierpark.de

⑤ Görlitz

Was für ein Kleinod! Deutschlands östlichste Stadt gilt als eine der schönsten,

ist aber immer noch eine Art Geheimtipp. Im Krieg verschont, verzeichnet die traumhafte Altstadt 3500 Baudenkmäler von der Spätgotik bis zur Gründerzeit. Filmreif, fanden die Macher des Actionspektakels »In 80 Tagen um die Welt« und verlegten Teile der Handlung hierher. Da ging Görlitz als Paris durch. Das mondäne Flair des frühen 20. Jh. umweht das Kaufhaus Görlitz; der Jugendstilpalast wird zur Zeit noch renoviert und umgestaltet, die Wiedereröffnung wird aber noch auf sich warten lassen. Am anderen Ufer der Neiße liegt der polnische Teil der Stadt.

Tourist Info: Klosterplatz 4, Görlitz, Tel. +49 35 81 76 47 47, www.goerlitz-tourist.de;
Privatparkplatz Hoke: gut 2 km vom Zentrum:
GPS: 51.139514, 14.979192
GPS: 51°08'22.2"N 14°58'45.1"E

 ② Natur- und Abenteuercamping Bautzen

Der Name ist Programm. Direkt am Wasser gelegenes, flaches Wiesengelände mit einigen Bäumen für 100 Fahrzeuge. Die Stellplätze sind locker angeordnet, nicht in Reih und Glied. Der Spielplatz ist prima, noch besser ist aber das Stelzenhaus »Zum Wildschütz«, in dem man in 6 m Höhe übernachtet. Außerdem gibt es noch Westernhäuser (Aufschrift »Sheriff«) und Schwedenhütten …
Nimschützer Str. 41, Bautzen-Burk, Tel. +49 35 91 27 12 67, April–Okt., www.camping-bautzen.de
GPS: 51.202296, 14.460758
GPS: 51°12'08.3"N 14°27'38.7"E

Gewusst, wo

Vom Natur- und Abenteuercampingplatz Bautzen ist man mit dem Rad hurtig im Ortszentrum (4 km). Spezialität der Stadt ist der Bautz'ner Senf, den es im Laden zu kaufen (Heringstr. 13, Mo–Fr 10–18, Sa bis 14 Uhr) und in der Senfstube zu kosten gibt (Schloßstr. 3, tgl. ab 11 Uhr).

16 Pfalz

Die Pfalz ist vor allem eines: gemütlich. Hektik hat in dieser von mildem Klima gesegneten Region nichts zu suchen, deshalb sollte man sich auch genügend Zeit nehmen, sie zu genießen. Im größten geschlossenen Freiland-Anbaugebiet der Bundesrepublik wächst das ganze Jahr über knackiges Obst und Gemüse. Viel Sonne und wenig Regen lassen sogar Mandeln, Esskastanien, Feigen und Zitronen reifen – und natürlich Trauben. Ein Viertel der deutschen Weine kommt von der 85 km langen Deutschen Weinstraße. Die 1935 eröffnete und damit älteste Touristikroute Deutschlands schießt von

Juli bis Oktober teilweise übers Ziel hinaus – dann staut es sich bisweilen in den Ortsdurchfahrten und es erweist sich als komfortabler, die Umgehungsstraßen zu nutzen und auf diese Weise die einzelnen Orte anzusteuern. Ruhe und Einsamkeit finden sich zu jeder Zeit im stillen Hinterland der Weinstraße – der Pfälzerwald, das größte zusammenhängende Waldgebiet des Landes, beherbergt unzählige lauschige Plätzchen, die sich erwandern, erklettern oder erradeln lassen. Zudem ist es hier im Sommer erfrischend kühl und schattig. Berge und Bäume sind zwar schön, aber was den Pfälzerwald wirklich

einzigartig macht, sind Burgen und Buntsandstein. Besiedelt schon in der Steinzeit, durchquert von römischen Legionären, umkämpft in Ritterfehden und Weltkriegen – man spürt die bewegte Vergangenheit und fühlt sich gleichzeitig fernab von solchen Stürmen. Von den einstigen Festungen schweift der Blick heute über ein grün wogendes Blätterreich, die Wege zu ihnen führen zwischen steilen, leuchtenden Sandsteinformationen, sozusagen den deutschen Grand Canyons, hindurch.

www.pfalz.de,
www.gastlandschaften.de

Im Frühling was fürs Auge, später für den Gaumen: Mandelbäume in Gimmeldingen in der Vorderpfalz.

1 Bad Dürkheim

Die älteste Pfälzer Weinlage (seit 1155) ist auf dem Michelsberg bei Bad Dürkheim verzeichnet. Die dortige Kapelle wurde zum Wallfahrtsziel und ab 1417 fand ein jährlicher Wallfahrtsmarkt statt. In den folgenden 600 Jahren entwickelte sich daraus das größte Weinfest der Welt – neun Tage (und Nächte) trinken über 600 000 Besucher mehr als 200 000 Liter Wein. Trotz Weltrekord legt man in Bad Dürkheim Wert auf Qualität: Ausgeschenkt werden nur hochwertiger Wein und Sekt der Region. Der irreführende Name »Wurstmarkt« hat sich im 19. Jh. eingebürgert und stimmt zumindest insofern, als natürlich auch für die passende Verpflegung gesorgt ist. Neben Wein und Wurst sorgt ein bunter Rummel für gute Stimmung. Auch während des restlichen Jahres lohnt sich ein Besuch der Kurstadt und fällt dann vermutlich etwas erholsamer aus – es gibt z. B. ein Thermalbad sowie einen Gradierbau, der zur ehemaligen Salinenanlage Philippshall gehört und in dem gesunde Sole in der Luft liegt.

Tourist Info: Kurbrunnenstr. 14, Bad Dürkheim, Tel. +49 63 22 93 51 40, www.duerkheimer-wurstmarkt.de, www.bad-duerkheim.com; Parkplatz:
GPS: 49.466047, 8.171132
GPS: 49°27'57.8"N 8°10'16.1"E

2 Neustadt an der Weinstraße

Über 23 000 ha Anbaufläche und mehr als 100 Millionen Rebstöcke – die Pfalz ist nach Rheinhessen das zweitgrößte Weinbaugebiet Deutschlands. Vom Rande Rheinhessens im Norden bis zur französischen Grenze im Süden schlängelt sich die Deutsche Weinstraße (erkennbar an der schwarzen Traube auf gelbem Grund) auf 85 km durch die Pfälzer Weinorte. Ihr Mittelpunkt liegt in Neustadt und den umliegenden kleinen Weinorten (St. Martin, Rhodt unter Rietburg, Duttweiler und einige mehr). Im sehenswerten Neustadter Zentrum fallen die schmucken Patrizierresidenzen, die von Weinreben umrankten Fachwerkhäuser und hoch aufragende Kirchenbauten ins Auge. In zahlreichen kleinen Innenhöfen kann man direkt beim Winzer hervorragende Weine kaufen und in den urigen Weinstuben bekommt man die regionaltypischen Speisen gleich dazu. (Noch) keine Lust auf Wein? Dann ab ins Café Confiserie Sixt in der Hauptstraße auf eine Pfälzer Kirschtorte oder ein Stück der anderen 49 verfügbaren Sorten (www.cafesixt.de). Bekannt ist Neustadt an der Weinstraße nicht nur für die Stadt und den Wein. Oberhalb des Stadtteils Diedesfeld steht das wichtigste Symbol der deutschen Demokratiebewegung: Auf dem Hambacher Schloss fand im Jahr 1832 das Hambacher Fest, die Protestbewegung für nationale Einheit, Freiheit und Volkssouveränität, statt.

Tourist Info: Hetzelplatz 1, Neustadt a. d. Weinstraße, Tel. +49 63 21 92 68 92, www.deutsche-weinstrasse.de, www.neustadt.eu; www.sankt-martin.de; Parkplatz Festwiese:
GPS: 49.355096, 8.148062
GPS: 49°21'18.4"N 8°08'53.0"E

1 Knaus-Campingpark

Eingebettet zwischen Weingärten und einem 4 ha großen Badesee mit Liegewiese (Stellplätze teilweise direkt am See!) liegt der Knaus-Campingpark. Neben der hübschen Lage sind der 500 m lange Rebsorten-Lehrpfad über den Platz, ein Indianercamp für Kinder und eine Reitstation die Highlights. In den Almen 1, Bad Dürkheim, Tel. +49 632 26 13 56, www.knauscamp.de
GPS: 49.473560, 8.191960
GPS: 49°28'24.8"N 8°11'31.1"E

3 Burg Trifels

Von weither sichtbar thront die Reichsburg Trifels hoch über dem Städtchen Annweiler, eingerahmt von den Burgen Anebos und Scharfenberg. Diese Burgendreiheit gilt als eines der Wahrzeichen des Pfälzerwaldes. Auf Trifels residierte im Mittelalter Kaiser Friedrich Barbarossa, und die wertvollen Reichskleinodien, Zeichen der Kaisermacht, wurden hier aufbewahrt. Die Mönche des nahen Klosters Eußerthal kümmerten sich um die Pflege und Bewachung der Schätze und mussten alle Wege zu Fuß zurücklegen. Heute wandert man aus reinem Vergnügen auf den Spuren der Mönche, besichtigt die Nachbildungen der Kleinodien und genießt die herrlichen Ausblicke, die weit über die Waldflächen bis in die Rheinebene und die Vogesen reichen. Vom Parkplatz am Fuß des Burgberges ist man zu Fuß in 20 Min. oben. Ein Erlebnis der besonderen Art sind die Serena-

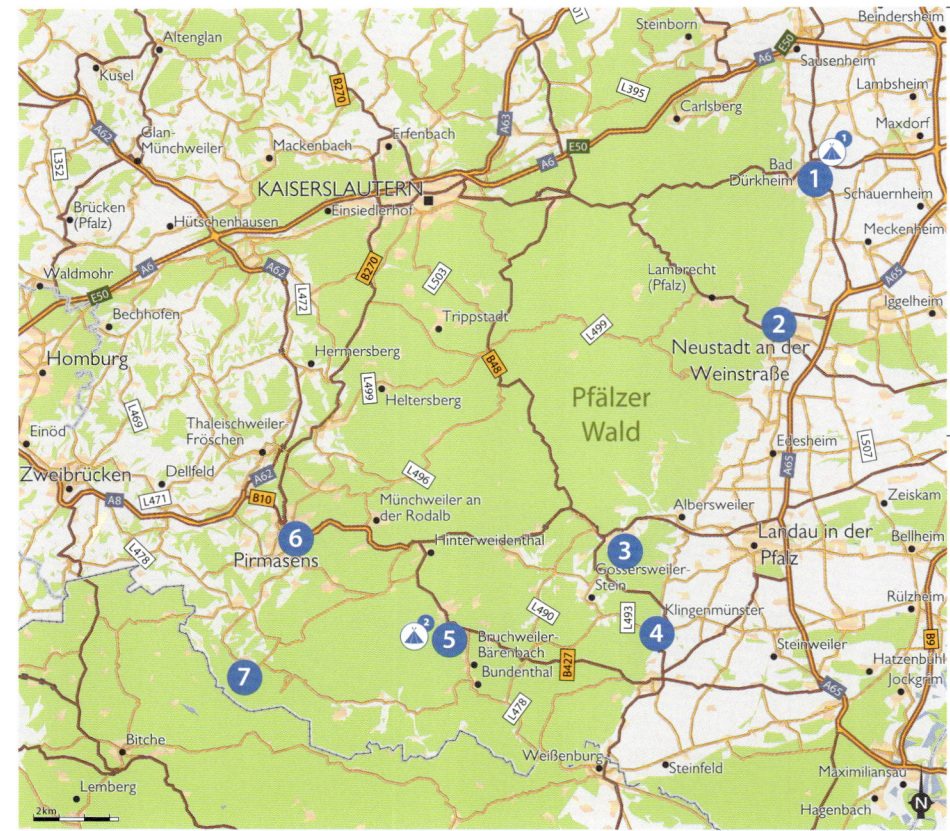

1 Bad Dürkheim
△1 Knaus-Campingpark, Bad Dürkheim
2 Neustadt an der Weinstraße
3 Burg Trifels
4 Burg Landeck und Klingenmünster
5 Dahner Felsenland
△2 Campingplatz Büttelwoog
6 Dynamikum, Pirmasens
7 Altschlossfelsen

den in der Burg (Juni–Aug.), wenn u. a. das Kurpfälzische Kammerorchester vor der einzigartigen Kulisse musiziert. In Annweilers Zentrum befindet sich das empfehlenswerte »Museum unterm Trifels«, in dem man neben der Geschichte der Burg Trifels auch viel über die Stadt und die umliegende Landschaft von der Steinzeit bis in die Gegenwart erfährt.

Museum: Am Schipkapass 4, Annweiler;
Burg: Jan.–Nov., Museum: Mitte März-Okt.
Di-So, sonst nur am Wochenende, www.
reichsburg-trifels.de; Parkplatz Burg Trifels:
GPS: 49.194559, 7.980028
GPS: 49°11'40.4"N 7°58'48.1"E

4 Burg Landeck und Klingenmünster

Oberhalb des schönen Weinorts Klingenmünster erhebt sich eine ehemalige Ritterbehausung: Burg Landeck – wohl eine der schönsten Burgruinen der Pfalz. Dank ihres Innenhofs, der das ganze Jahr über bewirtet wird, und des Ausblicks ist sie ein beliebtes Ausflugsziel. Klingenmünster ist bekannt für sein mildes Klima und seine vollreifen Trauben, aus denen hochwertige Weine hergestellt werden. Der Ort hat einen hübschen Kern mit vielen Winzerstuben und Weingütern (z. B. das bio-zertifizierte Weingut Porzelt,

Steinstr. 91, oder Weingut Mathis, Alte Str. 8, mit uriger Pfälzer Weinstube und Stellplätzen, s. »Gewusst, wo«). Wer die recht enge Straße zur Burg Landeck nicht hinauffahren möchte, wandert vom Parkplatz an der Pfalzklinik Landeck über den insgesamt 7,2 km langen, Klingenmünster umrundenden Panoramaweg dorthin.

www.burglandeck-pfalz.de,
www.klingenmuenster.org;
Parkplatz an der Burg:
GPS: 49.141493, 8.005424
GPS: 49°08'29.4"N 8°00'19.5"E
Parkplatz an der Pfalzklinik:
GPS: 49.147949, 8.015538
GPS: 49°08'52.6"N 8°00'55.9"E

Gewusst, wo

In der ganzen Region bieten viele Winzer neben dem Direktverkauf ihrer Weine auch Ferienwohnungen und Stellplätze für Reisemobilisten an, z. B. das Weingut Mathis in Klingenmünster.

5 Dahner Felsenland

Die 250 Millionen Jahre alten Sandsteinriesen haben dem Dahner Felsenland nicht umsonst seinen Namen gegeben: 47 Naturdenkmale und 24 Aussichtsfelsen ragen über die Baumwipfel hinaus. Sie sind selbst eine Augenweide, dazu eröffnen sich von ihren Plateaus auch noch herrliche Blicke über den Wasgau. Das Dahner Felsenland ist ein Dorado für Wanderer, Kletterer und Mountainbiker – an 14 der markanten Felsentürme führt der Dahner Felsenpfad vorbei – ein 12 km langer vom Deutschen Wanderinstitut ausgezeichneter Premiumweg (nur für geübte Wanderer). Egal wie man sie erkundet, man wird fasziniert sein von der Vielfalt der Buntsandsteinformationen

2 Campingplatz Büttelwoog

Schön in einem Tal am Dahner Rundwanderweg und Felsenpfad gelegener Campingplatz mit Schatten- und Sonnenplätzen, mehreren Terrassen sowie Blick auf Buntsandsteinfelsen (toll bei Sonnenuntergang anzusehen!) und einen Kiefernwald. Kiosk mit Brötchenservice, Restaurant, Hundedusche, Spielplatz und einige weitere Extras. Sportpark mit vielfältigen Möglichkeiten, sich auszupowern, und das Felsland Badeparadies & Saunawelt liegen gleich um die Ecke.
Am Campingplatz 1, Dahn, Tel. +49 63 91 56 22, Ende März–Anf. Nov., www.camping-buettelwoog.de
GPS: 49.144340, 7.768251
GPS: 49°08'39.6"N 7°46'05.7"E

und den Sagen, die sich um »Jungfernsprung«, »Teufelstisch« und Co. ranken.

Tourist Info: Schulstr. 29, Dahn, Tel. +49 63 91 91 96 00, www.dahner-felsenland.net; Wanderparkplatz Dahner Felsenpfad:
GPS: 49.142038, 7.769935
GPS: 49°08'31.3"N 7°46'11.8"E

6 Dynamikum

Das Städtchen Pirmasens (40 000 Einwohner) war einst die Schuhmetropole Deutschlands. Heute ist es in erster Linie Ausgangspunkt zahlreicher Wanderungen im Pfälzerwald, aber in der ehemaligen Schuhfabrik Rheinberger (in den 1920er- und 1930er-Jahren die größte Europas) ist Einiges geboten: Rund 160 interaktive Experimentierstationen, Exponate und Versuchsanordnungen aus Forschung und Technik beherbergt das Science-Center »Dynamikum«. Von der Bewegung zur Erkenntnis – so heißt das Motto nicht zu Unrecht, denn überall kann man etwas ausprobieren und erforschen. Im Mitmachmuseum erfährt man Interessantes über die Pirmasenser Stadt- und Industriegeschichte sowie über berühmte Bürger wie den Dadaisten Hugo Ball oder Adi Dassler, den Gründer von Adidas.

Fröhnstr. 8, Pirmasens,
Tel. +49 63 31 23 94 30, www.dynamikum.de

7 Altschlossfelsen

Dass schon die Römer von den Jagdgründen und Felsformationen im Wasgau

begeistert waren, beweist das Dianabild im Altschlosswald bei Eppenbrunn. Das in die Wand des Altschlossfelsen gemeißelte Relief zeigt die römische Jagdgöttin, den Kriegsgott Mars und den Waldgott Silvanus. Unterhalb des Felsens weisen Einkerbungen darauf hin, dass dieser Ort auch von den Kelten als Kultstätte genutzt wurde. Vom Parkplatz Spießweiher östlich von Eppenbrunn benötigt man zu Fuß rund 30 Min. bis zu dieser 1,5 km langen und etwa 20 m hohen Buntsandsteinformation. Vom Südwestende des Felsenriffs überblickt man den Pfälzerwald bis hin zu den Nordvogesen. Eine lohnende Rundtour (ca. 10 km) folgt dem Helmut-Kohl-Wanderweg, weiter entlang der deutsch-französischen Grenze und schließt die von den Mönchen der ehemaligen Abtei Sturzelbronn angelegten Weiher im Stüdenbachtal ein.

2,3 km südlich von Eppenbrunn,
www.wanderportal-pfalz.de; Parkplatz:
GPS: 49.106375, 7.560857
GPS: 49°06'22.9"N 7°33'39.1"E

Beste Reisezeit

Zur Mandelblüte im März/April, zur Weinlese im Herbst (hier geht es bei den Winzern besonders gesellig zu und warm ist es in der Gegend bis in den Oktober hinein); Weinfeste und Weinkerwen gibt es von April bis November fast überall – wer diesen Trubel umgehen möchte, sollte sich vorab informieren, wann in welcher Ortschaft gefeiert wird – oder eben nicht.

Auch für Amateurkletterer: einer der Felstürme im Urdonautal südlich von Dollnstein.

17 Naturpark Altmühltal

»UIAA X-« – nie gehört? Macht nichts, das ist auch Spezialistensprache: Kletterer meinen damit platt gesagt, dass ein Abschnitt verflixt schwierig ist. Die erste Route in Deutschland, die mit diesem Superlativ bewertet wurde, lag nicht etwa in den Alpen, sondern genau hier, im Altmühltal. Der Juror war die britische Kletterlegende Jerry Moffatt, und der Route am Schnellneckkopf bei Altessing gab er 1983 den Namen »The Face«. Er war der erste, der sie komplett bezwingen konnte. Es ragen hier allerdings nicht nur steile Felsen in die Höhe. Es gibt auch allerlei Einsteigerrouten oder Klettersteige, die man mit Wanderschuhen, Trittsicherheit und einer guten Kondition schafft. Wem das alles mit zu viel Adrenalin verbunden ist, der beschränkt sich auf eine der unzähligen Wandermöglichkeiten oder begibt sich auf den namengebenden Fluss: Die Altmühl ist ein mit ausgezeichneter Infrastruktur versehenes Paddelrevier. Dass das langsam fließende Gewässer nicht gerade wie ein glasklarer Bergbach aussieht, stört wenig, dafür ist es auch für Kinder geeignet. Ganz viel Natur also? Ja! Doch die Gegend ist auch höchst geschichtsträchtig: Die Römer haben hier so viele Spuren hinterlassen wie sonst nirgendwo in Süddeutschland. Ab dem 2. Jh. bauten sie den Limes und siedelten sich hinter diesem Schutzwall an. Man hat Wachttürme und Kastelle ausgegraben, Thermen und echte Schätze gefunden. Etwas außerhalb dieser Tour, aber hochspannend, ist das Limeseum in Wittelshofen: In dem modernen Gebäude wird das militärische und zivile Leben der Römer vermittelt (www.limeseum.de). Und dann erst die Dinosaurier …

www.naturpark-altmuehltal.de

Riedenburg ist einer der historischen Orte im Altmühltal. Oberhalb leuchtet in Weiß das Schloss Rosenburg.

Urdonautal

Die etwas technischere Bezeichnung lautet Wellheimer Trockental, heute stellt sich die Gegend aber als Urdonautal vor. Vor Millionen Jahren floss hier die Donau. In der Riss-Eiszeit gerieten die Wasserläufe ordentlich durcheinander, sodass das Tal zwischen Dollnstein und Rennertshofen fast gänzlich trocken ist. An den Flanken des Tals ragen immer wieder steile Felsen

❶ Neuburg an der Donau

Die Stadt liegt am Beginn des Urdonautals und ist einer der schönsten Orte dieser Tour. Vom Parkplatz aus (s. u.) sind es nur 600 m zum Neuburger Schloss: Der stattliche Bau mit der weißen Fassade und dem roten Ziegeldach wurde im 16. Jh. begonnen. Dominant ist der im folgenden Jahrhundert entstandene Ostflügel mit den beiden trutzigen Türmen. Nicht verpassen sollte man die Sgrafittogemälde im Hof und die schon im 16. Jh. ausgemalte Schlosskapelle – der früheste protestantische Kirchenraum Deutschlands. Wenn die Tür offen ist, gelangt man am hinteren Ende des Schlosshofs auf eine Terrasse, von der sich ein großartiger Blick über die Gegend bietet. Die Blaue Grotte besteht aus mehreren Räumen, die über und über mit Muscheln dekoriert sind. Wer sich für bayerische Geschichte

interessiert und sehen möchte, was die Pfalz-Neuburger Fürsten alles an Waffen, Wandteppichen und Möbeln zusammengetragen haben, schaut sich das Museum im Ostflügel an. Wer eher für die Werke flämischer Barockmaler wie Rubens und Brueghel schwärmt, besucht die Staatsgalerie im Westflügel. Nach so viel Kunst und Geschichte kommt ein entspannter Spaziergang durch die historische Altstadt gerade recht. Die prächtigen Fassaden, alten Stadttore, kleinen Cafés und Läden schaffen eine fast südländische Atmosphäre. Gutes Eis gibt es bei Cantonati (Ecke Münchner-/Eybstraße).

Tourist Info: Ottheinrichplatz 118, Neuburg an der Donau, Tel. +49 843 15 52 40, www.neuburg-donau.de/tourismus; Parkplatz für Wohnmobile:
GPS: 48.740596, 11.184465
GPS: 48°44'26.1"N 11°11'04.1"E

Campingplatz Dollnstein

Wo das Urdonautal auf das Altmühltal trifft, liegt dieser charmant in die Jahre gekommene Campingplatz. Ein paar Dauercamper haben sich eingerichtet, am Flussufer können Boote anlegen. Das Gelände ist eben und großzügig parzelliert, ein paar Ahornbäume wurden gepflanzt, aber die meisten Stellplätze liegen in der Sonne. Es gibt ein Gehege mit Hasen, Meerschweinchen und Hühnern, einen Kinderspiel- und einen Grillplatz. Die Ausstattung im blitzsauberen Servicegebäude ist so alt, dass die geblümten Fliesen schon wieder cool wirken. Brückenstr. 11 a, Dollnstein, Tel. +49 842 28 46, Ende März–Ende Okt., www.campingplatz-dollnstein.de
GPS: 48.873678, 11.075018
GPS: 48°52'25.2"N 11°04'30.1"E

Vom Campingplatz (s. S. 77) gelangt man bequem zu Fuß in die Stadt.

Tourist Info: Marktplatz, Deisingerstr. 1, Pappenheim, Tel. +49 914 36 06 66, www.pappenheim.de;
Parkplatz am Turnverein:
GPS: 48.930032, 10.972986
GPS: 48°55'48.1"N 10°58'22.8"E

4 Solnhofen

Stein ist hier das beherrschende Thema. Den Solnhofener Plattenkalk haben schon die Römer als Baumaterial genutzt, und er erfreut sich bis heute großer Beliebtheit. Dabei ist das Material nicht nur schön, sondern auch interessant: Sein hoher Salzgehalt bewahrte Pflanzen und Tiere vor der Verwesung, davon zeugen jede Menge Fossilienfunde. Im Besuchersteinbruch Solnhofen kann man sich Werkzeug leihen und selbst nach versteinerten Fischen und Ammoniten fahnden. Wer weiß, vielleicht befindet sich hier ein weiterer Archaeopteryx? Die zwölf bisher entdeckten Exemplare des kleinen Flugsauriers stam-

Legende:
- **1** Neuburg an der Donau
- **2** Urdonautal
- **1** Campingplatz Dollnstein
- **3** Pappenheim
- **2** Natur Camping Pappenheim
- **4** Solnhofen
- **5** Beilngries
- **6** Riedenburg

aus den mageren Rasenflächen, was viele Kletterer hierher zieht. Im Sommer 2014 wurde der Urdonautalsteig »eröffnet«, ein 60 km langes Wanderwegenetz. Wer ihn einmal testen möchte, kann südlich von Dollstein parken (s. u.) und geradewegs nach Osten gehen, wo man gleich auf die charakteristischen Schilder stößt. In Richtung Norden gelangt man bald zu Wacholderheiden mit markanten Felsnasen.

www.urdonautalsteig.de;
Parkplatz südl. von Dollnstein:
GPS: 48.854838, 11.078645
GPS: 48°51'17.4"N 11°04'43.1"E

3 Pappenheim

Wer aus dem gemütlichen Urdonautal kommt, dem erscheint Pappenheim im positiven Sinne aufregend. Der nette Altstadtkern ist von allerlei Läden gesäumt, die große Tourist Info brummt, die Burg zieht ebenso Besucher an wie die ausgefallene Weidenkirche am Bahnweg: ein offener sakraler Raum, geschaffen durch ein filigranes Metallskelett und viele hundert Weidenschößlinge. Regelmäßig werden hier Gottesdienste abgehalten. Die Altmühl mäandert bei Pappenheim in ihren wildesten Kurven und hat sich tief ins Land geschnitten. Daher wirkt es, als sei die auf dem Hügel liegende Burg geradezu auf die Bürgerhäuser gestapelt. In Wirklichkeit war es andersherum: Im 12. Jh. wurde mit der Burg begonnen, deren Befestigung man erst 200 Jahre später mit der Stadt verband. Die Ruine gehört übrigens zu den bedeutendsten mittelalterlichen Burganlagen Bayerns. Der Bergfried mit seinen 3 m dicken Mauern war wahrscheinlich drei Mal höher als heute, man hat von oben aber immer noch einen großartigen Blick in die umgebende Landschaft (Info zur Burg: www.grafschaft-pappenheim.de).

> ### Gewusst, wo
>
> Marita und Uwe kamen vor Jahren als Camper nach Pappenheim, haben sich in ein historisches Haus in der Klosterstraße verliebt und dort ihr »Kunst und Kaffee« eröffnet. Ob man nun eine Kräfte zehrende Radtour hinter sich gebracht hat oder nicht: Die Kuchen von Marita sind jede Sünde wert.

men alle aus dieser Gegend. Einen guten Überblick über die Erdgeschichte, den berühmten Urvogel und andere Fossilien bietet das Bürgermeister-Müller-Museum (www.museum-solnhofen.de).

Tourist Info: Bahnhofstr. 8, Solnhofen, Tel. +49 91 45 83 20 20, www.solnhofen.de; Parkplatz:
GPS: 48.891541, 10.995152
GPS: 48°53'29.6"N 10°59'42.5"E

 Beilngries

Die nördlichste Stadt Oberbayerns wirkt fesch und ein bisschen dörflich – beim Rundgang durch die Gassen möchte man gleich irgendwo einkehren, was sich im Gasthaus Fuchsbräu zweifelsohne lohnt (Hauptstr. 23, www.fuchsbraeu.de). Zuvor heißt es erst einmal genau hinsehen: Dabei sind Zeugnisse aus vielen Jahrhunderten Stadtgeschichte zu entdecken. Die Türme der einstigen Stadtmauer beispielsweise stehen hier seit 600 Jahren. Dem properen Rathaus mit den üppigen Geranienkästen sieht man sein Alter nicht an; es wurde um 1740 vom Baumeister der Eichstätter Fürstbischöfe erbaut. Nur 100 Jahre alt ist die Stadtpfarrkirche St. Walburga – zu-

Beste Reisezeit

Von Mai bis zum Herbst kann man hier gut radeln, wandern und Boot fahren. Falls es im Sommer sehr heiß ist, kann der Wasserstand der Altmühl zu niedrig zum Befahren sein.

Zentrumsnah: der Stellplatz in Riedenburg.

mindest in dieser Form. Einer ihrer beiden Türme geht auf das 12. Jh. zurück. Die rot-weiße Fachwerkfassade des Gasthofs Millipp wirkt zeitlos, doch das Gebäude ist über 500 Jahre alt.

Tourist Info: Hauptstr. 14, Beilngries, Tel. +49 84 61 84 35, www.beilngries.de; Park- und Stellplatz für Wohnmobile vor dem Campingplatz in Beilngries:
GPS: 49.026963, 11.470637
GPS: 49°01'37.1"N 11°28'14.3"E

 Riedenburg

Manchmal begegnet man dem letzten Schäfer von Riedenburg. Seine Tiere grasen an den Hängen und lassen nur den stacheligen Wacholder stehen – so

entstehen die typischen Wacholderweiden, aus denen die Jurafelsen markant herausragen. Riedenburg kann man von oben wie von unten erleben. Unten am südwestlichen Ufer der Altmühl liegt der alte Stadtkern mit seinen pastellfarbenen Häusern. Oben auf den Hängen führt der Drei-Burgen-Steig an den Ruinen Rachenstein und Rabenstein sowie Schloss Rosenburg vorbei: Das im 12. Jh. errichtete Gemäuer ist gut erhalten und beherbergt ein Museum und einen Falkenhof (www.falkenhofrosenburg.de).

Tourist Info: Marktplatz 1, Riedenburg, Tel. +49 94 42 90 50 00, www.riedenburg.de; Park- und Stellplatz für Wohnmobile:
GPS: 48.965499, 11.681309
GPS: 48°57'55.8"N 11°40'52.7"E

 ### Natur Camping Pappenheim

WLAN? »Hab ich wieder abgeschafft«, sagt Wirt Uwe Horsmann. Zu teuer, zu wenig Nachfrage. Kein Wunder, denn auf diesem Platz verfällt man schnell in einen tiefenentspannten Zustand. Das langgezogene Gelände für 80 Fahrzeuge ist eine große Wiese, an der träge die Altmühl vorbeifließt. Wasserwanderer finden einen Zeltplatzbereich auf einer kleinen Insel. Die Sanitäranlagen sind steinalt, aber sauber. Toll ist die Lage direkt unterhalb der Burg Pappenheim.
Badweg 1, Pappenheim, Tel. +49 91 43 12 75, April–Okt., www.camping-pappenheim.de
GPS: 48.934518, 10.969674
GPS: 48°56'04.3"N 10°58'10.8"E

18 Schwarzwald

Warum in die Ferne schweifen, wenn das Gute liegt so nah? So abgegriffen dieses Bonmot auch klingen mag, so sehr stimmt es im Fall des Schwarzwalds. Nicht umsonst hat sich der mittelgebirgige Südwestzipfel Deutschlands zu einer der beliebtesten deutschen Ferienregionen entwickelt. Wanderer schätzen die gut markierten Wege, Mountainbiker und Kletterer die Herausforderungen und Genießer die erhabenen Blicke von Feldberg, Schauinsland und Co. Und Camper lieben neben den Plätzen an Seen, in den Hochlagen oder Tälern die enorme Palette an Ausflugsmöglichkeiten. Wer durch die Ortschaften fährt, wird sich über prächtige Fachwerkfassaden, Bauernhäuser, nostalgische Bimmelbahnen und unaufgeregtes Landleben freuen, samt Schwarzwälder Kirschtorte, Schinken, Kirschwasser und Kuckucksuhren. Klingt ein wenig altbacken, trägt aber sehr zu einem entspannten Aufenthalt bei. Zugleich bestehen genügend »moderne« Freizeitangebote, von E-Bike-Verleihstationen über Geocaching-Routen bis hin zum Stand-Up-Paddeln. Besonders viel los ist diesbezüglich am Titi- und am Schluchsee. Von hier ist es nicht weit zum Feldberg und anderen wanderbaren Bergen. Die verwandeln sich im Winter zu Ski-, Langlauf- und Schlittenhundeoasen, in Todtmoos werden regelmäßig Deutsche und Weltmeisterschaften ausgetragen. Warum das an dieser Stelle erwähnt wird? Weil sich im Schwarzwald Wintersport und Camping kombinieren lassen – eine Reihe von Plätzen hat auch in der kalten Jahreszeit geöffnet. Das bewegt zwar nicht die Massen, aber die Herzen von »unverfrorenen« Campern.

www.schwarzwald-tourismus.info

Schau nach Freiburg, bis zu den Vogesen und in die Alpen – die Fahrt auf den Schauinsland ist eine Schau, verleitet aber zu schlechten Wortspielen.

❶ Stromberg

Stromberg ist dank der grandiosen Schauspielkunst von Christoph Maria Herbst Deutschlands bekanntester Bürochef. Doch es gibt noch einen anderen grandiosen Stromberg – im nördlichen Schwarzwald. Das wird jeder bestätigen, der den waldreichen Höhenzug, an dessen Rändern kulturelle Kleinode und feine Weingüter liegen, umrundet. Und mit dem Auto oder Wohnmobil (natürlich auch zu Fuß oder mit dem Rad) geht das hervorragend. Die Strecken durch und rund um den Naturpark Stromberg-Heuchelberg sind weder besonders frequentiert noch eng, und ein Fest fürs Auge – mit weiten Ausblicken, waldgekrönten Hügellandschaften und attraktiven Weinbergen. Tipp: Unbedingt das Naturparkzentrum am Zaberfelder Stausee ansteuern, nicht zuletzt wegen der im Frühjahr 2016 eröffneten Wildkatzenwelt. Dabei handelt es sich um eine umweltpädagogische Spiel- und Erlebnisanlage im Außenbereich sowie ein attraktives Ausstellungsmodul in der Dauerausstellung des Naturparkzentrums. Kulturinteressierte kommen bei der Stromberg-Rundtour ebenfalls auf

Ob im Holz-Ruder- oder Plastik-Tretboot – eine Runde über den Schluchsee macht Spaß.

ihre Kosten, zuerst mit der Stadt Lauffen samt alter Burg und Resten eines Klosters, dann mit der mustergültigen Ortschaft Sternenfels und schließlich mit dem Unesco-Weltkulturerbe Kloster Maulbronn.

Naturparkzentrum: Ehmetsklinge 1, Zaberfeld, Tel. +49 70 46 88 48 15, www.naturpark-stromberg-heuchelberg.de; Parkplatz am Badesee Ehmetsklinge:
GPS: 49.055868, 8.915618
GPS: 49°03'21.1"N 8°54'56.2"E

❷ Kaltenbronn

Seen, Wälder, Moore – so sieht es nicht nur in Kanada aus, sondern auch in einigen Teilen des Schwarzwalds, etwa rund um Kaltenbronn südöstlich von Ba-

den-Baden. Die dortigen Hochmoore, die zu den letzten intakten Mitteleuropas zählen, sind geprägt von einer subarktisch-alpinen Fauna und Flora. Die lässt sich am besten mit einem Guide respektive Ranger entdecken. Auf Bohlenstegen im Moor gehen Wildnisforscher dann den Geheimnissen der Torfmoose auf den Grund. Und da gibt es viel zu entdecken, etwa besondere Überlebenskünstler wie den fleischfressenden Sonnentau. Klingt gefährlich, ist es aber nicht. Und das ist auch ein Vorteil gegenüber Kanada – Bären zum Beispiel muss hier niemand fürchten …

Ganzjährige Stellplätze an der rund 15 km entfernten Murginsel Gernsbach mit netter

Kleinenzhof

Fünf Sterne, Dutzende Möglichkeiten – das »Family Resort Kleinenzhof« gehört zu den besten Campingadressen im Süden (wobei es auf dem Gelände auch ein Hotel gibt). Das liegt nicht nur an dem schönen, lang gestreckten Wiesengelände mit Laub- und Nadelbäumen, das direkt an der Kleinen Enz liegt, sondern auch an den In- und Outdoor-Pools und anderen Angeboten wie dem großen Kinderspielhaus, dem Streichelzoo sowie dem Kino- und Vortragsraum. Kurz: Camping auf höchstem Niveau. Und dennoch mitten in der Natur.
Kleinenzhof 1, Bad Wildbad, Tel. +49 70 81 34 35, ganzjährig, www.kleinenzhof.de
GPS: 48.7358333, 8.57416667
GPS: 48°44'09.6"N 8°34'27.8"E

Beste Reisezeit

… ist natürlich der Sommer, die Saison ist in der Regel von Mai bis Oktober. Aber Achtung: In den höheren Lagen des Hochschwarzwalds kann es selbst an Pfingsten und im Spätsommer empfindlich frisch, gar frostig werden. Gute Schlafsäcke und/oder Heizmöglichkeiten sind da angebracht.

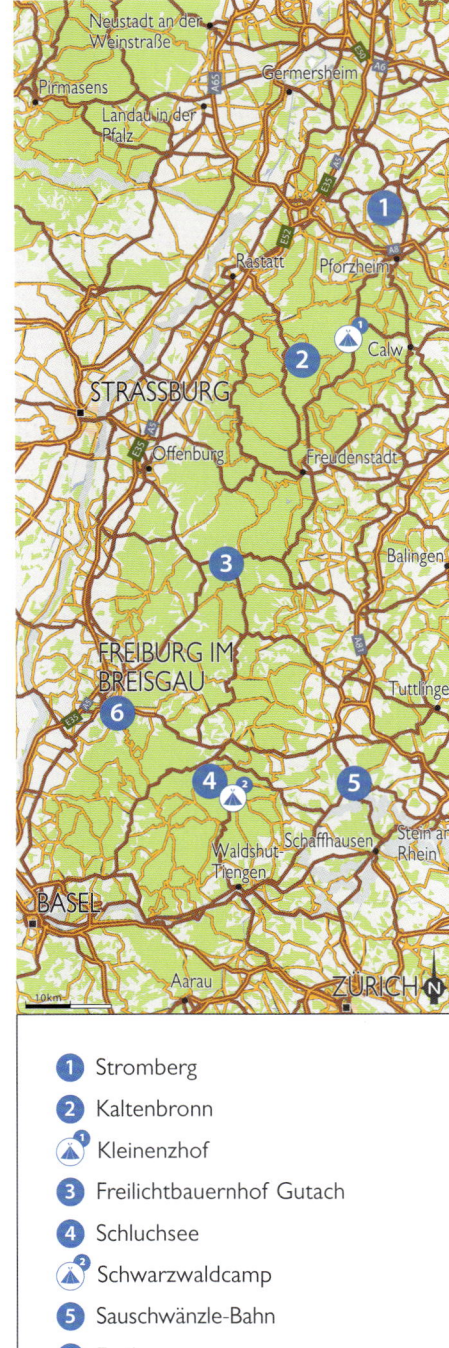

1 Stromberg
2 Kaltenbronn
Δ1 Kleinenzhof
3 Freilichtbauernhof Gutach
4 Schluchsee
Δ2 Schwarzwaldcamp
5 Sauschwänzle-Bahn
6 Freiburg

Flusslage im Ortszentrum und kostenloser Nutzung von Bahn und Bus:
GPS: 48.759268, 8.339055
GPS: 48°45'33.4"N 8°20'20.6"E

3 Schwarzwälder Freilichtbauernhof Gutach

Eine Zeit ohne Smartphone, Internet, Autos und Zentralheizung – für viele Kinder heutzutage kaum vorstellbar. Selbst als Erwachsener staunt man beim Besuch des Schwarzwälder Freilichtmuseums in Gutach über die so ganz anderen Lebensverhältnisse der Urahnen. Dort bekommen Gäste nämlich in Gestalt von Bauernhäusern, Alltags- und Arbeitsgegenständen sowie Kleidungsstücken und alten Nutztierrassen, die zwischen Mühlen, Speichern und Backhäusern grasen, interessante Einblicke in das Landleben vor mehreren Jahrhunderten – spannend für Groß und Klein.

Wählerbrücke 1, Gutach,
Tel. +49 783 19 35 60, Ende März–Anf. Nov.,
www.vogtsbauernhof.de; Parkplatz:
GPS: 48.27065, 8.20057
GPS: 48°16'14.3"N 8°12'02.0"E

4 Schluchsee

Der Schluchsee ist mit über 7 km Länge und bis zu 1,5 km Breite das größte Gewässer des Schwarzwalds und ein beliebtes Urlaubsziel. Der Vorteil gegenüber dem unweit entfernten Titisee: Er ist nicht so verbaut und frequentiert und dennoch das »Wassersportzentrum des Schwarzwaldes«. Segeln, Surfen, mit dem SUP-Brett in die Fluten stoßen, Baden im sauberen Nass – hier sind Wasserfreunde in ihrem Element. Tipp: ab mit dem Kanadier (oder einem der vielen leihbaren E-Bikes) hinüber auf die unbebaute Seeseite, etwa zur entzückenden »Vesperstube Unterkrummenhof«. Wer es lieber etwas belebter mag, bummelt durch den Luftkurort Schluchsee oder testet das Rutschenparadies direkt am See.

Tourist Info: Fischbacher Str. 7, Schluchsee, Tel. +49 765 21 20 60, www.schluchsee.de

5 Sauschwänzle-Bahn

Genug vom Selberfahren? Dann ab in den Zug. Aber in einen ganz besonderen. Die Bahnstrecke von Blumberg-Zollhaus nach Weizen beziehungsweise Stühlingen – südlich von Donaueschingen gelegen – ist ein echtes Bahnjuwel. Wutachviadukt,

Gewusst, wie

Innovativ, nachhaltig, fair – das sind die Leitlinien des Vereins Ecocamping e.V., zu dem neben dem Kleinenzhof noch neun weitere Campingplätze im Schwarzwald zählen. Bei ihnen stehen Umwelt- und Naturschutz in besonderem Maße im Fokus, etwa durch eigene Stromerzeugung via Solarenergie. Weitere Ecocamping-Plätze sind u.a. »Camping Bankenhof« in Hinterzarten und »Camping Langenwald« in Freudenstadt.

Die Freiburger Straße Oberlinden mit Schwabentor und Oberlindenbrunnen ist ein besonders schmucker Fleck.

Großer Stockhaldetunnel, Epfendorfer Talübergang sind nur einige der Bauwerke, die diese Museumsbahn zu einem der bedeutendsten technischen Denkmäler Deutschlands machen. Da ist es nur konsequent, wenn hier auch eine Dampflok von anno dazumal entlangzuckelt. Für die einfache Strecke braucht sie rund 75 Min. Gut zu wissen: Zu bestimmten Terminen mutiert der Bummelzug zum »Dixiebähnle« – warum, ist klar: Entsprechende Musiker sorgen auf der Fahrt für Stimmung.

Bahnhofstr. 1, Blumberg,
Tel. +49 770 25 13 00, Ende April–Okt.,
www.sauschwaenzlebahn.de;
Parkplätze in der Nähe der Bahn:
GPS: 47.837940, 8.556375
GPS: 47°50'16.6"N 8°33'22.9"E

6 Freiburg

Das wärmste Klima Deutschlands, ein grüner Oberbürgermeister, besonders viele Studenten: Die 200 000-Einwohner-Stadt im Breisgau ist keine Stadt wie jede andere, und wer sein Gefährt vor den Toren der Stadt parkt (zum Beispiel am Stadion) und mit Stadtbahn und Bus ins Zentrum pendelt, kann sich entspannt ins Treiben der wunderbaren Innenstadt stürzen. Es warten nette Wochenmärkte, malerische Altstadtgassen samt den berühmten »Bächle«, glitzernden Wasser-

bahnen entlang der Gehsteige, und ein sympathisches Laden-, Café- und Barbiotop. Höhepunkt im wahrsten Sinne ist das 116 m hohe Münster, eine vollendete Komposition aus gotischer und romanischer Architektur. Geschichtsträchtige Bauten – das historische Kaufhaus, das Kornhaus, die Alte Wache – säumen den malerischen Münsterplatz. Besondere Ausblicke ermöglicht der nur wenige Kilometer von der Innenstadt entfernte 1284 m hohe Berg Schauinsland. Es gibt im Übrigen auch noch andere Gründe, nach Freiburg zu fahren, etwa um sein Outdoor-Equipment aufzupimpen. Eine gute Adresse dafür: Adventure Company in der Wilhelmstr. 3.

Tourist Info: Rathausplatz 2–4, Freiburg,
Tel. +49 76 13 88 18 80, www.freiburg.de;
Ganzjahres-Stellplatz, 15 Gehmin. in die Innenstadt:
GPS: 47.99971, 7.82569
GPS: 47°59'58.956"N, 7°49'32.483"E

 ### Schwarzwaldcamp

Das in einem Wäldchen gelegene Schwarzwaldcamp ist der glatte Gegenentwurf zu Wohnwagenburgen und Gartenzwergromantik. Interessant für packfaule Gelegenheitscamper: Es gibt hier festinstallierte Zelte und Tipis, inklusive kleinen Holzterrassen, Betten, Geschirr, Lampen und Lagerfeuerstelle. Ein Kindertraum ist die Feuer-Popcorn-Maschine! Wem auf dem Waldboden zu viele Tierchen umherkrabbeln, der zieht eine Etage höher in eines der vier Baumzelte. Oder in die Gondel »Gisela« – die ist mit 1,90 mal 1,60 m richtig kuschlig. Achtung, nur ein Kastenwagenstellplatz!
Gewann Zeltplatz 2, Schluchsee,
Tel. +49 765 69 88 43 48, Mai–Okt.,
www.schwarzwaldcamp.com
GPS: 47.8189339, 8.1643706
GPS: 47°49'8.162"N 8°9'51.734"E

Hinauf auf den hohen Sandberg! Der Weitblick von der Lonzker Düne ist fantastisch.

19 Polnische Ostseeküste bis Masuren

Hinter den Dünen im Meer baden, die geschichtsträchtigen Gassen und Winkel in Breslau, Danzig oder Krakau erkunden, von der Masurischen Seenplatte mit dem Kanu bis an die Ostsee paddeln und in der Hohen Tatra oder im Riesengebirge auf Wanderschaft gehen – Polen ist ein so facettenreiches wie riesiges Reiseland, das sich kaum in einem Urlaub erschließen lässt. Wer nicht so viel Zeit mitbringt und trotzdem Abwechslung in Natur und Kultur sucht, der pickt sich einige Rosinen heraus und reist ein Stück entlang der Küste zu einer der eindrucksvollsten Wanderdünen Europas, in die Dreistadt

inklusive Hafen von Danzig, macht einen Abstecher zum größten Backsteinbau Europas (Marienburg) und beschließt die Tour in Masuren, der traumhaft schönen Seenlandschaft Polens. Die Liste an Sehenswürdigkeiten ließe sich leicht erweitern. Aber wir wollten uns ja bewusst beschränken. Für Camper herrschen hier beste Voraussetzungen: An Platz mangelt es eigentlich nie, daher sind Parzellen selten – eher fällt die Entscheidung für einen Stellplatz auf den weitläufigen und so gar nicht überlaufenen Campingplätzen schwer vor lauter Auswahl. So komfortabel die Rastplätze, so unkommod kann

es auf manchen Straßen in Küstennähe werden. Da erfordern Schlaglöcher und desolate Teerdecken starke Nerven, zähes Sitzfleisch und hohe Konzentration. Dafür entschädigen die Dörfer, auf deren Hausdächern Störche nisten, und zwischen denen man frisch gepflückte Brombeeren oder Waldhonig am Straßenrand kaufen kann. Die polnische Ostseeküste, die Stettiner und die Danziger Bucht zusammen mit der Masurischen Seenplatte – das sind Erlebnisse für alle Sinne, die noch lange, lange nachwirken.

www.pomorskie.travel

Lonzker Düne

Sand wird vom Meer angespült, von Sonne und Wind getrocknet und anschließend weiter ins Land geweht – ganz simpel. Wenn das in rauen Mengen geschieht, entstehen aber beeindruckende Sandberge: Das Wanderdünengebiet auf der Gardno-Leba-Nehrung umfasst eine Fläche von ca. 500 ha. Die größte Erhebung, die Lonzker Düne (poln.: Łącka Góra), erreicht eine Höhe von 42 m über dem Meeresspiegel und legt jedes Jahr 3 bis 10 m in Richtung Landesinneres zurück. Auch wenn man der Düne beim Wandern nicht wirklich zuschauen kann, wird diese Geschwindigkeit beim Blick auf die Bäume, die von den Sandmassen regelrecht gefressen werden, sehr deutlich. Mit der Größe der Lonzker Düne im Słowiński-Nationalpark konkurrieren europaweit nur zwei Dünen – die der Kurischen Nehrung in Litauen/Russland und die Dune de Pilat bei Arcachon in Frankreich. Erreichbar ist sie zu Fuß oder per elektrischer Bimmelbahn; erklimmen muss man die Düne immer aus eigener Kraft. Die Belohnung ist Sahara-Feeling und ein herrliches Panorama über die Dünen, das Meer und zwei Strandseen. Auch der Weg zurück nach Łeba ist die 5 km Fußmarsch wert: Hier beeindrucken der flache Sandstrand, das Meeresrauschen und die Menschenleere, sogar in der Hochsaison.

Nationalpark Info: ul. Bahaterów Warszawy 1A, Smołdzino, Tel. +48 59 811 72 04, www.slowinskipn.pl;
Parkplatz bei der Düne:
GPS: 54.753292, 17.517256
GPS: 54°45'11.8"N 17°31'02.1"E

 Halbinsel Hel

34 km lang reicht die Halbinsel Hel (poln.: Półwysep Helski) ins offene Meer. Bis 1990 war sie militärisches Sperrgebiet und Touristen vorenthalten. Diese Zeit wird gefühlt immer noch nachgeholt, denn v. a. an den Sommerwochenenden zieht es halb Danzig hierher. Ein Besuch ist dennoch ein Muss: Das Gefühl, durch die vier hintereinander liegenden Dörfer zu fahren und dabei immer wieder links und rechts der Landzunge aufs Wasser zu blicken, ist ein Erlebnis. An der schmalsten Stelle bei Jurata trennen nur 200 m die Strände – einerseits an der Ostsee, andererseits an der Pucker Bucht, ein Wind- und Kitesurf-Hotspot. Einige Campingplätze säumen die Strecke. An Hels Spitze im gleichnamigen Ort angekommen, locken spätestens dann Spaziergänge am feinkörnigen Strand, mit Blick zum gegenüberliegenden Ufer, und im schattigen Wald.

Tourist Info: ul. Stefańskiego 5, Jastarnia, Tel. +48 586 75 20 97, www.jastarnia.pl;
Parkplatz in Hel:
GPS: 54.607128, 18.801704
GPS: 54°36'25.7"N 18°48'06.1"E

 Dreistadt (Trójmiasto)

Drei Städte, drei Charaktere: In der einstigen Hansestadt Gdańsk (Danzig) bezeugen das wuchtige Krantor, die von prächtigen Bürgerhäusern gesäumte ul. Mariacka (Frauengasse) mit der Marienkirche (die größte historische Backsteinkirche der Welt), dass die Stadt damals die bedeutendste an der Ostsee war. Die

Innenstadt wirkt dennoch wie neu – sie war nach 1945 zu 90 Prozent zerstört und wurde detailgetreu rekonstruiert. Von der Anlegestelle am Grünen Tor (Zielona Brama) fahren Ausflugsschiffe zur Westerplatte, wo die Weichsel ins Meer mündet. Auf dieser Halbinsel verteidigten im Jahr 1939 182 polnische Soldaten sieben Tage lang die gleichnamige Festung gegen die übermächtigen Angreifer, bevor Deutschland Polen schließlich doch besetzte – der Beginn des Zweiten Weltkriegs. An die historische Bedeutung der Westerplatte erinnern ein monumentales Denkmal und die vom Museum des Zweiten Weltkriegs konzipierte Freilichtausstellung. Jugendstilvillen prägen hingegen die deutlich kleinere Kurstadt Sopot (Zoppot) mit der scheinbar endlosen Seebrücke, die 511,5 m lang in die Danziger Bucht ragt. Beim Schlendern durch die jung und etwas schroffer wirkende, ca. 250 000 Ein-

 Helkamp

Weiter geht's nicht mehr: Der kleine, einfache Wiesen-Campingplatz liegt an der Spitze der Halbinsel Hel, gleich an den idyllischen Sandstrand angrenzend. Bei einem Spaziergang entdeckt man Spuren der Vergangenheit als militärischer Stützpunkt, vor allem aber beeindruckt der Blick aufs Festland.
ul. Kuracyjna 1, Hel, Tel. +48 606 38 81 84, Mitte März–Mitte Okt., www.helkamp.com
GPS: 54.599193, 18.806227
GPS: 54°35'57.1"N 18°48'22.4"E

Legende:

1 Lonzker Düne
2 Halbinsel Hel
▲1 Helkamp, Hel
3 Dreistadt

4 Marienburg
5 Oberländischer Kanal
▲2 Camping Nad Zatoka
6 Kanutour in Masuren

wohner große Hafenstadt Gdynia (Gdingen) entdeckt man spannende Street Art.

Die Sehenswürdigkeiten in der Dreistadt sind gut per ÖPNV zu erreichen. Tourist Info: Długi Targ 28/29, Gdańsk, Tel. +48 583 01 43 55, visitgdansk.com/de

Gewusst, wo

Mitbringsel sucht man am besten in Danzig aus: Die Stadt ist berühmt für ihre Bernsteinkunst, die besonders in der Mariengasse angeboten wird, und für das Danziger Goldwasser, ein Gewürzlikör mit kleinen Blattgoldteilen. Für alles andere gilt: Die Preisunterschiede zwischen Stadt (teurer) und Land (günstiger) sind in Polen extrem.

4 Marienburg (Malbork)

Ab 1280 vom Deutschen Orden errichtet, 39 Jahre später zum Sitz desselben gekürt und erweitert, 1410 gegen Polen und Litauer verteidigt, während des Dreizehnjährigen Krieges an Polen verkauft und als Residenz der polnischen Könige genutzt, 1772 in eine preußische Kaserne umgewandelt und teilweise abgerissen, im 19. Jh. wiederaufgebaut, ab 1961 aufgrund der im Zweiten Weltkrieg entstandenen Schäden ein zweites Mal rekonstruiert (bis auf die vollständig zerstörte Schlosskirche mit ihrer riesigen Marienfigur an der Apsis) – die mächtigste Burganlage Europas erzählt eine wahrhaft bewegte Geschichte und verdient zusammen mit ihrem imposanten trutzigen Anblick den Titel Unesco-Weltkulturerbe

ohne Frage. Ein empfehlenswerter Audioguide führt in rund 2,5 Std. durch die Anlage, zunächst durch die Vorburg mit Zeughaus und Laurentius-Kapelle sowie das Mittelschloss mit seinem eleganten Hochmeisterpalast und einer interessanten Ausstellung über die Entstehung und Verarbeitung von Bernstein, dem »Gold der Ostsee«. Eine Brücke verbindet das Mittel- mit dem Hochschloss, in dem die Ordensbrüder wohnten. Hier befinden sich der Kapitelsaal und die Schlosskirche. Wer den großen Turm im nordöstlichen Teil des Hochschlosses erklimmt, wird mit einer herrlichen Aussicht belohnt. Ein weiteres traumhaftes Fotomotiv bietet sich in der Abendsonne von der Nogat aus, wobei die Wirklichkeit natürlich noch viel schöner ist ...

ul. Piastowska, Malbork, Tel. +48 556 47 09 78, www.zamek.malbork.pl; Parkplatz:
GPS: 54.043007, 19.025581
GPS: 54°02'34.8"N 19°01'32.1"E

Beste Reisezeit

Das beste Campingwetter verspricht natürlich der Sommer, dann freut man sich auch über das erfrischende Ostseewasser. Optimal ist die Reisezeit, bevor die polnischen Sommerferien (Ende Juni bis Ende August) beginnen, dann ist insbesondere an der Küste noch deutlich weniger los. Tipp für Musikfans: das viertägige Open'er Festival in Gdynia (ca. Anfang Juli) mit internationalen Größen auf Open Air-Bühnen.

Oberländischer Kanal (Kanał Elbląski)

Die einst mächtige Handelsstadt Elbląg wurde nach dem Zweiten Weltkrieg wieder aufgebaut und versprüht heute wieder die Aura des ausgehenden Mittelalters. Ihre Hauptattraktion zieht sich bis ins 4,4 Std. entfernte Buczyniec: eine Schifffahrt auf einem Teil des Oberländischen Kanals, bei der über fünf »Rollberge« 99 Höhenmeter zwischen den Gewässern überwunden werden. Dazu werden die Schiffe auf Schienen per Wasserkraft über die Wiesenhügel gezogen – eine technische Meisterleistung, die rund 170 Jahre alt ist und einen immer noch zum Staunen bringt. Zudem beeindruckt das Vogelschutzgebiet Drausensee (Jezioro Drużno). Zum Ausgangspunkt zurück geht es per Shuttlebus.

Ablegestelle: ul. Wodna 1b, Elbląg, Tel. +48 896 70 92 27, April–Okt., www.zegluga.com.pl

GPS: 54.157656, 19.393205
GPS: 54°09'27.6"N 19°23'35.5"E

 Kanutour in Masuren

Für zahlreiche Wassersportmöglichkeiten, insbesondere als riesiges Kanurevier, ist die 1700 qkm große Masurische Seenplatte weit über Polen hinaus berühmt. Eine der bekanntesten Strecken führt auf dem kristallklaren Fluss Krutynia (Kruttinna) durch 16 Seen von Sorkwity bis zum Bełdany-See und dauert acht bis zehn Tage. Wer nur einen Abschnitt davon erleben will, sollte das Dorf Krutyń (Kruttinnen) im Zentrum des Masurischen Landschaftsparks ansteuern und von dort 13 km nach Ukta paddeln, das ist in vier Std. zu schaffen. Der Wald, den die Krutynia durchfließt, verdichtet sich stellenweise zu einem grünen Tunnel und das Schilf steht meterhoch aus dem Wasser. Unterwegs begegnet man anderen Kanufahrern, Schwänen sowie Imbissen am Ufer, die vom Fluss aus ansteuerbar sind und an denen Pausen eingelegt werden können.

Anbieter: AS-Tour, Krutyń 4, Piecki, Tel. +48 600 09 22 52, www.as-tour.de
GPS: 53.689466, 21.434231
GPS: 53°41'22.1"N 21°26'03.2"E

Camping Nad Zatoka

Masuren-Idylle in ihrer schönsten Form verkörpert der gemütliche Campingplatz »Nad Zatoka« (deutsch: über der Bucht): Die leicht abfallende Campingwiese (ohne Parzellen) bietet rund 50 Standplätze für jeden Campingtypen und liegt direkt am Bełdany-See mit Badesteg und kleinem Bootsanlegeplatz. Morgens kommt der Bäckerwagen auf den Platz, ansonsten kann man sich ein paar 100 m weiter im Dörfchen Wygryny in einem Tante-Emma-Laden versorgen oder im Herbst im nahen Wald Pilze sammeln gehen. Abends wird mit etwas Glück gegrillt – und mit noch etwas mehr Glück lernt man einen der langjährigen Stammgäste kennen. Vor dem Fall des Eisernen Vorhangs war dieser Platz ein beliebter Treffpunkt von Urlaubern aus dem Westen und dem Osten. Die Platzbetreiber organisieren auf Wunsch Kanutouren in der Umgebung.
Wygryny 52, Ruciane-Nida, Tel. +48 874 23 15 97, Ende April–Sept., www.nadzatokawygryny.pl
GPS: 53.687527, 21.547757
GPS: 53°41'15.1"N 21°32'51.9"E

Hingucker und tolles Naturerlebnis: die Schifffahrt auf und am Oberländischen Kanal.

20 Holland

Immer einen lockeren Spruch auf den Lippen, als Seefahrervolk seit jeher offen für Neues und Anderes, eine große Leidenschaft für Blumen, Süßes und Käse ... man muss die Holländer lieben. Und ihre Gegend sowieso: Weite, flache Strände am Meeressaum zum Spazierengehen, hügelige Dünen, die als riesiger Sandkasten fungieren, hübsche Backsteinhäuser, historische Mühlen und malerische Grachten gefallen so sehr, dass man die hohe Regenwahrscheinlichkeit hinnimmt (und gegebenenfalls ein Museum besucht, in einem Pfannkuchenhaus sündigt oder sich einfach in das mobile Dach über dem Kopf zurückzieht). Und wie macht man sich bei Niederländern beliebt? Da gilt es nur zwei Dinge zu beachten: Holland nicht mit den Niederlanden gleichsetzen – denn Holland bezeichnet nur den Abschnitt zwischen der Nordsee im Westen, dem IJsselmeer im Osten und dem Delta von Rhein, Maas und Schelde im Süden, der zu Beginn des 17. Jh. als »Grafschaft Holland« zur einflussreichsten Provinz der Republik der Sieben Vereinigten Provinzen avancierte. Dieser Landesteil wird im folgenden Kapitel vorgestellt. Zweitens: keine Wohnwagen-Witze. Keinen einzigen. Das dürfte aufgrund der eigenen Camping-Liebe sowieso leicht fallen. Das war es schon. Ein Campingurlaub in Holland ist mindestens so lässig wie die Holländer selbst. Also, einfach hinfahren und Spaß haben.

www.holland.com

Auf dem idyllisch gelegenen Campingplatz De Lakens geht es entspannt zu.

❶ Enkhuizen

Mehr »Landyacht«-Feeling als auf dem Weg nach Enkhuizen geht kaum: Von Lelystad fährt man 30 km übers Wasser, genauer über den Houtribdijk – das ist der Damm, der das IJsselmeer vom Markermeer trennt. In Enkhuizen angekommen, sollte unbedingt ein Besuch des Zuiderzeemuseums auf dem Programm stehen: Es wurde 1948 gegründet, da die ehemalige Nordseebucht zum heutigen Binnensee IJsselmeer aufgeschüttet worden war und deshalb der Wunsch der Einheimischen aufkam, ihr kulturelles Erbe zu pflegen. So wurden rund 130 für die Gegend typische Häuser teils komplett umgezogen, teils rekonstruiert und es entstand ein riesiges Freiluftmuseumsdorf. Die Besucher schauen den Mitarbeitern (je 200 Angestellte und Freiwillige) beim Heringeräuchern, Tauedrehen oder beim Kaffeekochen auf alten, mit Holz befeuerten Herden zu. Das zugehörige Binnenmuseum dokumentiert die Verwandlung der Zuiderzee. Beim Hafen mit seinen historischen Schiffen geht es zum Museumsausgang und wieder zurück ins Hier und Jetzt – das in Enkhuizen fast unwirklich bzw. auch wie ein Museum erscheint, so herausgeputzt wirkt die Kleinstadt mit ihren alten Backsteingiebelhäusern.

Zuiderseemuseum: Wierdijk 12–22, Freilichtmuseum April–Ende Okt., Binnenmuseum ganzjährig, www.zuiderzeemuseum.nl; Parkplatz am Ortseingang, kostenlose Fähre zum Museum während Öffnungszeiten:
GPS: 52.692616, 5.279789
GPS: 52°41'33.4"N 5°16'47.2"E

❷ Zaanse Schans

Alte Windmühlen, darunter die einzige Farbmühle der Welt (mahlt Kreide und Farbpigmente zu feinem Pulver), Bauernhöfe und Wohnhäuser, die ehemals an anderen Orten standen, wurden in Zaanse Schans mit Liebe zum Detail zu einem typischen Dorf des 17./18. Jh. arrangiert. Das Zaans Museum, eine Holzschuhmanufaktur, eine Küferei und eine Käserei erinnern an den Dorfalltag der damaligen Zeit, einige Gebäude sind sogar ganz normal bewohnt.

Schansend 7, Zaandam, www.zaanseschans.nl

Camping De Lakens

Egal ob Jung oder Alt, Sportler oder Ruhesuchende, mit eigenem Dach über dem Kopf oder Glamper – in der entspannten Atmosphäre dieses Campingplatzes fühlt sich jeder Urlaubertyp wohl. Dank der Dünenlandschaft ergeben sich gemütliche »Buchten« mit je ca. acht Stellplätzen. Jugendliche ohne Begleitung Erwachsener campen in einem eigenen Bereich. Entspannung versprechen der nahe Strand sowie auf dem Platz die Sauna und in der Hochsaison der Wellnessbus. Alle Einrichtungen sind modern und sauber und die Mitarbeiter freundlich. Zeeweg 60, Bloemendaal aan Zee, Tel. +31 235 41 15 70, April– Ende Okt., www.campingdelakens.de
GPS: 52.405745, 4.553472
GPS: 52°24'20.7"N 4°33'12.5"E

❸ Nationalpark Zuid-Kennemerland

Einzigartig und vielgestaltig ist die Landschaft im National Park Zuid-Kennemerland – das 3800 ha große Gebiet bildet einen natürlichen Schutzwall für die von der Erosion bedrohte Küste und teilt sich in mehrere Landschaftsstreifen auf: In erster Reihe, nah am Wasser, entstanden breite Strände und junge kalkreiche Sanddünen mit zähen Pionierpflanzen; in der zweiten Reihe finden Sandregenpfeifer windgeschützte Nistplätze zwischen Sanddorn und Stranddisteln. Dahinter sind die Dünen bereits mit Gestrüpp bewachsen – oder mit alten Landgütern bebaut. In den Innendünen gibt es idyllische Wälder und kleine Dörfer, es bilden sich Süß- oder Brackwasserbecken sowie wichtige Biotope für die Küstenflora und -fauna. Schottische Hochlandrinder und Wisente grasen hier und wirken so der Verholzung entgegen. Letztere, die sogenannten europäischen Bisons, lassen sich gut vom Wanderweg durch das Wisentgebiet (Sept.–Feb.) oder vom Wisentbeobachtungspunkt aus erspähen. Viele weitere Tiere und Pflanzen fühlen sich im Nationalpark wohl – und der Mensch besonders bei einem Spaziergang, einer Radtour oder sogar einem Bad im Dünensee.

Nationalpark: 25 Eingänge, von Sonnenaufgang bis Sonnenuntergang zugänglich, www.np-zuidkennemerland.nl, Wander- und Radwege im Park: www.natuurwegwijzer.nl; Wisente: www.wisenten.nl; Parkplatz am Besucherzentrum:
GPS: 52.395126, 4.593263
GPS: 52°23'42.5"N 4°35'35.8"E

1 Enkhuizen

2 Zaanse Schans

1 Camping De Lakens, Bloemendaal

3 Nationalpark Zuid-Kennemerland

4 Leiden

2 De Zuidduinen, Katwijk aan Zee

5 Gemeentemuseum Den Haag

6 Delft

www.lakenhal.nl; www.hortusleiden.nl;
Parkplatz Haagweg Park and Ride mit
kostenlosem Shuttlebus ins Zentrum:
GPS: 52.159491, 4.478558
GPS: 52°09'34.2''N 4°28'42.8''E

5 Gemeentemuseum Den Haag

Ein Schlechtwettertipp für einen Holland-Trip muss sein – dieser ist selbst bei bestem Badewetter zu empfehlen: Das vom niederländischen Architekten Hendrik Petrus Berlage entworfene und 1935 eröffnete Gemeentemuseum fasziniert bereits durch seine Architektur, aber auch die Ausstellungen überzeugen, etwa die weltweit größte Piet-Mondrian-Sammlung oder die einzigartige Dauerausstellung »Wonderkamers«, in der die Besucher auf eine interaktive Weise bildende Künste, Kunsthandwerk, Architektur und

4 Leiden

Die sehr lebhafte südholländische Stadt (120 000 Einwohner, 30 000 davon Studenten) ist stolz auf den guten Ruf ihrer Universität und ihre spannende Vergangenheit: 1575 wurde Leiden von Willem von Oranien im Kampf gegen die spanische Besatzung erfolgreich unterstützt und entwickelte sich danach prächtig. Im goldenen Zeitalter, das um 1650 seinen Höhepunkt erreichte, galt es als zweitwichtigste Stadt des Landes – Grachten, noble Herrenhäuser und prachtvolle Kirchen künden noch von dieser Periode. Außerdem wurde hier vor rund 400 Jahren die erste Tulpenzwiebel der Niederlande gepflanzt – im berühmten Hortus Bota-

nicus, dem ältesten botanischen Garten weltweit, in dem der farbintensive Anblick der Blumen auch heute das Auge erfreut. Im Jahr 1605 wurde Rembrandt Harmenszoon van Rijn hier geboren. Die Ergebnisse seines künstlerischen Schaffens und einiger seiner Kollegen sind im Museum De Lakenhal zu besichtigen (wegen Renovierung bis Frühjahr 2019 geschlossen). Wer mehr über den Menschen Rembrandt erfahren möchte, nimmt an einer entsprechenden Stadtführung teil. Und wer lieber noch mehr Museen besucht, hat in Leiden zwölf weitere zu verschiedenen Themen zur Auswahl.

Tourist Info: Stationsweg 26, Leiden,
Tel. +31 715 16 60 00, www.visitleiden.nl;

Beste Reisezeit

Für Blumenfans gibt es nur eine Reisezeit: wenn der Keukenhof (Ende März bis Ende Mai, www.keukenhof.nl) sein Meer aus 7 Mio. Zwiebelblumen zur Schau stellt und die Blumenparade an einem Samstag Ende April von Noordwijk bis Haarlem durchs Land zieht. Das I-Tüpfelchen ist eine Blumenversteigerung bei Royal FloraHolland in Aalsmeer (ganzjährig Mo–Mi, Fr 7–11, Do 7–9 Uhr, www.royalfloraholland.com), dem größten Handelszentrum für Blumen und Pflanzen der Welt.

Holländische Tulpenfelder, wie hier bei Alkmaar, sind ein Fest der Farben – und ein wunderschönes Klischee.

im 16. Jh. von hier aus mit Erfolg gegen die Spanier. Heute ein Museum, dokumentiert »Het Prinsenhof« die Geschichte der Oranier und der holländischen Republik und stellt Kunst aus dem 17. Jh. sowie das berühmte Delfter Porzellan aus. Das Vermeer Centrum führt auf englischsprachigen Stadtrundgängen durch die Geburtsstadt des Meisters.

Tourist Info: Kerkstraat 3, Delft, Tel. + 31 152 15 40 51, www.delft.nl; www.prinsenhof-delft. nl; www.vermeerdelft.nl; Parkplatz Nijverheidsplein, 15 Gehmin. von der Altstadt entfernt:
GPS: 52.002474, 4.357670
GPS: 52°00'08.9"N 4°21'27.6"E

Mode kennenlernen: Mithilfe eines Tablets wird man durch ein Spiel geführt und kann am Ende die gesammelten Punkte in die Einrichtung seines eigenes virtuellen Museums einlösen – eine für Jung und Alt spannende Art der Kunstvermittlung. Noch mehr Kunst gibt es im GEM (Museum für zeitgenössische Kunst) und im Fotomuseum Den Haag nebenan zu erleben. Und wenn das Wetter es erlaubt, radelt oder fährt man in einer Viertelstunde an den Strand von Scheveningen mit seinem bekannten Pier und dem Kurhaus.

Stadhouderslaan 41, Den Haag, Tel. +31 703 38 11 11, www.gemeentemuseum.nl; ausreichend viele und große sowie kostenlose Parkplätze rund um das Museum

6 Delft

Die Kulisse des von Grachten durchzogenen Zentrums mit seinen Giebelhäusern, Kirchen und Hofjes zieht schon seit dem 16. Jh. Künstler, Kaufleute und Adelige an und wirkt wie ein jahrhundertealtes Gemälde. Nichtsdestotrotz blüht das Leben in der Universitätsstadt, etwa rund um den Marktplatz oder auf einer der zahlreichen Café- und Restaurantterrassen. Hauptsehenswürdigkeit ist seit jeher der Prinsenhof: Um 1400 als Kloster St. Agatha erbaut, kämpfte Willem von Oranien

Gewusst, wo

Köstlichen Käse für die Reise und als Mitbringsel gibt es am Anfang und Ende dieser Tour: in Alkmaars Zentrum auf dem traditionellen Käsemarkt (April–Sept. Fr 10–12.30 Uhr) und in der Hofkäserei Jongenhoeve in Bergambacht (www.jongenhoeve.nl).

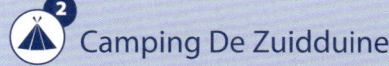 Camping De Zuidduinen

Gleich neben dem Naturschutzgebiet Berkheide und dem Strand von Katwijk liegt dieser Campingplatz mit rund 280 Stellplätzen sowie ein paar Mobile Homes und Campinghütten. Es geht gemütlich zu, u. a. weil Autos nur zum Auf- und Abbau tagsüber auf dem Gelände erlaubt sind und ansonsten am Eingang des Platzes parken. Fahrradverleih, Supermarkt und Waschsalon in der Anlage und zahlreiche Rad- und Wanderwege lassen Camperherzen höher schlagen.
Zuidduinseweg 1, Katwijk aan Zee, Tel. +31 714 01 47 50, www.zuidduinen.nl
GPS: 52.192463, 4.388730
GPS: 52°11'32.9"N 4°23'19.4"E

21 De Hoge Veluwe und Umgebung

Im Osten der Niederlande lässt sich heute noch erahnen, mit welchem Reichtum das Land einst gesegnet war: Zu erleben sind prachtvolle Bürgerhäuser und königliche Gärten, Marktplätze voller Leben und Kathedralen in majestätischer Ruhe, atemberaubende Kunstsammlungen – drinnen und unter freiem Himmel, vom goldenen Zeitalter der Malerei bis in die zeitgenössische Avantgarde. Und Wald. Mitten in den dicht besiedelten, quirligen Niederlanden! Der Nationalpark De Hoge Veluwe (ausgesprochen: Däe Hooche Fäilüwe) ist eine Art schillerndes Kronjuwel. Seine Bewunderer schnappen sich eines der »Witte Fietsen«, die kostenlos zur Verfügung stehen, und fühlen sich – typisch niederländisch – erhaben radelnd auf bestens markierten Radwegen wie Könige, für die ein buntes Feuerwerk der Landschaften gezündet wurde: Lila blühende Heide wird abgelöst von gold glänzenden Sanddünen, auf diese folgt sattgrüner, dichter Wald. Das Tolle an dieser Naturshow: Man kann währenddessen das Fahrrad und so gefühlt auch die Zeit anhalten und den Blick schweifen lassen. Und wer dann zur Kultur heimkehren, aber die Natur trotzdem nicht missen möchte, besucht das Museum Kröller-Müller: Mittendrin warten ein Skulpturenpark und die zweitgrößte Vincent-van-Gogh-Sammlung der Welt auf Besucher.

www.holland.com

Gold glänzende Flugsandlandschaften
sind nur eines von vielen Bildern im
Nationalpark De Hoge Veluwe.

- **1** De Hoge Veluwe
- **1** Camping Beek en Hei, Otterlo
- **2** Apenheul
- **3** Paleis Het Loo
- **4** Zutphen

1 Camping Beek en Hei

Auf dem ruhigen und in der Natur gelegenen Campingplatz wird auf verschiedene Bedürfnisse eingegangen: Es gibt Plätze mit Blick auf den Spielplatz, von Hecken eingefasste Stellplätze, frei wählbare Zeltplätze im Wald und beheizte Blockhütten. Insgesamt verteilen sich ca. 120 Stellplätze über die 5 ha Fläche. Heideweg 4, Otterlo, Tel. +31 318 59 14 83, ganzjährig, www.campingbeekenhei.nl
GPS: 52.091774, 5.770406
GPS: 52°05'30.4"N 5°46'13.5"E

1 De Hoge Veluwe

Das unangefochtene Highlight dieser Campingtour ist der Nationalpark »De Hoge Veluwe«. In dem 5400 ha großen Gelände vergehen ganze Tage wie im Nu, denn es wollen eine Menge Tiere und Pflanzen entdeckt werden – u. a. leben hier fast 100 Brutvogelarten, fünf Fledermausarten sowie viele Rehe, Wildschweine und Mufflons. Auch die Flora gestaltet sich vielfältig. Heidelandschaften mit lila blühender Besenheide und dunklen Moorseen wechseln sich ab mit kargen, vom Flugsand eroberten Arealen. Etwa zwei Drittel des Nationalparks sind mit einheimischen und eingeführten Laub- und Nadelbäumen bewachsen. Auf bestimmten Wegen dürfen Autos fahren, perfekt aber ist die Erkundung per pedes oder Fahrrad, denn auf diese Weise bleibt unterwegs genug Zeit zum Staunen. 1800 weiße Fahrräder für Erwachsene und Kinder stehen an den drei Eingängen bereit und können ohne Aufpreis geliehen werden, ein ausgeklügeltes Wegenetz macht die Orientierung einfach. Doch De Hoge Veluwe punktet mit

Beste Reisezeit

Am schönsten ist es, De Hoge Veluwe bei gutem Wetter im Sommer zu erkunden. Der Nationalpark ist auch bei Einheimischen ein beliebtes Reiseziel – außerhalb der niederländischen Schulferien (Mitte Juli–Anfang September) geht es daher entspannter zu. Eine der verschiedenen Heidearten blüht immer von April bis September.

noch viel mehr als faszinierenden Landschaftspanoramen, er zieht auch Kulturinteressierte an. Mitten im Park zeigt das Kröller-Müller Museum seine grandiose Van-Gogh-Sammlung; einige Exponate der Kollegen des Zeichners und Malers – z. B. von Claude Monet und Pablo Picasso – sind ebenfalls zu bestaunen. Im Skulpturenpark neben dem Museum kommt das Beste aus »drinnen« und »draußen« zusammen: Mehr als 160 Skulpturen unterschiedlichster namhafter Künstler aus dem 16. Jh. bis heute verteilen sich über den hübsch angelegten Garten.

Nationalpark: Eingänge mit Parkplätzen in Schaarsbergen, Hoenderloo und Otterlo (sehr gut ausgeschildert), www.hogeveluwe.nl; Kröller-Müller Museum: Houtkampweg 6, Otterlo, www.krollermuller.nl/de

2 Apenheul

Die ganze Affenbande brüllt! Im Affenpark Apenheul leben mehr als 30 Primatenarten aus aller Welt – da kann es auch mal laut hergehen. Es wird viel für die artgerechte Haltung der Tiere getan und ebenso viel für den Erhalt der teilweise bedrohten Arten und ihrer Lebensräume in den Heimatregionen. Wirklich interessant ist der Besuch des »Affenhügels« erst für Kinder ab ca. zehn Jahren, denn dann versteht man die Hintergründe, die auf vielen Informationstafeln anschaulich erklärt werden, und hat Spaß am Beobachten der Tiere. Besonders die Menschenaffen verblüffen mit ihrem Verhalten und man fühlt sich als Besucher manches Mal an sich selbst erinnert. Am Wochenende und

Ein Garten aus lackiertem Beton und Kunstharz: der »Jardin d'émail« von Jean Dubuffet im Kröller-Müller-Skulpturenpark.

die Häuser keine Nummern, sondern wurden durch den Straßennamen, die Namen und Berufe ihrer Bewohner und Verweise auf die Hansegeschichte (etwa »De Koning van Zweden« oder »Het zwarte anker«), unterschieden. Ein kunsthistorisches Juwel ist die St. Walburgskerk aus dem 12. Jh. mit beeindruckenden Fresken und einer wertvollen Handschriftenbibliothek aus dem 16. Jh., deren Bücher aneinandergekettet sind. Sehenswert sind außerdem das Stadhuis und der dahinterliegende gotische Burgerzaal sowie das Stedelijk Museum im früheren Dominikanerkloster.

Tourist Info: Houtmarkt 75, Zutphen, Tel. +31 575 84 45 38, www.inzutphen.nl; Parkplatz:
GPS: 52.145673, 6.193945
GPS: 52°08'44.4"N 6°11'38.2"E

in den Ferien sind in Apenheul nicht nur die Affen los – ein Blick auf das Barometer auf der Website, das den aktuellen Besucheransturm anzeigt, ist sinnvoll.

J. C. Wilslaan 21, Apeldoorn,
Mitte April–Okt., www.apenheul.nl

Paleis Het Loo

Apeldoorns stärkster Anziehungspunkt ist das prunkvolle Schloss und heutige Museum Paleis Het Loo. Die einstige Sommerresidenz der Oranier und Altersruhesitz von Königin Wilhelmina, der Urgroßmutter von König Willem-Alexander, ist noch bis 2021 wegen einer Renovierung und Erweiterung geschlossen, Gärten und Stallungen sind jedoch von April bis September für Besucher zugänglich. Vor einigen Jahren wurde die

ursprüngliche Gestaltung der Blumengärten aus dem 17. Jh. wiederhergestellt, und so fühlt man sich als Besucher in die Zeit von König und Statthalter Willem III. und seiner Frau Mary II. von England zurückversetzt. Charakteristisch für die barocke Gartenform ist die streng symmetrische Anlage.

Amersfoortseweg, Apeldoorn, www. paleishetloo.nl; zur Anlage gehöriger Parkplatz:
GPS: 52.227349, 5.942460
GPS: 52°13'38.5"N 5°56'32.9"E

Zutphen

Ein Spaziergang durch das Zentrum der ehemaligen Hansestadt mit ihren markanten Türmen führt an vielen Giebelhäusern mit eleganten Portalen vorbei. Bis zum Anfang des 19. Jh. hatten

Gewusst, wie

Fahrzeuge bis 3,5 t dürfen innerorts 50, außerorts 80, auf Schnellstraßen 100 und auf Autobahnen 130 km/h schnell fahren. Farbige Markierungen sorgen für Klarheit: Ein von weißen Streifen eingefasster grüner Mittelstreifen auf der Straße bedeutet 100, doppelte weiße Streifen ohne grüne Farbe 80 km/h. Auf mit einem »B« gekennzeichneten Straßen dürfen nur Kraftfahrzeuge mit einer Breite bis zu 2,20 m verkehren.

Als »Wunder des Abendlands« beschrieb
Victor Hugo den Mont Saint-Michel.
Die Schafe haben keinen Sinn dafür.

22 Bretagne

Steilküsten und Postkartenstrände, kleine Buchten und Dörfer, Städte, die aussehen, als hätte man die Häuser dafür aus dem Bauklötzchenkasten: Die Bretagne ist der Inbegriff von Frankreich. Um sie zu entdecken, sollte man viel Zeit einplanen. Für die Römer war das archaische, vom Meer umtoste und von Stürmen zerzauste Land »Finis Terrae«, das Ende der Welt. Die Bretonen selbst unterscheiden bis heute das Land des Waldes »Argoat« und das Land am Meer »Armor« mit Smaragdküste, Rosa Granitküste und gewaltigen Klippen der Presqu'île de Crozon. Eine für Asterix-Leser geläufige Bezeichnung. Überhaupt erinnert vieles an die Aremoricaner Asterix und Obelix. Besonders die Menhire, Steinkreise und kilometerlangen Steinalleen, die im Süden in Locmariaquer, Carnac und am Golf von Morbihan beeindrucken. Point de La Torche gilt als einer der besten europäischen Surf-Spots und ist der Geheimtipp für gleichmäßige Wellen, wenn es an anderen Orten zu zerblasen ist. Beliebte sportliche Alternativen an Land sind Standsegeln und Radfahren. Die größten Algenvorkommen Europas liefern den Grundstock für Körperpflegeprodukte, die das Angebot an Thalassotherapien ergänzen, bei denen die entspannende und heilkräftige Wirkung von Meeresluft und Meerwasser für Wellness-Anwendungen genutzt wird. Entspannt ist das Reisen. Die Bretagne ist ein ideales Ziel für Individualurlauber. Keine andere Region Frankreichs hat so viele Campingplätze, Campings municipaux, naturbelassene Aires naturelles de camping (oft ohne Strom und Wasser) und Camping à la ferme. Die am besten ausgestatteten Anlagen haben sich zur Gruppe Camping Plus zusammengeschlossen und einheitliche Standards festgelegt. An der Küste muss man in der Hochsaison frühzeitig reservieren. Im Hinterland ist die Lage entspannter. Die hübschen alten Städte haben oft sehr enge Straßen.

www.bretagne-reisen.de

Ärmelkanal

Atlantik

1	Mont Saint-Michel	4	Meeresnaturpark Iroise
2	Saint-Malo	5	Quimper
3	Bécherel	1	Camping Les Embruns

1 Mont Saint-Michel

Genau genommen liegt das Bauwerk, das man beim Gedanken an die Bretagne zuerst im Kopf hat, gar nicht in dieser Region, sondern in der Normandie. Der Grenzfluss Couesnon ist schuld, der durch seinen Lauf den mächtigen Klosterberg der Nachbarregion zuschiebt. Aber das kann sich wieder ändern, wie schon mehrmals in der Geschichte des heiligen Berges, den Victor Hugo als »Pyramide der Meere« und »Wunder des Abendlands« beschrieb. 157 m hoch überragt er eine von Prielen durchzogene Wattlandschaft. Der Fels, auf dem die Klosteranlage thront, ist 75 m hoch und hat einen Umfang von fast 900 m.

Während die Pilger einst auf Ebbe warten mussten, um an ihr Ziel zu gelangen, ist heute die Flut in Zeiten von Neu- und Vollmond besonders beliebt bei Besuchern, weil der Mont Saint-Michel dann vom Meer umspült ist. Seit dem Jahr 2014 gelangt man auf einer Stelzenbrücke trockenen Fußes hin und her.

Tourist Info: Corps de Garde des Bourgeois Boulevard Avancée, Le Mont Saint-Michel, Tel. +33 233 60 14 30 , www.bienvenueaumontsaintmichel.com, www.ot-montsaintmichel.com, Tidenkalender auf der Website;
Parkplatz:
GPS: 48.616151, -1.509790
GPS: 48°36'58.1"N 1°30'35.2"W

2 Saint-Malo

Mit königlichem Freibrief stachen die Korsaren von Saint-Malo bis ins 19. Jh. ins Meer und machten aus ihrer Heimat eine blühende Handelsstadt. Bis heute sind Porcon de la Barbinais oder der als »Schrecken der Engländer« bekannte Robert Surcouf überall präsent und beflügeln vor allem die Fantasie junger Besucher. Die Kulisse trägt ihren Teil dazu bei. Nach der nahezu vollständigen Zerstörung im Zweiten Weltkrieg wurde die Stadt an der Rance-Mündung akribisch nach Plänen des 18. Jh. rekonstruiert. Original ist das prächtige Herrenhaus, in dem Jacques Cartier lebte, der im 16. Jh. von seiner Heimatstadt aus Kanada entdeckte. Ein Rundgang auf der Stadtmauer ist ein Muss.

Tourist Info: Esplanade Saint-Vincent, Saint-Malo, Tel. +33 825 13 52 00, de.saint-malo-tourisme.com; Parkplatz:
GPS: 48.642904, -2.022917
GPS: 48°38'34.5"N 2°01'22.5"W

Beste Reisezeit

Im Mai und Juni lockt die Bretagne mit leeren Stränden und üppiger Natur. Im Juli und im August ist das Meer warm und die Luft heiß. Nun ist ganz Frankreich an den Küsten und entsprechend schwierig ist es, eine Unterkunft zu bekommen. Im September dagegen ist es ruhig, aber auch das touristische Angebot nimmt ab. Wer raue Natur sucht, findet sie mit den Herbststürmen im Oktober.

③ Bécherel

Eine Stadt im Lesefieber. Das Tourismusbüro ist auch »Haus des Buches«. Zwölf Büchereien beliefern die etwas mehr als 700 Einwohner mit reichlich Lektüre. Im Café librairie Gwrizienn in der Rue de la Chanvrerie gibt es hinter knallblauen Läden bretonische (und andere) Literatur, köstliche Kuchen und jeden ersten Sonntag im Monat eine Lesung. Am Osterwochenende feiert Bécherel die »Fête du Livre«, im August die »Nuit du Livre« und dazwischen zahlreiche Festivals, Lesungen und Bücherflohmärkte. Vorsicht, die Straßen im mittelalterlichen Städtchen sind bisweilen sehr eng. Mit Dickschiffen besser nicht hineinfahren, sondern am Stadtrand parken.

Tourist Info und Haus des Buches: 4 route de Montfort, Bécherel, Tel. +33 299 66 65 65,

① Camping Les Embruns

Der Familienbetrieb mit 62 Stellplätzen, 35 Mobilheimen und 70 Dauercampern gleicht einer schön eingewachsenen Parkanlage. Es gibt ein kleines, aber feines Schwimmbad mit Rutschen, eine Fußballwiese, und zum Sandstrand in einer breiten Bucht sind es nur ein paar Minuten zu Fuß.
Le Pouldu Plages, Clohars Carnoët/Finistère, Tel. +33 298 39 91 07, Anfang April–Sept.,
www.camping-les-embruns.com
GPS: 47.768580, -3.545100
GPS: 47°46'06.9"N 3°32'42.4"W

www.becherel.com; kleiner Parkplatz im Zentrum:
GPS: 48.296343, -1.945536
GPS: 48°17'46.8"N 1°56'43.9"W

④ Meeresnaturpark Iroise

Im Westen des Département Finistère sorgt die intensive Meeresbewegung für so viel Sauerstoff im Wasser, dass sie unzähligen Tieren beste Lebensbedingungen bietet. Hier liegt das im Jahr 2007 zum Meeresnaturpark erhobene Biosphärenreservat Iroise. Bei Exkursionen entlang der Côte des Abers und zum Archipel de Molène, an der mit dem Pointe de Corsen der westlichste Punkt des französischen Festlandes liegt, erfährt man viel über Geschichte und Natur an diesem rauen Flecken Erde; von Leuchttürmen, die mehr als 20 m hohen Wellen trotzen müssen, und der typischen Technik, mit der die reichsten Algenvorräte Europas geerntet werden (www.archipelexcursions.com). Mehr als hundert kleine Inseln und felsige Riffe forderten Seefahrer seit jeher. Viele überforderten sie. So müssen seit dem Tankerunglück der Amoco-Cadiz 1978 große Schiffe einen weiten Bogen machen. Dafür sieht man heute viele Seevögel und mit etwas Glück Delfine, Kegelrobben und Papageientaucher.

Tourist Info: Parc de Beauséjour, Le Conquet, Tel. +33 298 89 11 31, www.tourismeleconquet.fr, www.parc-marin-iroise.fr; Parkplatz:
GPS: 48.360434, -4.769876
GPS: 48°21'37.6"N 4°46'11.6"W

⑤ Quimper

Buntes Fachwerk, winzige Schindeln, altersschiefe Balken und aufwendige Schilder ziehen die Blicke auf die Fassaden der Häuser von Quimper (63 500 Einwohner). Das Zentrum der 15 km im Landesinneren gelegenen Kapitale des Finistère erfüllt alle Klischees einer bretonischen Stadt. Seit fast 100 Jahren werden im Juli mehrere Tage die »Fêtes des Reines de Cornouaille« gefeiert. Dabei präsentieren sich nicht nur die lokalen Schönheitsköniginnen in den traditionellen Trachten, es gibt darüber hinaus ein großes Kulturfestival, das natürlich von der typischen keltischen Musik untermalt wird. Der Dudelsack spielt dabei bis heute eine wichtige Rolle und kann durchaus auch sehr modern klingen.

Tourist Info: 8, rue Elie Fréron, Quimper, Tel. +33 298 53 04 05, www.quimper-tourisme.com; Parkplatz:
GPS: 47.994714, -4.110473
GPS: 47°59'41.0"N 4°06'37.7"W

Gewusst, wie

Nicht nur Seebären haben Spaß daran, die bretonische Küste an Bord eines historischen Segelschiffs zu erkunden. Dafür gibt es eine ganze Reihe von Möglichkeiten, etwa auf dem mächtigen Dreimaster »Etoile du Roy« (ab Saint-Malo) oder dem wendigen kleinen Sardinenfischerboot »Eulalie« (ab Lézardrieux oder Paimpol). Infos bei den örtlichen Fremdenverkehrsämtern.

Auf der Île de Noirmoutier lässt sich nicht nur gut faulenzen, sondern auch schlemmen: Am Hafen werden frische Austern angeboten.

23 Französische Atlantikküste

Wellenreiten, Austern schlürfen, Wein trinken. Das und noch viel mehr steht für die französische Atlantikküste, die sich über die Regionen Pays de la Loire, Poitou-Charentes und Aquitanien erstreckt und mit traditionsreichen Badeorten, quirligen Städten und abwechslungsreicher Natur lockt. Wer sich nicht entscheiden kann – oder mag –, macht einen Roadtrip. Mit ihrer guten Infrastruktur ist die französische Atlantikküste ideal dafür. Camping ist hier ein sehr vielseitiger Traum von ursprünglich-gemütlich bis zu großen Anlagen, die Vergnügungsparks ähneln. Vor allem an der Küste ist das

Netz von Plätzen dicht. Im Hinterland gibt es Alternativen mit coolen Unterkünften vom Baumhaus bis zur mongolischen Jurte. Und für jene, die am liebsten mit kleinem Gepäck reisen: In Aires Naturelles oder Camps de Tourisme darf man einfach nur sein Zelt aufschlagen. Mehr als 500 km Küstenlinie ziehen vor allem Wellenreiter magisch an. Von Saint-Nazaire im Norden bis zur Gironde-Mündung ist das Meer meist so sanft, dass schon Kinder begeistert mit ihren Brettern durch die Wellen hüpfen. Je weiter südlich, desto rauer wird die See. In Hossegor bei Biarritz trifft sich regelmäßig die Weltelite. Aber man muss

nicht zwingend Surfer sein, um sich hier wohlzufühlen. Die ursprüngliche Landschaft – u. a. das größte zusammenhängende Waldstück Westeuropas – und viele hübsche Orte laden ein, das sprichwörtliche Savoir-vivre zu genießen. Vielleicht mit dem Fahrrad? Allein 1400 km erschließt der »Velodyssee«, Frankreichs längster Radwanderweg. Dazu gibt es in den Orten viele gut ausgebaute Verbindungen für den schnellsten Weg zum Strand oder schöne Tagestouren sowie ein gut ausgebautes Verleihsystem.

www.atlantikkueste-frankreich.de

❶ Île de Noirmoutier

Der reizvollste Weg auf die 20 km lange Gezeiteninsel mit Burg, Belle-Époque-Villen, langen Sandstränden und herrlichen Buchten führt kurz hinter Beauvoir-sur-Mer über die Passage du Gois, eine schmale gepflasterte Piste, die nur bei Ebbe befahrbar ist (Gezeitentabelle u. a. auf www.passagedugois.com). Dann herrscht lebhaftes Treiben: Spaziergänger, Muschelsucher und Austernzüchter, die mit Traktoren zu den Austernbänken weit draußen fahren. Ihren köstlichen Fang kann man am Austernhafen unweit der Passage kaufen und direkt probieren.

Berühmt ist die Insel für ihre Salzgärten und die Bonnotte, eine daumengroße Kartoffel, deren Geschmack durch Algen und Salzluft einzigartig ist. Besonderes Flair hat die Plage des Dames mit Seebrücke und Badekabinen aus dem 19. Jh. Über eine Brücke ist die Insel auch bei Flut mit dem Festland verbunden.

Île de Noirmoutier, de.ile-noirmoutier.com;
Parkplatz:
GPS: 47.001502, -2.252327
GPS: 47°00'05.4"N 2°15'08.4"W

❷ Nantes

Von der langen Vergangenheit zeugen ein trutziges Schloss, enge Gassen und windschiefe Fachwerkhäuser im Bouffay-Viertel, die schiefen Kaufmannshäuser von Feydeau oder die elegante Pommeraye-Passage aus dem 19. Jh. Vor dieser Kulisse ist Nantes modern und lebendig. Wer dem grünen Band durch die 2013 als grüne Kapitale Europas gefeierte Stadt folgt, gelangt zu ihren schönsten Orten. Dazu gehört auch das einstige Werftgelände an der Loire. Hier erinnern die Machines de l'Île an Jules Verne. Unter anderem stampft alle Tage außer Montag ein 12 m hoher Elefant aus Stahl und Holz über das Areal. April bis Ende Mai erwachen die Maschinen beim Printemps des Nefs mit viel Kunst zu neuem Leben.

Tourist Info: 9 Rue des Etats, Nantes, Tel. +33 272 64 04 79, www.nantes-tourisme.com;
Parkplatz: Campingcarpark Petit-Port centre:
GPS: 47.212139, -1.557115
GPS: 47°12'43.7"N 1°33'25.6"W

❸ Le Puy de Fou

Auf 50 ha wird hier Geschichte inszeniert. Da verteidigt Jeanne d'Arc ihr Land, tanzen im Traum einer Prinzessin Hunderte lebender Vögel am Himmel und die Tafelrunde von König Artus steigt aus den Fluten auf. Beim Gladiatorenkampf in einer römischen Arena gibt es Wagenrennen und echte Löwen und spätestens wenn das Feuerwerk bei der nächtlichen Aufführung verloschen ist, sind Besucher in der französischen Geschichte fit.

Le Puy de Fou, Les Epesses,
Tel. +33 820 09 10 10, wechselndes
Tagesprogramm, www.puydufou.com;
Wohnmobilstandplätze (nachts kann man hier gegen Gebühr stehen, Wasser und Strom verfügbar), ganzjährig:
GPS: 46.895824, -0.930236
GPS: 46°53'45.0"N 0°55'48.9"W

❹ Phare de Cordouan

68 m ragt der Leuchtturm von Cordouan aus dem Meer. Das Erlebnis, ihn zu besteigen, beginnt nicht erst mit den 310 Stufen, die es von der Plattform bis zur Laterne sind. Den ältesten noch in Betrieb befindlichen Leuchtturm Frankreichs erreicht man nur über den Seeweg. Zwischen Ostern und Allerheiligen fahren Boote ab Royan, Meschers-sur-Gironde und le Verdon-sur-mer (rechtzeitige Reservierung erforderlich). Je nach Gezeiten muss man für die letzten Meter die Hosenbeine hochkrempeln und durchs Watt waten. Vom Pointe de Grave, der nördlichsten Landspitze der

⚕ Camping La Forêt

Eine kleine, familiäre Anlage (34 Stellplätze, 16 Mobilehomes, 11 Mietzelte) mit beheiztem Pool und Mini-Laden, in dem es im Sommer auch warme Köstlichkeiten wie Quiche oder Muscheln gibt. Hecken und Büsche fassen die Plätze ein und wer Tipps für Ausflüge braucht, bekommt sie von Wiebke und Greg, die aufmerksame, aber unaufdringliche Gastgeber sind. Zum Meer führt ein 400 m langer Fußweg durch Pinienwald und Dünen. Direkt vor der Tür kann man sich ins Radwegenetz einfädeln. Leihräder (auch für Kinder) gibt es auf dem Platz.
190 Chemin de la Rive, Saint-Jean-de-Monts, Tel. +33 251 58 84 63, Mai bis Sept., www.hpa-laforet.com
GPS: 46.818330, -2.129930
GPS: 46°49'06.0"N 2°07'47.8"W

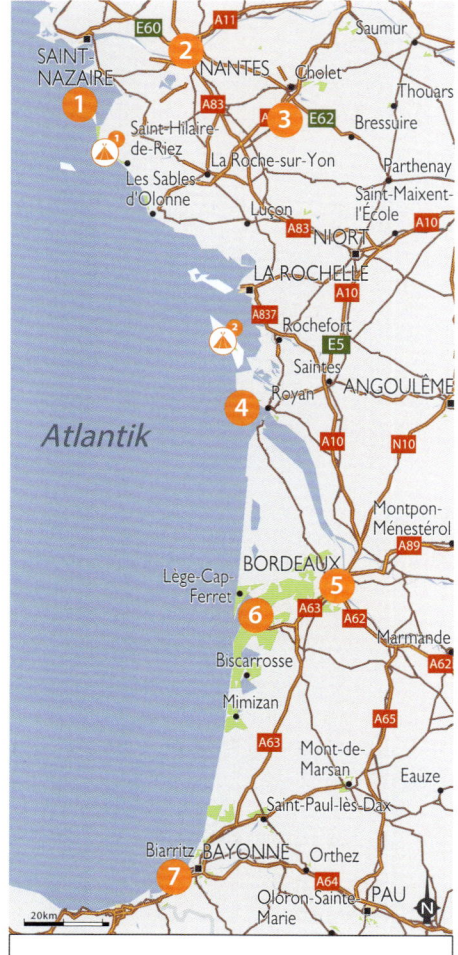

Médoc-Halbinsel, liegt knapp 10 km südlich Soulac-sur-Mer, eines der ältesten Seebäder mit Markthalle und Villen im Zuckerbäckerstil. Ein besonderes Erlebnis ist Label Soulac, bei dem jedes Jahr am ersten Juniwochenende mit historisch gekleideten Menschen und Pferdekutschen statt Autos die Belle-Epoque wieder auflebt.

Le Verdon-sur-Mer, Ostern–Allerheiligen, www.phare-de-cordouan.fr, Fährfahrplan über die Gironde-Mündung unter www.montalivet.net/faehrplan.php; Parkplatz:
GPS: 45.566272, -1.065311
GPS: 45°33'58.6"N 1°03'55.1"W

5 Bordeaux und Girondemündung

Die Stadt Bordeaux (244 000 Einwohner), Zentrum von Frankreichs Südwesten, ist lebendig und sympathisch. Direkt von der Universitätsstadt mit den klassizistischen Prachtbauten, großen, belebten Plätzen und Weinlagerhäusern aus dem 18. Jh. geht es ins Médoc. Der Fluss Garonne vereinigt sich hier mit der Dordogne zur Gironde, die einen 75 km langen und bis zu 15 km breiten Mündungstrichter in den Atlantik formt. Im Zusammenspiel mit dem Ozean entsteht das spezielle Mikroklima für weltberühmte Weine. Die namhaften Weingüter mit ihren majestätischen Parkanlagen erinnern an Märchenschlösser. Weiter im Norden wird die Gegend ursprünglicher und werden die Châteaus, wie etwa Le Vieux Robin in Begadan, wo regelmäßig

Musiker und Maler zu Gast sind, persönlicher (www.chateau-vieux-robin.com).

Tourist Info: 12 cours du XXX juillet, Bordeaux Cedex, Tel. +33 556 00 66 00, www.bordeaux-tourismus.de; Parkplätze entlang des Quai Deschamps:
GPS: 44.839635, -0.559981
GPS: 44°50'22.7"N 0°33'35.9"W

6 Bassin d'Arcachon

150 qkm groß ist das Binnenmeer von Arcachon, das die Halbinsel Cap Ferret vom Meer trennt. Wer gern Fisch mag, sollte hier einen Abstecher in die Fischerdörfer machen. Die besondere Fauna lockt Ornithologen und Naturbe-

2 Huttopia Oléron Les Chênes Verts

Weder Bade- noch Wellnesslandschaft, dafür viel Natur. Les Chênes Verts an der Westküste der Île d'Oléron liegt in einem ausgedehnten Waldgebiet auf welligem Dünengelände. Wer kein eigenes Dach über dem Kopf mitbringt, kann ein Bungalowzelt unter Steineichen mieten. Zum Meer sind es 50 m zu Fuß durch den Wald. Für weitere Wege gibt es auf dem Platz einen Fahrradverleih.
105 Stellplätze, 45 Bungalowzelte.
9, passe de l'Ecussière, Dolus d'Oléron, Tel. +33 546 75 32 88, Anfang Juni–Ende Sept., www.camping-indigo.com
GPS: 45.88706, -1.27577
GPS: 45°53'13.4"N 1°16'32.8"W

Im Themenpark Le Puy de Fou wird französische Geschichte mit viel Show inszeniert.

geisterte ans Arcachon-Becken. Das lebhafteste Treiben herrscht an der Südseite der Bucht von Le Teich bis Arcachon, das mit seinen Winter-Villen, den vielen Läden und dem Flair eines Seebades lockt. Etwa 5 km sind es von hier bis zur Dune du Pilat. Europas höchste Düne erhebt sich im Süden recht unvermittelt wie eine große Wand: ein 2,7 km langer, 500 m breiter und etwa 110 m hoher Sandberg. Von oben ist die Aussicht gewaltig. Tief unten glitzert das Meer, auf dem Austernfischer mit ihren flachen Penassen zu den Austernbänken fahren. Im Rücken die endlosen Kiefernwälder der Landes. Der Süden der Dune ist ein beliebter Startplatz für Gleitschirmflieger.

Tourist Info: Esplanade Georges Pompidou, Arcachon, Tel. +33 557 52 97 97, www.arcachon.com; Parkplatz:
GPS: 44.650551, -1.193410
GPS: 44°39'02.0"N 1°11'36.3"W

Biarritz

Das See- und Heilbad nahe der spanischen Grenze zog als kaiserliche Sommerresidenz einst ein mondänes Publikum an – Kaiserin Eugénie, gebürtige Spanierin und Ehefrau von Napoléon III., war 1854 als Erste hier. Davor war Miarritze, wie es auf Baskisch heißt, ein Fischerdorf. Auch Kaiserin Sisi kam zu Besuch. Viele Bauwerke erinnern an diese Zeit, unter anderem die von Gustave Eiffel konstruierte Brücke zum meerumtosten Felsen Rocher de la Vierge. Heute zieht es vor allem Surfer in den Ort am Golf von Biskaya. Etwa 20 km nördlich liegt Hossegor, dessen Strände La Graviere und Les Culs Nus zu den weltbesten Surfspots gehören. Jedes Jahr am Osterwochenende bieten die hier ansässigen Surfmarken bei der Braderie ihr neuestes Equipment an. Ende September kommen die Profis aus aller Welt, um hier ihre Contests auszutragen.

Tourist Info: Square d'Ixelles Javalquinto, Biarritz, Tel. + 33 559 22 37 10, www.tourisme.biarritz.fr; Parkplatz:
GPS: 43.482550, -1.565886
GPS: 43°28'57.2"N 1°33'57.2"W

24 Provence

Provence. Das ist das Wetteifern von Himmel und Meer um das tiefste Blau. Das sind weite Strände, schmale Buchten und schroffe Schluchten, lebhafte Küstenstädte und einsame Bergdörfer. Das sind eindrucksvolle Zeugnisse jahrtausendealter Kultur und große Kunst im kleinen Garten der Fondation Maeght in Saint-Paul-de-Vence oder in Nizzas Museen, die zu den bedeutendsten Frankreichs zählen. Und natürlich Pastis, erfrischender Rosé und knuspriges Baguette unter fingerdicker Olivenpaste. Wer Provence hört, hat zuerst ihren Süden vor Augen. Dabei beginnt sie, recht dünn besiedelt, im französisch-italienischen Grenzgebiet am Rand der Cottischen Alpen. Ein klassischer Weg von hier ans Meer führt über die Route Napoléon (RN 85), die in umgekehrter Richtung Bonapartes Marschweg zur »Herrschaft der 100 Tage« folgt. Die Provence ist ein Land der Kontraste und der starken Eindrücke. Das gilt für die Landschaft wie für die Bauwerke: Bis zu 700 m schneidet sich die Schlucht der Var in den Fels. 275 m ragt die imposante antike Wasserleitung Pont du Gard in den Himmel. Und das 2000 Jahre alte Theater von Orange bietet noch heute eine eindrucksvolle Bühne. Wer hier reist, sollte sich Zeit nehmen. Nachteil für Wohnmobilisten und Gespann-Fahrer: Die hübschen alten Städte und kleinen Orte sind häufig nur auf engen Straßen zu befahren und geeignete Parkplätze unterwegs sind nicht immer leicht zu finden. Die Infrastruktur für Camper ist vor allem in Küstennähe sehr gut ausgebaut. In zahlreichen Orten gibt es einen Camping Municipal. Eine reizvolle Alternative sind private Stellplätze für 24 Std. bei Landwirten, Winzern oder Landgasthäusern im Verbund von France Passion (www.france-passion.com).

www.provence.de

So schön können Nutzpflanzen sein: Von Ende Juni bis Anfang August blüht der Lavendel in der Provence.

● Briançon

Die Lavendelsäckchen und duftenden Seifen vor den Läden weisen deutlich darauf hin, dass hier, mitten in den Bergen, die Provence beginnt. Die trutzige Stadt verdankt ihre vielfach bewährten Wehranlagen der strategisch wichtigen Lage zwischen Po-Ebene und Rhônetal. Sie gehören zum Unesco-Weltkulturerbe »Festungsanlagen von Vauban«. An der Porte Pignerol betritt man bis heute die Oberstadt über die Zugbrücke. Die Skilifte direkt neben der Festungsmauer zeugen von der Sportbegeisterung der Städter. Im Sommer sind Wandern, Klettern, Biken und alles angesagt, was mit Wildwasser zu tun hat. In nächster Nähe liegen die Grand Cols Galibier, Lautaret, Echelle und Isoard.

Tourist Info: Maison des Templiers, 1 place du Temple, Briançon, Tel. +33 92 21 08 50,

Les Prairies de la Mer

Hier ist Camping alles andere als spartanisch. Direkt an der Bucht von Saint Tropez liegt diese sehr gepflegte Anlage mit ausgefallenen Mietunterkünften, vielen Vergnügungen für Kinder, eleganten Restaurants am Strand sowie großem Sport- und Wellnessangebot. 300 Stellplätze und 300 Mietunterkünfte.
1910 Route du Littoral, Grimaud, Tel. +33 494 79 09 09, Ende März–Mitte Okt., www.riviera-villages.com/Les-Prairies-de-la-Mer
GPS: 43.281131, 6.582456
GPS: 43°16'52.1"N 6°34'56.8"E

www.briancon-online.com; Parkplatz:
GPS: 44.901449, 6.645694
GPS: 44°54'05.2"N 6°38'44.5"E

Avignon

Generationen von Schulkindern besangen das fröhliche Treiben unter den Bögen von St. Bénézet, die bei Avignon in den östlichen Rhône-Arm ragen. Die Ruine der Brücke aus dem 12. Jh. zu begehen, gehört bis heute zum touristischen Pflichtprogramm in Europas Kulturhauptstadt 2000, deren Hauptattraktion das Palais des Papes ist. 1309 bis 1377 residierten die Päpste in der Hauptstadt des Christentums im Mittelalter. In den Sommermonaten wird der Ehrenhof am Abend zum Hintergrund für ein Licht- und Klangspektakel. Seit 1947 findet hier jedes Jahr im Juli das weltweit renommierte Festival d'Art Dramatique mit Theater, Performance und Tanz statt.

Tourist Info: 41 cours Jean Jaures BP 8, Avignon, Tel. +33 432 74 32 74, www.avignon-tourisme.com; Parkplatz:
GPS: 43.951544, 4.798668
GPS: 43°57'05.6"N 4°47'55.2"E

Camargue

Bei Arles teilt sich die Rhône in einen breiten und einen schmalen Mündungsarm. Im Zwickel zwischen Grand und Petit Rhône liegt wie eine Insel die Camargue – ein Naturpark mit Brackwasserseen, Salzsteppen und gelben Sandstränden. Dazwischen weiß gekalkte, würfelige Häuser, die den Gardians, den provenzalischen Cowboys, als Stützpunkt dienen, wenn sie sich um die weißen Camargue-Pferde und die schwarzen Rinder mit den ausladenden Hörnern kümmern. Flamingos stehen auf langen Stelzenbeinen im flachen Wasser und fischen Salinenkrebse aus den Étangs. Direkt am Wasser liegt Saintes-Maries-de-la-Mer, zu deren Wallfahrtskirche mit der Schwarzen Sara Sinti und Roma aus aller Welt pilgern. Dem trutzigen Bau kann man auch aufs Dach steigen und dabei den Blick über Meer und Lagune schweifen lassen. Lohnenswert ist auch ein Schlenker ins 30 km westlich gelegene Aigues-Mortes mit seinen Lagunen, mittelalterlichen Mauern und dem Chenal Maritim.

Tourist Info: 5 av. Van Gogh, Saintes-Maries-de-la-Mer, Tel. +33 490 97 82 55, www.saintesmaries.com; Parkplatz:
GPS: 43.456039, 4.427958
GPS: 43°27'21.7"N 4°25'40.6"E

Beste Reisezeit

Im Mai, Juni und September herrschen die angenehmsten Temperaturen und es gibt Platz an Stränden und Campingplätzen. Mitte September steigt die Gefahr heftiger Gewitter. An der Küste sind auch die Winter mild. Der Lavendel blüht – je nach Region und Wetter – Ende Mai bis Anfang September. Berüchtigt ist der Mistral, der meist einige Tage andauert und die Temperaturen deutlich sinken lässt. Vorsichtshalber Zelte und Vorzelte immer entsprechend sichern.

1 Briançon
2 Avignon
3 Camargue
4 Marseille

1 Les Prairies de la Mer
5 Côte d'Azur
6 Grasse
7 Dignes-les-Bains

4 Marseille

Seit die älteste Stadt Westeuropas 2013 Europäische Kulturmetropole war, hat sich allerhand getan. Wer heute in Frankreichs zweitgrößter Stadt unterwegs ist, entdeckt viel Neues an historischen Stätten. So wurde etwa der größte Getreidespeicher der Republik zum Kulturzentrum »Le Silo«. Eine knallrote Wundertüte wirft nachts Bilder auf die Docks und das MuCEM, das Museum für Europäische und Mediterrane Zivilisation verbirgt sich hinter einer spitzenähnlichen Fassade. Ein anderer Hingucker – auch wenn deutsche Fußballfans seit dem EM-Halbfinal-Aus 2016 damit keine guten Erinnerungen verbinden – ist das Stade Vélodrome, das zur Europameisterschaft sein lässig geschwungenes Dach bekam. Was man in Marseille keinesfalls verpassen darf: eine Bouillabaisse essen. Wer neugierig ist, was genau für diese Köstlichkeit in den Topf kommt, kann über das Fremdenverkehrsamt einen Kochkurs buchen.

Tourist Info: 11 la Canebière, Marseille, Tel. + 33 826 50 05 00, www.marseille-tourisme.com; Parkplatz:
GPS: 43.261892, 5.379226
GPS: 43°15'42.8"N 5°22'45.2"E

5 Côte d'Azur

In Cassis, 30 km östlich von Marseille, beginnt die Côte d'Azur. Jener Küstenabschnitt, der seit mehr als 200 Jahren eine besondere Faszination ausübt. Künstler zieht das extrem klare Licht an. Der Jetset verhalf St. Tropez zu einem wohlklingenden Namen. Nach Cannes schauen Cineasten aus aller Welt, wenn alljährlich im Mai die internationalen Filmfestspiele stattfinden. Hotelpaläste im Zuckerbäckerstil prägen die Croisette von Cannes und die Promenade des Anglais in Nizza, an denen man nur einen Sandstreifen vom Meer entfernt flaniert oder joggt, und auch die Hafenfronten beider Städte. Die Côte d'Azur erstreckt sich bis an die italienische Grenze und schließt dabei auch den Zwergstaat Monaco ein. Vieles ist hier lebhaft und voller Trubel und doch muss man nicht weit, um absolute Ruhe zu finden: in den kleinen Dörfern der Seealpen oder den ruhigen Inseln vor Hyères.

www.cotedazur-tourisme.com

Nizza an der Côte d'Azur: Viele Häuser gehen auf die Belle Époque zurück.

6 Grasse

Weil die Bewohner im 16. Jh. in den engen Gassen den beißenden Geruch der Ledergerbereien nicht mehr riechen konnten, begannen sie, Tierhäute mit Essenzen von Rosen, Jasmin, Maiglöckchen und Veilchen zu parfümieren, die hier im besonderen Klima von Bergluft und Meeresbrise besonders gut gedeihen. Heute gilt das an der Route Napoléon gelegene Grasse als Welthauptstadt des Duftes. 50 von weltweit 300 Parfum-Kreateuren sind hier tätig. Besucher können einen Blick hinter die Kulissen der großen Parfumhersteller werfen, in die Blumenfelder gehen oder im interaktiven Parfummuseum viele spannende Details erfahren. In den engen Gassen drehte übrigens Tom Tykwer den dramatischen Schlussteil der Verfilmung von Patrick Süskinds »Das Parfum«.

Tourist Info: Place de la Buanderie, Grasse, Tel. +33 493 36 66 66, www.grassetourisme.fr, www.museesdegrasse.com; Anfang Mai Expo Rose, Anfang Aug. Fête du Jasmin; Parkplatz:
GPS: 43.654302, 6.926470
GPS: 43°39'15.5"N 6°55'35.3"E

7 Dignes-les-Bains

Von Bergen umgeben, liegt der Thermalkurort Dignes-les-Bains. Die »Hauptstadt des Lavendels« am Rande des Verdon-Naturparks lockt nicht nur wegen der typischsten aller südfranzösischen Pflanzen und eindrucksvoller Schluchten. In und um Dignes-les-Bains ist Kunst begehbar. 1970 stieß die schottische Landart-Ikone Andy Goldsworthy das Projekt Refuges d'Art an. Entlang eines insgesamt 150 km langen Wanderwegs errichtete er an alten Hütten oder Schäferunterständen moderne Installationen. Hinschauen lohnt sich aber auch, wo einem kein Goldsworthy ein steinernes Ei gelegt hat. An der Straße nach Barles (4 km nördlich von Dignes-les-Bains) wurde bei Straßenbauarbeiten eine 350 qm große Ammonitenwand mit 1553 Kopffüßlern aus der Zeit der Dinosaurier entdeckt. Etwas weiter die Bès entlang liegt ein 185 Mio. Jahre alter versteinerter Ichtyosaurus. Erklärungen dazu gibt es – im Vorbeispazieren – im Musée Promenade.

Tourist Info: Place du Tampinet, Dignes-les-Bains, Tel. +33 492 36 62 62, de.ot-dignelesbains.fr; Lavendelkorso am ersten Augustwochenende, Lavendelmesse Ende August; Parkplatz:
GPS: 44.089793, 6.237818
GPS: 44°05'23.2"N 6°14'16.1"E

Gewusst, wie

Um unliebsame Überraschungen hinsichtlich Steigung und Gefälle der Straßen zu vermeiden, empfiehlt sich bei der Planung ein Blick in den Michelin-Atlas 1:200 000, der Höhenangaben enthält.

Zieht sie oder schiebt sie? Die kleine Dampflok kann beides. Der Blick vom Brienzer Rothorn ist postkartenwürdig.

25 Berner Oberland

Alphornbläser, die Eiger-Nordwand, dicke Murmeltiere und glückliche Kühe, bunt bemalte Holzhäuser ... Wer von der Bundeshauptstadt Bern auf der Autobahn nach Süden fährt, um sich die volle Ladung Schweiz zu geben, ist hier richtig. So gut wie kein Klischee wird ausgelassen. Und das Beste: Es sieht wirklich gut aus! In der malerischen Stadt Thun, keine 30 km hinter Bern, geht es los. Zwei lang gezogene Seen bilden die gebogene Hauptachse der Postkarten-, Kalenderblatt- und Bilderbuchszenerie. Zuerst kommt der Thuner-see, danach der Brienzersee; auf einer großen Schwemmebene zwischen beiden schlägt das touristische Herz der Region, die Stadt Interlaken. Sie ist der ideale Ausgangspunkt, um wenigstens einen Teil der Natur- und Kulturschönheiten zu besuchen. Das Angebot ist groß: auf dem Wasser weiße (Schaufelrad-)Dampfer, an den Ufern Weinberge und Strandbäder, Schlösser, Parkanlagen und Villen; über den grünen Bergflanken spitze Gipfel, viele mit den Stationen von Berg- und Zahnradbahnen, die grandiose Wanderungen erschließen; und ganz oben, wie nicht von dieser Welt, die atemberaubende Kulisse der Viertausender, allen voran der Jungfrau. Auf andere Art spektakulär ist auch der Ausflug ins lang gezogene Simmental, das vom Städtchen Spiez nach Westen abzweigt – mitten hinein in eine bäuerliche Idylle mit blumengeschmückten Häusern, vor denen das berühmte Fleckvieh auf grünen Weiden wiederkäut.

www.madeinbern.com,
www.interlaken.ch

1 Thun

Prädikat: sehr sehenswert! Das Zentrum der 43 000-Einwohner-Stadt bietet mit der Kulisse des Schlosses einen großartigen Blickfang. In dem mehr als 800 Jahre alten Wehrturm sind ein prunkvoller Rittersaal sowie die Sammlungen des historischen Museums zu sehen, die vier spitzen Eck-türmchen bieten einen tollen Ausblick (Feb.–Okt. tgl., www.schlossthun.ch). Di-rekt darunter befindet sich die gute Stube der Stadt, der schmucke Rathausplatz. Von ihm zieht die Obere Hauptgasse durch die mittelalterliche, touristisch herausgeputz-te Altstadt. Bemerkenswert sind hier die Hochtrottoirs mit Ladengeschäften auf zwei Ebenen – die dazwischen liegende Straße ist wie eine Bobbahn tiefer gelegt. Wunderschön ist ein Bummel entlang der Aare-Ufer, vorbei an zahlreichen Restau-rants und Cafés, und über die mitten im Fluss gelegene Insel Bälliz (mittwochs und samstags Wochenmarkt), wo sich auch viele Designerläden niedergelassen haben.

Tourist Info: Bahnhof Thun, Tel. +41 332 25 90 00, www.thunersee.ch; mit sehr großem Fahrzeug ist es nicht ganz einfach, in Thun zu parken. Versuchen kann man es hier:
GPS: 46.749532, 7.633919
GPS: 46°44'58.3"N 7°38'02.1"E

2 Simmental und Diemtigtal

Das Simmental ist eine der großen Schwei-zer Bilderbuchlandschaften – Heimat der

»Mit Gottes Hilff«: bunt bemaltes und mit Sprüchen verziertes Simmentaler Bauernhaus.

mindestens 1400 Jahre alten Rinderrasse des Simmentaler Fleckviehs, berühmt für die prächtigen, mit Schnitzereien und Malereien verzierten Bauernhäuser in Dörfern wie Boltigen, Oberwil oder Er-lenbach. Bei Oey geht es nach Süden ins Diemtigtal, das nochmal eine Steigerung der Heidiland-Idylle bietet. Wanderer fin-den hier gleich mehrere sagenhaft schöne Wege. Wer weit sehen möchte, sollte von Erlenbach mit der Seilbahn aufs Stock-horn fahren (Mitte April–Mitte Nov. 7.50–16.50 Uhr, alle 30 Min.). Die Aus-sicht ist schon am Panoramarestaurant toll und steigert sich, wenn man zu Fuß zum Gipfel (2190 m) hinaufsteigt. Dieser Blick ist sogar noch zu toppen, wenn man vom Restaurant durch einen Tunnel auf den Aussichtssteg hinaustritt, der frei über dem Abgrund schwebt – mit Glasboden!

www.diemtigtal.ch, www.stockhorn.ch; kein Parkplatz in Oey, aber der Campingplatz

Rössli: Tel. +41 336 81 12 25; Parkplatz an der Stockhornbahn in Erlenbach:
GPS: 46.659616, 7.544857
GPS: 46°39'34.6"N 7°32'41.5"E

3 Harder Kulm und Interlaken

Dass Interlaken tatsächlich »zwischen den Seen« liegt, wie der Name es ausdrückt, sieht man am besten vom Harder Kulm. Auf den Hausberg des Städtchens kommt man mit der Drahtseilbahn. Im putzigen Jugendstilschlösschen auf dem Bergsporn neben der Bergstation befindet sich ein Bergrestaurant, spektakulärer Höhepunkt auf 1322 m Höhe ist jedoch der Zwei-seensteg mit seiner tollen Sicht auf Eiger, Mönch und Jungfrau, auf Thuner- und Brienzersee. Man kann hier oben zu aus-sichtsreichen Wanderrunden starten; an-sonsten geht es mit der Bahn oder zu Fuß hinab zur Talstation, wo ein Alpenwild-

1. Thun (Ort)
2. Simmental und Diemtigtal
3. Harder Kulm und Interlaken
4. TCS Camping Bönigen-Interlaken
4. Per Schiff über den Brienzer See
5. Schynige Platte
6. Jungfraujoch und Grindelwald
7. Brienz und Brienzer Rothorn

park eingerichtet wurde. In Interlaken geht man an der Aare entlang und kommt über eine der hölzernen Schleusen in die herausgeputzte Altstadt von Unterseen mit dem Stadthausplatz und dem regionalen Touristik-Museum (Obere Gasse 28, Mai–Okt., www.touristikmuseum.ch), in dem u. a. Interlakens erstes »Velo« ausgestellt ist, das sich mehrere Bürger teilten.

Tourist Info: Marktgasse 1, Interlaken, Tel. +41 338 26 53 00, www.interlaken.ch; Talstation der Seilbahn: zu Fuß vom Campingplatz Bönigen (40 Min.); Auffahrt Mitte April–Ende Nov. ab 9.10 Uhr alle 30 Min., tolle Abendfahrten bis 20.55 Uhr, www.jungfrau.ch/de-ch/harder-kulm

4 Per Schiff über den Brienzersee

Wie ein Fjord liegt der 14 km lange Brienzersee eingebettet zwischen schwindelerregenden Flanken: Vom Wasserspiegel auf 564 m steigen die Hänge unmittelbar hinauf zu den Bergketten auf beiden Seiten, bis weit über 2000 m Höhe – und unter dem Wasser bis in 259 m Tiefe. Fünf Schiffe sind im Einsatz, absolutes Schmuckstück ist der Schaufelraddampfer »Lötschberg«, Baujahr 1914. Auf der Fahrt entdeckt man unzählige Wasserfälle, die sich in den See ergießen, am eindrucksvollsten die rund 500 m hohen Giessbachfälle. Wer von der Schiffsanle-

gestelle am Fuß der Wasserfälle gut 100 m aufsteigt, sieht sie vom wunderschönen und prächtig gelegenen Grand Hotel Giessbach (1875 erbaut) sozusagen aus der ersten Reihe. Mit der ältesten Standseilbahn Europas, 1879 eröffnet, schafft man den Aufstieg zum Hotel übrigens in 5 Min. Rückmarsch nach Bönigen evtl. auf dem beliebten 12-km-Wanderweg entlang des Südufers des Brienzersees.

Acht Anlegestellen, u.a. Interlaken Ost oder Bönigen, neben dem Strandbad und dem TCS Campingplatz, www.bls.ch

5 Schynige Platte

Den vielleicht schönsten Blick auf das berühmte »Dreigestirn« der Berner Bergriesen – Eiger (3970 m), Mönch (4107 m) und Jungfrau (4158 m) – hat man von der Schynigen Platte, genau gegenüber. Beim Bergrestaurant oberhalb der Bahnstation der Zahnradbahn (1967 m) beginnt der atemberaubende Panoramaweg zum Aussichtspunkt Tuba und weiter zum Oberberghorn (2069 m). Dann geht es direkt zur Bergstation zurück, die man nach 1:15 Std. erreicht. Vor der Talfahrt sollte

Beste Reisezeit

Wer Ende März kommt, kann noch Ski fahren. Zum Baden, Bummeln und Wandern sind die Sommermonate ideal – wenngleich natürlich auch am »vollsten«. Am besten im Juni, September oder (frühen) Oktober kommen.

man den Alpengarten besuchen. Es blüht dort bereits ab Ende Mai, am schönsten aber von Mitte Juni bis Mitte August.

Der Parkplatz in Wilderswil eignet sich nur für Pkw. Von Interlaken-Ost kommt man mit der Bahn in 4 Min. hierher; Auffahrt (gut 50 Min.): Ende Mai–Mitte/Ende Okt. tgl. 7.25 bis 16.45 Uhr, alle 40 Min., www.jungfrau.ch

6 Jungfraujoch und Grindelwald

Das ganz große Gletscherspektakel! Die Fahrt mit der Zahnradbahn – 1912 eröffnet – zum höchstgelegenen Bahnhof Europas auf dem Jungfraujoch ist richtig teuer: 234,80 CHF (Stand: 2018, Hauptsaison) für die Berg- und Talfahrt. Die Reise lohnt sich darum nur bei wirklich gutem Wetter.

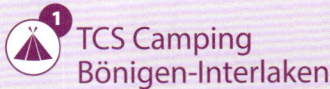

1 TCS Camping Bönigen-Interlaken

Das schöne Gelände liegt abseits der Durchgangsstraßen direkt am Ufer des traumhaften Brienzersees, gleich neben dem Strandbad. Man kann den (Schaufelrad-)Dampfern beim Aus- und Einlaufen zusehen, ist zu Fuß schnell beim Bahnhof und erreicht überhaupt alle Ausflugsziele in der Region bequem zu Fuß und/oder mit den öffentlichen Verkehrsmitteln. Campingstr. 14, Bönigen b. Interlaken, Tel. +41 338 22 11 43, Ende März–Anf./Mitte Okt., www.tcs.ch,
GPS: 46.691523, 7.893408
GPS: 46°41'29.5"N 7°53'36.3"E

Guter Ausgangspunkt: TCS Camping Bönigen-Interlaken am Brienzersee.

Oben angekommen, kann man Schneebälle werfen, auf den längsten Gletscher der Alpen schauen und in knapp 1 Std. zur bewirtschafteten Hütte auf dem Mönchsjoch (3624 m) stapfen. Zwei Zahnradbahnen fahren von Grindelwald-Grund bzw. Lauterbrunnen hinauf zur Station Kleine Scheidegg (2061 m). Weiter geht es überwiegend durch einen Stollen im Berg mit zwei Zwischenstopps hinauf zum Jungfraujoch. Der schnellste Aufzug der Schweiz bringt einen dann zur verglasten Aussichtshalle auf dem Felszahn der Sphinx. Es gibt Restaurants und Souvenirshops, eine künstliche Gletschergrotte und die »Alpine Sensation«, einen Rundgang, der angesichts der wahren Sensationen unter freiem Himmel ziemlich albern erscheint ...

Mehrere große Parkplätze rund um den Bhf. Grindelwald Grund; wer von Interlaken

kommen möchte: erster Zug ab Interlaken-Ost 6.35 Uhr (Ankunft Jungfraujoch 8.52 Uhr); alle Fahrpläne, andere Bahnen und Wanderungen unter www.jungfrau.ch

7 Brienz und Brienzer Rothorn

Am Nordufer des gleichnamigen Sees gelegen, bietet Brienz Postkartenmotive erster Güte – am schönsten in der Brunngasse mit ihren blumengeschmückten Holzhäusern aus dem 18. Jh. Absoluter Höhepunkt ist jedoch die historische Zahnradbahn, die seit 1892 über die steile Alplandschaft zur Bergstation hinaufdampft. Wem der Tiefblick auf den See bis dahin noch nicht den Atem geraubt hat, der kann noch zum Gipfel des Brienzer Rothorns, 2349 m, aufsteigen und einmal mehr den Kopf darüber schütteln, warum es in der Schweiz so viele »einmalige« Panoramapunkte gibt ...

Tourist Info: Hauptstr. 143, Brienz, Tel. +41 339 52 80 80, www.brienz-tourismus.ch; Parkplätze an der Rothornbahn und der Schiffsstation: ausgeschildert, Anf. Juni–Ende Okt., www.brienz-rothorn-bahn.ch

Gewusst, wie

Die »Öffi«-Verbindungen sind hervorragend und für Ausflüge absolut zu empfehlen. Freie Fahrt mit Bahnen, Bussen (heißen in der Schweiz »Postauto«), Schiffen und Bergbahnen bietet der Regiopass:www.regiopass-berneroberland.ch. Alle Bahn- und Bus-Verbindungen unter www.sbb.ch

26 Jura und Drei-Seen-Land

Es müssen nicht immer die Alpen sein. Den besten Blick auf die Gipfelparade am Horizont hat man ohnehin aus einer gewissen Distanz. Der Nordwesten der Schweiz ist auch für viele Schweiz-Fans Neuland. Tatsächlich kann die Region Jura/Drei-Seen-Land um die Stadt Neuchâtel/Neuenburg noch als Geheimtipp gelten. Übrigens, vor dem Französischen muss hier keiner »Angst« haben, überall sind ausgezeichnete deutschsprachige Broschüren für Touristen mit vielen Tourentipps erhältlich (auch auf der Website des Tourismus-Marketings – siehe unten). Dennoch ist der Kontrast zur Deutschschweiz verblüffend und außerordentlich reizvoll. Diese Gegend ist anders – und sie wird dabei weit weniger vom Tourismus in Beschlag genommen als die alpinen »Heidiländer« im Süden. Magische grüne Waldlandschaften rund um das Val de Travers sind zu entdecken, das spektakuläre Panorama auf dem Felskessel des Creux du Van und die wildromantische Areuse-Schlucht. Die drei Seen – Neuenburger-, Bieler- und Murtensee – laden ein zum Baden und Dampferfahren mit Blick auf die weiße Traumkulisse des Mont Blanc am fernen Horizont. Mit Neuchâtel und der faszinierenden Uhrmachermetropole La Chaux-de-Fonds bietet die Region auch zwei ungemein sehenswerte Städte, an denen viele Reisende vorbeifahren. Und wer schon mal hier ist, sollte unbedingt den ausgezeichneten Wein probieren, der auf den sanften Höhen entlang der Seen produziert wird.

www.juradreiseenland.ch

Bergbegeisterung ohne Gipfel: Hier ist der Talkessel Creux du Van die Attraktion.

1 Creux du Van

Das ganz große Naturspektakel in der Schweiz – ohne Viertausender und kilometerlange Gletscher! Beim Bahnhof in Noiraigue im Val de Travers, 729 m, folgt man dem Wegweiser des Sentier du Creux du Van zunächst Richtung Ferme Robert, biegt vorher rechts ab und gelangt über das Gehöft Les Oeuillons zum steilen Aufstieg über die »14 Kehren«. Oben hat man den Nordrand des Creux du Van erreicht und wird während der nächsten Stunde eine der großartigsten Aussichten der Schweiz genießen. Das weite Wiesenplateau im Westen – etwas tiefer die Ferme de Soliat (www.lesoliat.ch) – bricht hier nach Osten mit 160 m hohen senkrechten Felswänden in einen gigantischen, halbrunden Talkessel ab. Ein nicht gesicherter Pfad führt am Rand des Abbruchs entlang. Wer nicht schwindelfrei ist, kann auch hinter dem parallel verlaufenden Steinmäuerchen entlang wandern. Der höchste Punkt, etwas zurückversetzt, heißt Le Soliat, 1464 m. Unter dem Gipfelkreuz erklärt eine Tafel das unglaubliche Panorama: von den Schweizer Alpen und dem Mont Blanc im Süden über die schier endlosen grünen Jura-Höhen zum Dorf La Brévine im Norden, wo am 12. Januar 1987 eine Temperatur von -41,8°C gemessen wurde – Schweizer Kälterekord! Über die Pré au Favre führt der Weg in zwei weiten Schleifen hinunter in den Talkessel zur Ferme Robert und zurück nach Noiraigue. Reine Gehzeit: 4:30–5 Std. Ein Hinweis: Die Auffahrt zur Ferme de Soliat, 1382 m, ist auch für Pkw möglich – nicht für Wohnmobile! Man kann am Bahnhof in Noiraigue auch ein E-Bike leihen und hinaufradeln (Tel. +41 328 64 90 64, www.rentabike.ch).

www.neuchateltourisme.ch/de/aktiv/
wanderland, map.wanderland.ch,
www.val-de-travers.ch;
Parkplatz am Bahnhof in Noiraigue:
GPS: 46.955027, 6.721946
GPS: 46°57'18.1"N 6°43'19.0"E

2 Areuse-Schlucht

Nun folgt das zweite Wander-Highlight im Val de Travers! Wieder startet man am Bahnhof in Noiraigue, dieses Mal geht es aber nicht bergauf, sondern bergab – auf dem spannenden Weg durch die wildromantische Schlucht des Flüsschens Areuse. Den gelben Wanderwegweisern »Boudry« folgend gelangt man parallel zur Bahnlinie durch das immer engere Tal zum Champ du Moulin. Hier geht es auf die andere Flussseite hinüber und hinein in die eigentliche Schlucht mit ihrer wilden Felskulisse – bis man am Ende überraschend auf die Weinberge heraustritt. Für die knapp 12 km lange Strecke

bis zum Bahnhof in Boudry benötigt man etwa 3 Std.

www.val-de-travers.ch;
Parkplatz wie bei Creux du Van

3 Neuchâtel/Neuenburg

Die Lage der 33 600-Einwohner-Stadt auf dem schmalen, steil ansteigenden Landstreifen am Nordufer des gleichnamigen Sees ist grandios: Von Neuchâtels Seepromenade sieht man am Horizont den Mont Blanc – wie eine weiße Fata Morgana. Wahrzeichen der Stadt ist das märchenhafte Ensemble von Schloss und Stiftskirche (12. Jh.) auf einem kleinen Berg über der Altstadt. Das Schloss kann im Rahmen von Führungen besichtigt werden (April bis Sept.). Im Zentrum der

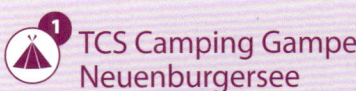

1 TCS Camping Gampelen Neuenburgersee

Vier-Sterne-Platz des Touring Clubs Schweiz (TCS), direkt am Ostufer des Neuenburgersees inmitten des Natur- und Vogelschutzgebiets »Fanel« gelegen, toller Blick! Ein langer Holzsteg führt auf den See hinaus, der hier sehr flach abfällt und zum familienfreundlichen Planschen einlädt. Viele Dauercamper – am besten vorher anrufen, ob noch was frei ist.
Seestr. 50, Gampelen,
Tel. +41 323 13 23 33, Ende März–Anf./ Mitte Okt., www.tcs.ch
GPS: 47.001501, 7.040430
GPS: 47°00'05.4"N 7°02'25.6"E

Beste Reisezeit

Prinzipiell lohnt sich die Reise den ganzen Sommer über. Wunderschön sind Mai und Juni mit ihrer Blütenfülle, großartig ist der September – dann sind die Seen noch warm genug zum Baden; und in der klaren Luft hat man einen grandiosen Blick auf die Alpen.

kleinen Altstadt liegt der entzückende Marktplatz (Di, Do, Sa sind Markttage!). Den besten Blick über die Dächer hat man vom klotzigen Gefängnisturm, dessen Ursprünge ins 10. Jh. zurückreichen (Rue Jehanne-de-Hochberg, April–Okt.). Besonderes Highlight im Museum für Kunst und Geschichte im Palais des Beaux-Arts ist die Automatensammlung mit Exemplaren der im 18. Jh. weltberühmten Uhr- und Automatenproduktion (Esplanade Léopold-Robert 1, www.mahn.ch).

Tourist Info: Hôtel des Postes, Neuchâtel, Tel. +41 328 89 68 90, www.neuchateltourisme.ch; einen Parkplatz mit sehr großen Fahrzeugen zu finden ist in der Stadt schwierig. Probieren kann man es hier:
GPS: 46.993577, 6.939221
GPS: 46°59'36.9"N 6°56'21.2"E

④ Laténium

Wohnen auf Pfählen: Was den Menschen nach der Eiszeit so alles einfiel! 1857 fand ein Fischer im schlammigen Uferbereich am Nordende des Sees die Überreste einer keltischen Siedlung. Seither hat man Tausende Fundstücke inventarisiert: Waffen, Werkzeuge, Münzen, Geschirre … Der Fundort – die Halbinsel La Tène am Ostrand von Neuchâtel – gibt der jüngeren Eisenzeit zwischen 450 und 50 v. Chr. ihren Namen: Latène-Zeit. Und das größte Archäologiemuseum der Schweiz heißt: Laténium. Es ist eine von insgesamt 111 prähistorischen Pfahlbaustätten in sechs Ländern, die von der Unesco 2011 ins Welterbe aufgenommen wurden. »Gestern … zwischen Mittelmeer und Nord-

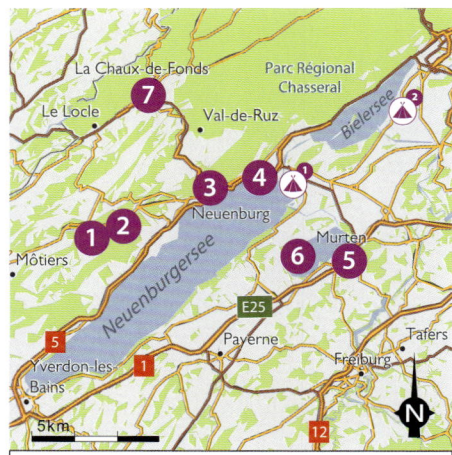

1 Creux du Van
2 Areuse-Schlucht
3 Neuchâtel/Neuenburg
4 Laténium
▲1 TCS Camping Gampelen Neuenburgersee
5 Murten/Morat
6 Drei-Seen-Rundfahrt
▲2 Camping Lindenhof
7 La Chaux-de-Fonds

see« heißt die Dauerausstellung. In acht Etappen wandern die Besucher durch 50 000 Jahre europäische Geschichte, vorbei an Hörstationen, Videoscreens und interaktive Terminals, die zeigen, dass seit der Steinzeit ein paar Jahre ins Land gezogen sind. Im Museumspark am Seeufer wurden Ökosysteme der verschiedenen Epochen sowie Pfahlbauten rekonstruiert. Absolut originalgetreu ist dagegen der wunderbare Blick über den See.

Espace Paul Vouga, Hauterive, www.latenium.ch/de; Parkplatz:

GPS: 47.008488, 6.972199
GPS: 47°00'30.6"N 6°58'19.9"E

⑤ Murten/Morat

Der Ort sieht aus wie eine Filmkulisse, ist aber echt – und fast zu niedlich, um wahr zu sein. Von der Stadtmauer blickt man über Turmspitzen und Dachgiebel auf den See und die grünen Jura-Höhen. Das mittelalterliche Zentrum mit seinen malerischen Gassen und Laubengängen hat in seiner Schönheit und Geschlossenheit auch in der Schweiz nur wenige Gegenstücke. Es misst nur etwa 300 x 200 m, gegliedert durch drei Längs- und eine Quergasse. Blickfang an der Westecke der Altstadt ist das Schloss aus dem 13. Jh., heute ein Amtsgebäude. In der alten Stadtmühle neben dem Schloss ist das Museum Murten eingezogen (März–Dez., www.museum murten.ch), das auf fünf Etagen 6000 Jahre Geschichte der Stadt Murten und der Region dokumentiert.

Tourist Info: Franz. Kirchgasse 6, Murten, Tel. +41 266 70 51 12, www.murtentourismus.ch; Parkplatz auch für Wohnmobile:
GPS: 46.931947, 7.119192
GPS: 46°55'55.0"N 7°07'09.1"E

Gewusst, wie

Ideal für unterwegs: die Online-Wanderkarte von SchweizMobil, die auf einen Klick alle (alle!) Wanderwege im Land zeigt. Routen für Radler sind auch erfasst. map.wanderland.ch

Entspannend: Pause an der Place des Halles in Neuenburg. Die Maison des Halles mit ihren Türmchen stammt aus dem 16. Jahrhundert.

Im Gemisch von Mehrfamilienhäusern, schicken Villen und schönen (ja!) Fabrikgebäuden stechen auch einige Werke des Architekten Le Corbusier heraus, darunter die Maison Blanche von 1912 (Chemin de Pouillerel 12, www.maisonblanche.ch). Das Internationale Uhrenmuseum (Musée International de l'Horlogerie) ist weltweit das größte seiner Art (www.mih.ch).

Tourist Info: Espacité 1, La Chaux-de-Fonds, Tel. +41 328 89 68 95, www.neuchateltourisme.ch; Parkplatz, wenn nicht gerade Zirkus o. Ä. stattfindet:
GPS: 47.106927, 6.836683
GPS: 47°06'24.9"N 6°50'12.1"E

6 Drei-Seen-Rundfahrt

Bei schönem Wetter wärmstens zu empfehlen: die Drei-Seen-Rundfahrt über den Neuenburger-, den Bieler- und den Murtensee, die durch Kanäle miteinander verbunden sind. Wenn man von Murten über den Murtensee und den Canal de la Broye zum Neuenburgersee nach Neuchâtel und weiter durch den Zihlkanal zum Bielersee und nach Biel fährt, braucht man gute 4 Std. Natürlich ist es immer möglich, unterwegs auszusteigen und andere Strecken zu befahren – etwa ins sehenswerte Städtchen Yverdon-les-Bains am Westende des Neuenburgersees.

Seenschifffahrt: www.navig.ch;
Parkplatz auch für Wohnmobile:
GPS: 46.931947, 7.119192
GPS: 46°55'55.0"N 7°07'09.1"E

7 La Chaux-de-Fonds

Die untypischste Stadt der Schweiz hat 38 700 Einwohner, liegt in einem breiten und sehr grünen Jura-Hochtal und gehört seit 2009 zum Unesco-Welterbe. Der größte Teil der Stadt ist in einem engen Schachbrettmuster angelegt. Tatsächlich wurde La Chaux-de-Fonds als moderne Industriestadt neu errichtet, nachdem ihre Vorgängerin 1794 von einem Brand zerstört worden war. Am Beginn des 19. Jh. prägte vor allem die Uhrenindustrie das Wirtschaftsleben, später kamen Maschinen- und Metallbau, Mikromechanik, Chemie und Elektronik dazu, alle mitten im Stadtzentrum. Und weil man früher auch viel Wert auf die Architektur von Zweckbauten legte, ist das nicht nur verblüffend, sondern auch schön anzusehen. Den besten Überblick hat man aus der 14. Etage des runden Tour Espacité beim Tourismusbüro.

Camping Lindenhof

Liselotte & Hindrik van der Veer haben sich ökologisches Wirtschaften auf die Fahnen geschrieben. Neben ihrem stattlichen Bauernhof mit den weit heruntergezogenen Dächern und den grünen Fensterläden bieten sie bis zu 50 Campern auf ihrer Obstwiese Stellplätze an. Und wenn es so weit ist, kann man im Hofladen frische Kirschen, Zwetschgen, Honig, Konfitüren und Edelbrände kaufen. Zum Bielersee sind es 5 Min. zu Fuß. Mörigenweg 2, Sutz-Lattrigen, Tel. +41 32 397 10 77, www.camping-lindenhof.ch, Karfreitag–Ende Okt.
GPS: 47.093663, 7.210371
GPS: 47°05'37.2"N 7°12'37.3"E

27 Tirol

Aufragende Gipfel, aufregende Täler, dazu Kultur, Natur, Spaß pur: Zwischen Ötz-, Ziller- und Pillerseetal gibt es nichts, was es nicht gibt. Vor allem jede Menge Berge, der USP des österreichischen Bundeslands Tirol! 573 Dreitausender bilden eine eindrucksvolle Kulisse und zugleich ein schier grenzenloses Betätigungsfeld – für Winter- wie Sommersportler, für jeden Schwierigkeitsgrad. Wem also die Besteigung des 3798 m hohen Großglockners, Österreichs unumstrittener Nummer eins, zu schwer erscheint, der findet bei rund 15 000 km markierter Wanderwege garantiert passende Alternativen. So mancher Gipfel lässt sich dank Seilbahnbenutzung auch leichter erreichen. Und egal, ob mit Unterstützung oder ohne, zu Fuß oder mit dem Mountainbike: Fast zwangsläufig kommt man an einer von insgesamt 1300 Almen oder einem der 600 Seen vorbei. Was viele Tiroler Orte (und die Olympiastadt Innsbruck) eint: eine hervorragende touristische Infrastruktur. Das betrifft nicht nur die Vielfalt an Sport-, Essens- und Wellnessangeboten, sondern auch das Thema Unterkünfte. Dazu gehören rund 90 Campingplätze und Dutzende von Stellplätzen. Neben kleinen, ursprünglichen Anlagen gibt es viele, die mit umfangreichen Wellness-, Sport- und Familienangeboten punkten. In Sachen Erlebnisprogramm stellen sie sogar manche große Hotels in den Schatten.

www.tirol.at

Kreuz in 3-D und XXL: Im Gipfelbauwerk auf der Buchensteinwand sind Aussichts- und Ausstellungsräume untergebracht.

Area 47

Willkommen auf dem weltgrößten Abenteuerspielplatz für Erwachsene! Herzstück ist die »Water Area« samt Rutschenparadies. Insbesondere bei der »Free Fall« ist ein Pulsschlag bis zum Anschlag garantiert. Hier haben Wagemutige bis zu 80 km/h drauf, wenn sie nach 20 m fast senkrechter Strecke in den Auslauf donnern. Zum Warmmachen ist die »Cannonball«-Rutsche zu empfehlen – da geht es per Wasserstoß 10 m durch die Luft. Im Tagesticket enthalten sind auch die Zipflbob-Schanze, eine Kletterwand über dem Schwimmteich, Blobbing-Kissen, Beachvolleyball und Slacklining. Man kann das Adrenalin locker auf zwei bis drei Tage ausdehnen. Zur Wahl stehen u. a. ein Flying Fox über das Gelände, ein Megaswing aus über 20 m Höhe, ein Hochseilgarten, der unter einer Autobrücke bis zu 25 m über dem Boden angelegt ist. Und dann erst das Wildwasserprogramm! Es beinhaltet Rafting auf dem Inn, Wakeboarding auf der Tiroler Ache und Canyoning. Wem hier langweilig wird, dem ist nicht zu helfen.

Ötztaler Achstr. 1, Ötztal-Bahnhof, Tel. +43 526 68 76 76, Ende April–Anfang Okt., www.area47.at; auf dem Gelände und dem Parkplatz darf nicht gecampt werden. Mehrtagesbesucher übernachten in kleinen Lodges, Tipis oder Doppelzimmern oder auf dem ein paar Kilometer entfernten Ötztaler Naturcamping, zu dessen Highlights eine eigene Mühle zählt, in der man Brot backen kann (www.oetztalernaturcamping.com):
GPS: 47.037016, 10.976008
GPS: 47°02'13.3"N 10°58'33.6"E

 Innsbruck

Mit der Stadtbahn direkt Richtung Berggipfel? Wo gibt's denn so was? in Innsbruck, der Hauptstadt Tirols. Vom Stadtzentrum geht es per Hungerburgbahn zur Talstation des Ski- und Wandergebiets Nordpark-Seegrube. Nicht nur Sportler bekommen da große Augen, sondern auch Architekturfans, hat doch die große Zaha Hadid einige Stationen designt. Eine Ikone moderner Baukunst ist auch die Bergisel-Schanze. Die im Jahr 2001 erneuerte Anlage, in der bereits 1964 und 1976 das Olympische Feuer entzündet wurde, ist mit mehr als 28 000 Zuschauerplätzen zwar vorwiegend dem Sport vorbehalten, doch bietet sie auch touristische Möglichkeiten. So kommen dort Panoramagenießer, Kaffeehausbesucher, Technikfreaks und Architekturfreunde gleichermaßen auf ihre Kosten. Für die »Klassiker« geht

 Aktiv Camping Prutz

Für das direkt am Inn gelegene Areal spricht einiges: So ist es nicht nur der einzige Campingplatz in Tirol mit eigener Heilquelle und eigener natürlicher Kletterwand, sondern auch eine ideale Basisstation für Rafter und Kajaker, Mountainbiker und Wanderer, schließlich führt hier genau die »Via Claudia«-Route vorbei. Top-Ausstattung, Familienprogramm und großzügige Stellplätze.
Pontlatzstr. 22, Prutz, Tel. +43 54 72 26 48, ganzjährig, www.aktiv-camping.at
GPS: 47.080111, 10.659583
GPS: 47°04'48.4"N 10°39'34.5"E

es dann in die von studentischem Leben geprägte Altstadt mit ihren alten, reich mit Stuck, Reliefs und Fresken verzierten Häusern – ideale Kulisse für Hofburg, Goldenes Dachl und die Kathedrale St. Jakob, eine der schönsten Barockkirchen Tirols. Ferner laden etliche Museen, Kinos, Theater, Kneipen, die Olympia World mit ihrem Riesensportangebot sowie viele Shoppingmöglichkeiten zur Zerstreuung ein. Familien mit Kindern dagegen sollten sich von den rund 150 Bergtierarten im Alpenzoo, dem höchstgelegenen Zoo Europas, zerstreuen lassen.

Tourist Info: Burggraben 3, Innsbruck, Tel. +43 51 25 35 60, www.innsbruck.info; Tipp: An der Olympiahalle können auch Wohnmobile parken – sehr gute Anbindung mit öffentlichen Verkehrsmitteln:
GPS: 47.2575, 11.408694
GPS: 47°15'27.0"N 11°24'31.3"E

Kristallwelten

Achtung, Funkelalarm! Die von André Heller und anderen Künstlern gestalteten Swarovski-Kristallwelten in Wattens sind die mit Abstand meistbesuchte Sehenswürdigkeit Tirols. Und die jüngste Erweiterung von 2015 hat den Besucherstrom noch weiter anschwellen lassen. Es gibt ja auch viel zu sehen: Der in eine Parklandschaft mit Kunstinstallationen und einem bezaubernden Birkenwäldchen eingebettete Wasserfall- und Funkel-Riese am Eingang besitzt nun fünf neue Wunderkammern. Mittelpunkt des Gartens ist eine mystische Wolke aus 800 000 handgesetzten Swarovski-Kristallen, die über

1 Area 47
 1 Aktiv Camping Prutz
2 Innsbruck
3 Kristallwelten

4 Achensee
 2 Camping Seeblick Toni
5 Hexenwasser
6 Buchensteinwand

einem Spiegelwasser schwebt. Weitere Highlights: Die 3-D-Projektion »Planet der Kristalle« erzählt in kristallenen Metaphern die Geschichte der Welt. Im Kristalldom spiegelt sich das Innere eines Kristalls in 590 Facetten. Im Kristalloskop, einem überdimensionalen Kaleidoskop, wirkt die Kraft besonderer, heilender Kristalle. Bei Swarovski funkeln jedoch nicht nur Kristalle, sondern auch Kinderaugen: Ein spannender Spielturm mit vier Etagen entführt in eine unvergessliche Wunderwelt, wo sogar das Schweben möglich ist.

Kristallweltenstr. 1, Wattens, Tel. +43 522 45 10 80, www.kristallwelten.swarovski.com

4 Achensee

Spannung und Entspannung liegen am Achensee so dicht beieinander wie die schroffen Felsen des Karwendels und die

sanften Hänge des Rofangebirges. Nach schweißtreibenden Kletter-, Wander- und Gleitschirmtouren lindern See-Pools und Steinölmassagen – typisch für diese Region! – aufkommenden Muskelkater. Familien mit Kindern entspannen sich bevorzugt im südlich gelegenen Strandbad Buchau mit seinem flachen, türkisfarbenen Uferbereich, wo das Wasser bis zu 22 Grad erreicht. Im Norden wiederum wurde eigens eine Landzunge aufgeschüttet, um für angenehme Temperaturen im geschützten Badebereich zu sorgen. Nach einer Bergtour, etwa zum Gschöllkopf, oder einer Fahrt mit dem dortigen Flying Fox namens »Air Rofan«, kommt so ein Seebad besonders gut an. Viele erfrischen sich auch nach einer Rad- oder Inlineskatetour auf der alten Achenseestraße, die sich am Ufer entlangschlängelt. Gut zu wissen: In kurzen Abständen stehen Dampferfahrten über das »Tiroler Meer« auf dem Fahrplan, inklusive Zwischen-

stopp bei der »Gaisalm«, die nur zu Fuß oder eben per Schiff erreichbar ist.

Tourist Info: Im Rathaus 387, Achenkirch am Achensee, Tel. +43 524 65 30 00, www.achensee.com

5 Hexenwasser

Als erste alpine Destination bekam die Ferienregion Wilder Kaiser das Österreichische Wandergütesiegel verliehen. Gäbe es ein Gütesiegel für die größte Dichte an Bergerlebniswelten – es ginge ebenfalls in die Region, finden sich doch zwischen Söll und Going sechs an der Zahl. Die Galionsfigur ist nach wie vor das »Hexenwasser« an der Mittelstation der Hohen

 2 **Camping Seeblick Toni**

Die 5-Sterne-Anlage am Ufer des Reintaler Sees liegt herrlich eingebettet zwischen dem Rofangebirge und märchenhaften Wäldern. Die Urlauber können sich auf ein Strandbad mit Liegewiese freuen und für Wellness-Freunde stehen Sauna, Dampfbad, Hot-Whirlpool, Fitnessraum und Solarium bereit. Im Restaurant werden lokale Spezialitäten aus selbst angebauten Zutaten serviert. Zur Verdauung gibt's Schnaps aus eigener Brennerei.
Moosen 46, Kramsach,
Tel. +43 533 76 35 44, ganzjährig,
www.camping-seeblick.tirol
GPS: 47.461583, 11.906278
GPS: 47°27'41.7"N 11°54'22.6"E

Salve. Deren oberste Etage ist mittlerweile selbst eine »Erlebniswelt«. Los geht es bei der Aussichtsplattform, die, wie auch die benachbarte Panoramaterrasse, einen Traumblick auf den Wilden Kaiser beschert. Kletterfreudige Kinder entdecken derweil den rund 3 m hohen Salvenriesen, in dessen Nasenlöchern sie fürs Foto posieren können. Fotomotive en masse bieten auch der hier startende Sonnenuhrenweg mit seinen 15 Stationen sowie die überdimensionale Windharfe. Dann geht es per Gondel oder per pedes zum »Hexenwasser«. Allein der 450 m lange Weg von der Mittelstation bis zur Stöcklalm kann Kinder stundenlang beschäftigen. Bei heißem Wetter können Wasserratten in Holzrinnen rutschen und »kneippen«, das sprudelnde Nass stauen, umleiten und mit einem Seil darüber hinweg schaukeln. Eine gefühlvolle Geh-Alternative stellt Österreichs längster Barfußpfad dar. Auf 60 Erlebnisstationen gibt es viel zu spüren, zu sehen und zu hören, auch für Erwachsene.

Stampfanger 21, Söll, Tel. +43 53 33 52 60, Mitte Mai–Ende Okt., Gondelbahnen fahren tgl. von 9–17.30 Uhr, www.hexenwasser.at, www.wilderkaiser.info; Parkplatz P2 der Bergbahn Söll, tagsüber auch für Wohnmobile:

Beste Reisezeit

Tirol ist zu jeder Jahreszeit eine Reise wert, wobei für Camper freilich der Sommer und der frühe Herbst am attraktivsten sind. Angesichts immer teurer werdender Skipässe ist Wintercamping eine interessante Alternative.

Wassergaudi: der 450 Meter lange Wasserspielpfad Hexenwasser an der Hohen Salve.

GPS: 47.497676, 12.199558
GPS: 47°29'51.6"N 12°11'58.4"E
Über Nacht bietet sich der Campingplatz Franzlhof an (www.franzlhof.com):
GPS: 47.507952, 12.189905
GPS: 47°30'28.6"N 12°11'23.7"E

6 Buchensteinwand

»Oh, mein Gott!« wird mancher Wanderer denken, wenn er den Gipfelbereich der Buchensteinwand (1456 m) im Pillerseetal erreicht – steht dort doch seit 2014 das weltgrößte begehbare Gipfelkreuz. Der Grundpfeiler des knapp 30 m hohen Gebildes besteht aus vier Elementen, die für die Grundgedanken hinter dem Kreuz stehen: Kraftplatz mit besonderer Aussicht, Pilgerziel, Ort für besondere Veranstaltungen sowie Denkplatz für

Seminare. Diese finden in den Armen des Kreuzes statt, in denen sich vier Aussichts- und Ausstellungsräume befinden. Und eine Etage darüber jauchzen Wanderer auf mehreren Plattformen, haben sie doch einen extra-erhabenen Ausblick auf die Gipfel der Loferer und Leoganger Steinberge. Da lassen sich schon mal die Wanderziele für die kommenden Tage in Augenschein nehmen ...

Jakobskreuz: Tel. +43 535 47 70 77, Anfang Mai–Ende Okt., www.bergbahn-pillersee.com/ jakobskreuz
Parkplatz der Bergbahn, tagsüber:
GPS: 47.502111, 12.571722
GPS: 47°30'07.6"N 12°34'18.2"E
Nächster Campingplatz: Tirol-Camp Energiebrunnen, ca. 7 km vom Jakobskreuz (www.tirol-camp.at):
GPS: 47.468285, 12.554597
GPS: 47°28'05.8"N 12°33'16.6"E

Gewusst, wie

Wo hohe Berge sind, sind auch Passstraßen, und die meisten lassen sich – zumindest im Sommer – bequem mit dem Wohnmobil befahren. Der Pass Thurn bei Kitzbühel z. B. stellt selbst für Anfänger und/oder größere Gefährte keine allzu große Herausforderung dar, das Timmelsjoch hingegen führt deutlich höher hinauf und stellt daher auch größere Anforderungen an Fahrer und Wagen. Die Webseite www.oeamtc.at informiert über Steigungen und Öffnungszeiten sämtlicher österreichischer Pässe.

Wer ist der Schönste im ganzen Ausseer Land? Vielleicht der Altausseer See mit seinem klaren, grün schimmernden Wasser.

28 Steiermark

Wegen ihres Waldreichtums bezeichnet sich die Steiermark gern als »grünes Herz von Österreich«. Der Norden ist dank Dachstein und Co. (hoch)alpin, in der Mitte prägen das größte zusammenhängende Almgebiet Europas und das Grazer Becken die Landschaft; Schlösserstraße und Apfelplantagen schmücken das Grün des Ostens. Im Westen locken das berühmte Kürbiskernöl, das »grüne Gold« der Steiermark, und die Geburtsstätte der weltberühmten Lipizzaner. Im Süden bringt die sonnige Lage international bekannte Weine hervor. Nicht umsonst wird die Steiermark auch immer wieder »der Feinkostladen Österreichs« genannt, dank Äpfeln, Kürbissen und anderen Leckereien der Natur. Interessant: Unter den zahlreichen Anbietern finden sich überdurchschnittlich viele Bio-Bauern, die von fruchtbaren vulkanischen Böden profitieren. Ein anderes Erbe der Feuer speienden Berge sind die vielen Thermalquellen: Ein knappes Dutzend Thermen machen Österreichs Grenzgebiet zu Ungarn und Slowenien zum Badezimmer der Nation. Trotzdem ist es hier selbst in der Hauptsaison meist angenehm ruhig – mit dem Reisemobil fährt man gelassen auf schmalen, aber gut ausgebauten Straßen durch intakte Natur, rastet in kleinen urigen Orten (oder macht einen Abstecher in die sehenswerte Großstadt Graz) und freut sich über viele gute Camping- und Stellplätze. Die über 30 attraktiven Campinganlagen zeichnen sich durch ihre angenehme Größe mit 15 bis maximal 200 Stellplätze aus sowie einen hohen Standard und Komfort, gepflegtes Ambiente und ein hervorragendes Preis-Leistungs-Verhältnis.

www.steiermark.com

1 Ausseer Land

»Wenn ich den See seh, brauch ich kein Meer mehr« – im Ausseer Land stimmt diese »Weisheit« auf jeden Fall! Umgeben von Steinnelke, Nieswurz, Anemone und Alpenrose erstrahlen die Bergseen des Hochplateaus der Tauplitzalm in allen Blauschattierungen. In 1650 m Höhe geht man bei der Sechs-Seen-Wanderung auf gut markierten Wegen und Pfaden, beschützt von Grimming und Sturzhahn, über die weiten Almflächen. Krallersee, Großsee, Märchensee, Tauplitzsee, Steirersee und Schwarzensee gilt es zu entdecken. Eine Etage tiefer warten die großen Brüder – allen voran der Hallstätter See und der wegen seiner Größe »Steirisches Meer« genannte Grundlsee, der nicht zuletzt wegen seiner Lage zu Füßen des Losers und dem 14 km Naturbadestrand eine große Fangemeinde hat. Der vielleicht schönste See ist jedoch der Altausseer See: Glasklares Wasser, die Trisselwand vor Augen, der Walduferrundweg zum

Beste Reisezeit

Ja, es gibt einige Wintercampingplätze. Doch wer nicht gerade schnee- und/oder skisüchtig ist, wird sich vermutlich eher auf die warme Jahreszeit konzentrieren. Und im Gegensatz zu vielen anderen Destinationen, insbesondere an den Küsten, finden Urlauber selbst im Juli und August in der Regel ein Plätzchen. Am entspanntesten geht es freilich im Mai und Juni sowie im September und Oktober zu.

Spazierengehen, dazwischen romantische kleine Sandstrände, die zum Pausieren einladen – Naturherz, was willst du mehr?

Tourist Info Ausseerland – Salzkammergut: Bahnhofstr. 132, Bad Aussee, Tel. +43 36 22 54 04 00, www.ausseerland.salzkammergut.at

2 Schladming

Wo im Winter Skifahrer und Boarder die Berge hinunterflitzen, übernehmen in der wärmeren Jahreszeit Wanderer, Kletterer und Biker das Kommando. Für Leute mit Hang zum Hang gibt es kaum attraktivere Ziele. Allein Mountainbiker können mit den drei Downhillstrecken auf der Planai und dem Dirt- beziehungsweise BMX-Park an der Ennspromenade in Schladming rund 1000 km unter die Räder nehmen. Und die haben es in sich, kommen doch etwa 25 000 Höhenmeter zusammen. Die prächtigen Kalkwände des vergletscherten Dachsteins (Tipp für Adrenalinjunkies: die Plattform »Dachstein Skywalk« und die Dachstein-Hängebrücke!) sowie die unzähligen Gipfel und 300 Bergseen der Schladminger Tauern lassen Radler- und Wanderherzen selbst bei Pausen höher schlagen. Auf Touren kommen Fußläufige beim 13,5 km langen Themenwanderweg »Wilde Wasser« mit seinen 14 Lernstationen. Er erschließt den mit 140 m höchsten Wasserfall der Steiermark, den Riesachwasserfall.

Tourist Info Schladming-Dachstein: Ramsauerstr. 756, Schladming, Tel. +43 368 72 33 10, www.schladming-dachstein.at

3 Stift Admont

Das älteste steirische Kloster liegt in einer imposanten Naturlandschaft, unmittelbar in der Nähe des Nationalparks Gesäuse. Die weltweit größte Klosterbibliothek – aufgrund ihrer Schönheit und Ausmaße oft als achtes Weltwunder bezeichnet – und das kontrastreichste Privatmuseum Österreichs beeindrucken mit Exponaten aus vielen Jahrhunderten, alten Meistern und jungen Künstlern.

Hauptstr. 40, Admont, Ende März–Ende Okt., im Winter stark eingeschränkte Öffnungs-

1 Camping Olachgut

Der rund 10 ha große Familienbetrieb, auf dem sich der Campingplatz und ein Reiterhof befinden, liegt inmitten bewaldeter Hügel direkt an der Mur, die um das Gelände eine kleine Schleife zieht. Die auf drei Ebenen angelegten Grasstellplätze sind durch Bäume und Sträucher voneinander abgegrenzt. Mehrere komfortable Holzbungalows sowie Appartements können gemietet werden. Hoher Hygienestandard, Bade- und Angelteich und großes Freizeitangebot, das von der schalldichten Disco über einen großen Spielplatz mit Kletter- und Schaukelgeräten, einer Halfpipe bis zum Agility-Parcours für Hunde reicht.
Kaindorf 90, St. Georgen ob Murau, Tel. +43 35 32 21 62, ganzjährig, www.olachgut.at
GPS: 47.107550, 14.139800
GPS: 47°06'27.2"N 14°08'23.3"E

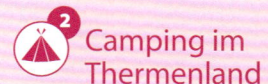

1 Ausseer Land
2 Schladming
3 Stift Admont
4 Nationalpark Gesäuse
5 Rogner Bad Blumau

6 Schloss Riegersburg
7 Graz
1 Camping Olachgut
2 Camping im Thermenland

---

der weitläufigen Hotel- und Thermalanlage seinem Namen alle Ehre, tauchte er doch völlig in die Welt des Wassers ein. Dabei verbreiten die rund 330 bunten Säulen und mehr als 2400 Fenster, von denen keines dem anderen gleicht, ein unvergleichliches Flair. Alles nach dem Motto: Das Auge badet mit! Indessen muss man kein Hotelgast sein, um die Thermal- und Saunalandschaft mit über 2500 qm Wasserfläche zu benutzen, auch Tagesgäste können sich an den Saunen, 14 Heilwasser-, Frischwasser- und Thermalwasserbecken, einem Schwimmbiotop und dem Garten der Elemente er-

---

zeiten, www.stiftadmont.at; großer Parkplatz an der Südseite beim Teich:
GPS: 47.574222, 14.461222
GPS: 47°34'27.2"N 14°27'40.4"E

4 Nationalpark Gesäuse

Unweit von Admont gelegen, ist der rund 11 000 ha große Nationalpark der sechste und zugleich jüngste Österreichs. Er wurde im Jahr 2002 eröffnet. Bizarre Steinmonumente, schattige Schluchten, dunkle Höhlen und blumenreiche Gebirgswiesen sind Teil der unberührten Naturlandschaft, die vor allem Wanderer und Wassersportler (Enns und Salza zählen zu den landschaftlich reizvollsten Wildwasserflüssen Europas) in Verzü-

---

ckung bringt. Ein Highlight stellt auch das abwechslungsreiche Schul- und Sommerprogramm des Nationalparks dar.

Tourist Info: Hauptstr. 35, Admont, Tel. +43 361 32 11 60 20, www.nationalpark.co.at; schön gelegener Campingplatz:
GPS: 47.589630, 14.627693
GPS: 47°35'22.7"N 14°37'39.7"E

5 Rogner Bad Blumau

Knallbunte Kacheln, verspielte Skulpturen und goldene Kuppeln: Das »Rogner Bad Blumau« trägt eindeutig die Handschrift von Friedensreich Hundertwasser. Der von einem Millionenpublikum geliebte Künstler machte bei der Gestaltung

---

2 Camping im Thermenland

Schwärmen für Thermen? Träumen von Bäumen? Das kann man auf diesem mit Bestnoten ausgezeichneten Campingplatz. Das kleine, aber feine Areal schmiegt sich an ein Waldstück. Das ebene Gelände ist mit einzelnen noch jungen Bäumen durchsetzt. Wer baden will, springt ins platzeigene Freibad, das sich sogar überdachen lässt! Noch mehr Spa-Spaß versprechen die zahlreichen Thermen in der nahen Umgebung, allen voran Bad Gleichenberg, einst Lieblingsziel für Kaiser und Könige und von Villen im Stil der k.u.k.-Zeit geprägt, sowie das etwas entferntere Bad Radkersburg.
Bairisch Kölldorf 240, Bad Gleichenberg, Tel. +43 31 59 39 41, ganzjährig, www.bairisch-koelldorf.at
GPS: 46.875580, 15.934450
GPS: 46°52'32.1"N 15°56'04.0"E

Keine versunkene Kirche, sondern das Wahrzeichen von Graz: der jahrhundertealte Uhrturm auf dem Schlossberg.

freuen. Auch die begrünten Dächer laden zum Relaxen ein. Da das Kontingent zu bestimmten Zeiten begrenzt sein kann, empfiehlt sich eine Voranmeldung!

Bad Blumau 100, Bad Blumau, Tel. +43 338 35 10 00, www.blumau.com; vom XL-Parkplatz spaziert man 10 Min. entspannt durch einen herrlichen Park. Wer mag, kann sich auch im Golf-Cart zum Eingang chauffieren lassen:
GPS: 47.124496, 16.051262
GPS: 47°07'28.2"N 16°03'04.5"E

Schloss Riegersburg

Burgen und wehrhafte Schlösser gibt es insbesondere im Osten der Steiermark reichlich, im Grenzland zu Süd- und Osteuropa tat Verteidigung stets not. Zu den bekanntesten gehört neben Schloss Herberstein, das einen Tierpark und ein futuristisches Museum für die skurrilen Skulpturen des Künstlers Bruno Gironcoli beherbergt, auch die Riegersburg, die auf schroffen Felsen thront. Auf eine Länge von 3 km bringt es die Burgmauer. Stolz behauptet das Wahrzeichen der Steirischen Schlösserstraße seine Stellung als einzige nie eingenommene Burg Österreichs. Ihr heutiges Aussehen erhielt sie im 17. Jh. durch Katharina E. Freifrau von Galler – im Volksmund aufgrund ihres unkonventionellen Lebensstils auch als die »Gallerin« oder »schlimme Liesl« bezeichnet. Alles andere als schlimm ist die empfehlenswerte Burgtaverne gleich neben dem neu gestalteten Hexenmuseum.

Riegersburg 1, Riegersburg, Tel. +43 66 42 14 58 55, www.riegersburg-hardegg.com; Parkplatz unterhalb des Schlosses:
GPS: 47.006361, 15.933444
GPS: 47°00'22.9"N 15°56'00.4"E

7 Graz

Ein rotes Dächermeer, die blaue Kunsthausblase und viel Grün. Der Blick vom Schlossberg aus beweist: Graz, »City of Design« und Kulturhauptstadt Europas im Jahr 2003, vereint Klassik und Avantgarde, alte und neue Wahrzeichen. Neben Dom, Renaissance-Landhaushof, Uhrturm und Oper beeindrucken das futuristische Kunsthaus mit seiner unkonventionellen Form, die Acconci-Murinsel, die die beiden Stadthälften verbindet, und die 14 m hohe Stadthalle als Multifunktionsgebäude für Veranstaltungen und Messen. Im August 2010 erweiterte das Unesco-Welterbekomitee die bestehende Welterbestätte »Graz – Historisches Zentrum« um das Schloss Eggenberg, ein einzigartiges Gesamtkunstwerk des Barock. Gut zu wissen: Im Sommer dient das Schloss als Kulisse für zahlreiche Kulturprogramme im Grünen und Führungen in den Prunkräumen. Bei den Rosenführungen im Schlosspark erfahren Teilnehmer beispielsweise alles über Geschichte und Kultur der über 350 Jahre alten Rosensorten.

Tourist Info: Messeplatz 1/Messeturm, Graz, Tel. +43 31 68 07 50, www.graztourismus.at; gerade mit größeren Wohnmobilen und Anhängern wird es in der Stadt schwierig, lieber auf dem Reisemobilstellplatz nahe der Autobahn parken, von dort geht es in 20 Min. mit dem Linienbus in die Innenstadt: Martinhofstr. 3, Tel. +43 67 63 78 51 02, ganzjährig, www.reisemobilstellplatz-graz.at
GPS: 47.024722, 15.396944
GPS: 47°01'29.0"N 15°23'49.0"E

Gewusst, wo

Im Frühjahr legt sich ein rosa-weißes Blütenmeer vor allem über die 25 km lange »Steirische Apfelstraße«, die als Hauptlieferant für Österreichs Lieblingsobst dient. Entsprechend viel los ist beim Apfelblütenfest Ende April in der Apfelhauptstadt Puch, in der jährlich rund 100 Mio. (!) Äpfel geerntet werden. Dann wird die Pracht mit Musik, Schmankerln und Führungen durch die Obstgärten gefeiert.

Südeuropa

Pustertal **29**

Nördliches Slowenien **34**

Venetien **31**

Ligurien **30**

Kvarner Bucht **35**

36

Nord-dalmatien

Maremma **32**

37

Mittel- und Süddalmatien

Katalonien **38**

Apulien **33**

Algarve **40**

39 Andalusien

»Live in the sunshine, swim the sea, drink the wild air.«

Ralph Waldo Emerson

29 Pustertal

Über den Brenner nach Süden – bei dieser Vorstellung erwacht in blassen Nordländern die Sehnsucht. Wer sich nicht an der Adria »grillen« lassen möchte, hat zuvor genügend Alternativen: Glücklich in Südtirol angekommen, biegt er noch vor Brixen auf der Staatsstraße 49 (E66) nach Osten ins Pustertal ein. Der hohe Norden Südtirols ist ein beinahe legendäres Dorado für Wanderer und Bergsteiger: im Norden die vergletscherten Dreitausender am Alpenhauptkamm, im Süden die bizarren Felsburgen der Dolomiten mit einigen der spektakulärsten Bergen der Alpen. Mehr als 1200 km umfasst das Routennetz für Radler – vom Mountainbiker bis zum Genussradler mit E-Bike. Zunächst rollt man mit dem Wohnmobil von der Autobahnausfahrt Brixen-Pustertal gemütlich nach Bruneck (30 km) am Fuß des berühmten Ski- und Aussichtsbergs Kronplatz und weiter nach Toblach (27 km). Die Campingplätze auf dem Weg sind komfortabel, manche sogar luxuriös. Größere Probleme bereitet lediglich die Auswahl aus dem schier unerschöpflichen Ferienangebot. Naturschätze wie der Pragser Wildsee und der Dürrensee sollten auf der Liste stehen, dazu mindestens ein Ausflug in die atemberaubende Bergwelt der Dolomiten (ganz bequem mithilfe der Seilbahn oder ganz sportlich zu Fuß ...). Darüber hinaus ist eine Fahrt nach Südtirol auch eine Fahrt in eine Region voller Geschichte und Geschichten – was man beim Bummel durch die alten Städte Brixen und Bruneck erlebt oder auch bei der Besichtigung von Kulturdenkmälern wie dem großartigen »Innicher Dom«, einer der bedeutendsten romanischen Kirchen im gesamten Alpenraum. Und dann sind da noch die Südtiroler Bauern und ihre großartigen Erzeugnisse, die man genießen darf: Wein, Brot, Käse, Speck – und eine malerische Kulturlandschaft.

www.kronplatz.com,
www.hochpustertal.info

Bergtour oder Bootsausflug? Am Pragser Wildsee kann man beides kombinieren.

❶ Kloster Neustift und Brixen

Man kann diesen Zwischenstopp im Eisacktal bei der An- oder Abreise einlegen. Bildschön liegt das Kloster Neustift inmitten von Weinbergen. Eine Augenweide sind die Stiftskirche, die als südlichste Vertreterin des süddeutschen Spätbarock gilt, sowie der anschließende freskengeschmückte Kreuzgang. In der Pinakothek sind neben gotischen Tafelbildern und Altären auch wissenschaftliche Geräte und historische Instrumente zu sehen, im großen Rokoko-Saal der Stiftsbibliothek mehr als 90 000 Bücher (Führungen ab zehn Personen). Im Stiftskeller (Mo bis Sa 10–19 Uhr) kann man genießen, was im malerischen Weingarten des Klosters angebaut wird – und als besondere Spezialität den wahrhaft göttlichen Rosenmuskateller, einen Süßwein, der zur Sünde verführt. Übrigens: In 15 Min. fährt der Stadtbus (Linien 2 und 3) vom Kloster nach Brixen. Zu Fuß sind es 45 Min., immer am Eisack entlang. Die alte Bischofsstadt mit ihrem ungemein prachtvollen, bunt-barocken Dom und der Hofburg mit dem sehr sehenswerten Diözesanmuseum (Mitte März–Ende Okt., www.hofburg.it) verdient unbedingt einen Besuch. Man darf aber auch einfach nur durch die schönen Laubengassen bummeln ...

Augustiner Chorherrenstift Neustift: Stiftsstr. 1, Vahrn, 4 km von der Autobahnausfahrt Brixen–Pustertal, www.kloster-neustift.it; Parkplatz: der Beschilderung für Busse folgen, noch vor der Eisackbrücke; Parkplatz in Brixen:
GPS: 46.706727, 11.650463
GPS: 46°42'24.2"N 11°39'01.7"E

❷ Bruneck und Dietenheim

Zum Schloss! Das ist oft die erste Entscheidung bei der Besichtigung alter Städte. Auch Bruneck verfügt über so einen mittelalterlichen Hingucker, direkt über der Altstadt auf einem waldigen Hügel. Weil das Schloss aus dem 13. Jh. – tatsächlich ist es eher eine Burg – nie eingenommen wurde, sieht es immer noch prächtig aus. Hinter seinen dicken Mauern hat Reinhold Messner im Jahr 2011 sein fünftes Museum eingerichtet, Thema: die Bergvölker der Erde (Museum RIPA, Schloss Bruneck, www.messner-mountain-museum.it). Vier bunt bemalte Stadttore vermitteln den Zugang zur Altstadt mit ihren Giebeln, Gassen und Geschäften. Schöner einkaufen als auf der Brunecker Stadtgasse kann man

 ❶ Camping Corones

Offener Platz für bis zu 135 Fahrzeuge, mit Sauna und kleinem Laden. Sehr gute Lage etwas abseits der Staatsstraße am Eingang des Antholzertals, rund 11 km östl. von Bruneck. Sensationeller Bergblick! Ein Restaurant und ein Hotel gehören auch dazu. 600 m vom Campingplatz ist die Bushaltestelle Niederrasen (Rasen-Antholz), Apotheke, Fahrplan: www.sii.bz.it.
Gepaiden 13, Rasen-Antholz, Tel. +39 04 74 49 64 90, Mitte Mai–Mitte/Ende Okt., Anfang Dez.–Anfang April, www.corones.com,
GPS: 46.775788, 12.037819
GPS: 46°46'32.8"N 12°02'16.1"E

auch in Südtirol kaum. Per Citybus, Linie 2, oder zu Fuß (30 Min.) geht es zum wunderschönen Freigelände des Volkskundemuseums Dietenheim mit seinen originalen Bauernhäusern und Gärten, mit Muh und Mäh – für Familien ein Muss (Herzog-Diet-Str. 24, Ostermontag bis Ende Oktober, www.volkskundemuseum.it). Insgesamt sollte man für den Besuch von Bruneck und Dietenheim einen ganzen Tag einplanen.

Tourist Info: Rathausplatz 7, Bruneck, Tel. +39 04 74 55 57 22, www.kronplatz.com/de/bruneck; Anfahrt mit Bus oder Bahn empfehlenswert (www.sii.bz.it); Parken am besten vor dem Museum in Dietenheim, sonst in Bruneck am Stegener Marktplatz:
GPS: 46.794726, 11.928356
GPS: 46°47'41.0"N 11°55'42.1"E

❸ Kronplatz

Der Brunecker Hausberg, Namenspatron der gesamten Tourismusregion, bietet ein sehr kommunikatives Bergerlebnis. 2275 m hoch, markiert die geräumige Gipfelkuppe im Winter das Zentrum eines grandiosen Familien-Skigebiets. Von Frühling bis Herbst ist sie der Mittelpunkt eines Wander- und Mountainbike-Dorados und ein erstklassiger Anlaufpunkt für passionierte Fernseher: Das 360-Grad-Panorama reicht vom vergletscherten Alpenhauptkamm im Norden bis zu den nahen Felsburgen der Dolomiten ... Am 24. Juli 2015 schloss Ober-Bergfex Reinhold Messner hier oben das spektakulärste Südtiroler Museumsprojekt der

1 Kloster Neustift und Brixen
2 Bruneck und Dietenheim
3 Kronplatz
△1 Camping Corones

4 Burg Taufers
5 Pragser Wildsee
6 Drei Zinnen

motiv erster Güte. Die Besichtigung der vollständig erhaltenen Anlage vermittelt mittelalterliche Atmosphäre, wie man sie sich heute vorstellt – wenngleich das weithin bekannte Schlossgespenst erst nachts aktiv wird ... In jedem Fall sollte man eine Führung mitmachen, da man nur so die Innenräume zu sehen bekommt. Hunde müssen vorher in die (bereitgestellten) Hundeboxen. Vom Innenhof der Burg Taufers geht es in die Ritterschänke zu Speis und Trank.

15 km nördl. von Bruneck, Mai–Okt., Führungszeiten unter: www.burgeninstitut. com/taufers_besucherinfo.htm; Parken im Ortsbereich nicht optimal, Anfahrt besser mit Bus ab Bruneck (Linie 450); vom Ortsausgang beschilderter Fußweg (10 Min.)

5 Pragser Wildsee

Fantasy ohne Computeranimation: Am Südende des Pragser Wildsees, direkt unter dem mächtigen Gipfel des Seekofels, 2810 m, befindet sich das Tor zur Unterwelt ... Die sagenumwobene Naturidylle

letzten Jahrzehnte ab. Am Rand des Gipfelplateaus steht das sechste und letzte seiner »Mountain Museums«, entworfen von der 2016 verstorbenen Architektur-Diva Zaha Hadid: eine spektakuläre Anlage im Berg – mit futuristischen, großflächig verglasten »Guckkästen« nach außen (Museum CORONES, Anf. Juni–Mitte Okt. und Ende Nov.–Mitte April, www. messner-mountain-museum.it).

www.kronplatz.com; Parkplatz an der Seilbahn: Seilbahnstr. 10, Bruneck/Reischach;

GPS: 46.773285, 11.942471
GPS: 46°46'23.8"N 11°56'32.9"E

4 Burg Taufers

Den Abstecher ins Tauferertal, gleich nördlich von Bruneck, sollte niemand versäumen. Denn unter den sehr vielen, sehr sehenswerten Burgen Südtirols ist diese eine der sehenswertesten. 100 m über den Dächern von Sand in Taufers, vor der Kulisse vergletscherter Dreitausender, ist die Burg schon von außen ein Postkarten-

Beste Reisezeit

Von Ende Mai bis Ende Juni blüht es am buntesten, im Herbst bis weit in den November hinein sieht man von den Bergen am weitesten. Wer kann, wird die Hauptsaison im Juli und August eher meiden. Auch im Norden Italiens ist »Ferragosto« ein Synonym für »viele Menschen«!

Eine Tour zu den Drei Zinnen dauert etwa acht Stunden – Pausen zum Ausruhen und Staunen nicht mitgerechnet.

liegt am Rand des Naturparks Fanes-Sennes-Prags – und am Ende des Pragser Tals, das vom Pustertal zwischen Welsberg und Niederdorf nach Süden Richtung Dolomiten abzweigt. Der grüne Wasserspiegel auf 1469 m Höhe ist überaus fotogen und ein idealer Ausgangspunkt für Wanderungen in die fantastische Bergwelt. Die 4 km lange Runde um den See schafft jeder (1 Std.). Sehr empfehlenswert ist der Weg, der am Südende des Sees nach Westen ins wunderbare Grünwaldtal führt. Je nach Lust und Laune kann man bis zur bewirtschafteten Grünwaldalm, 1590 m, wandern oder noch weiter bis zum Alten Kaser, 1751 m.

Parkplatz: vor dem Hotel Pragser Wildsee, 28 km ab Bruneck:
GPS: 46.705465, 12.086781
GPS: 46°42'19.7"N 12°05'12.4"E

Drei Zinnen

Wenn die Dolomiten schon, laut Architektur-Ikone Le Corbusier, »die schönsten Bauwerke der Welt« sind, dann haben die Drei Zinnen im Rennen um die allerschönsten Berge gute Chancen auf die ersten Plätze. Das Wunderwerk aus grauem Dolomitgestein ist naturgemäß das Ziel der vielleicht allerschönsten Wanderung zumindest im Hochpustertal. Gestartet wird im Fischleintalboden hinter dem großen Ferienort Sexten auf 1454 m Höhe. An der Talschlusshütte

(Gaststätte) vorbei führt der Wanderweg 102 nicht allzu steil und ohne Schwierigkeiten – die größte Gefahr dürfte darin bestehen, vor lauter Schauen über die eigenen Füße zu stolpern – durch die epische Landschaft zu den zwei oberen Bödenseen und weiter zur Drei-Zinnen-Hütte (2405 m). Das große Schutzhaus steht auf einem phänomenalen Logenplatz direkt gegenüber den Drei Zinnen, in deren Nordwänden mit dem Fernglas oft Kletterer auszumachen sind. Für den Aufstieg plant man 3–4 Std. ein, der Abstieg erfolgt auf derselben Route und ist 1 Std. kürzer. Man kann die Tour von Ende Juni bis weit in den Oktober hinein gehen. Aber Achtung: Die Drei-Zinnen-Hütte wird nur bis Ende September bewirtschaftet! In jedem Fall sollte man feste Schuhe und Wetterschutz (Sonne, Regen, Kälte) mitnehmen und früh starten – am besten vor 8 Uhr. Knapp

1000 Höhenmeter sind zu bewältigen, eine gute Kondition ist also unerlässlich.

Parkplatz: im Fischleintalboden beim Hotel Dolomitenhof, 43 km von Bruneck, auf der SS49 bis Innichen, dann SS52 Richtung Sexten:
GPS: 46.666720, 12.353935
GPS: 46°40'00.2"N 12°21'14.2"E
Von diesem Parkplatz südlich der Drei Zinnen braucht man zu Fuß nur 1,5 Std. bis zur Nordseite des Massivs (ca. 300 Höhenmeter):
GPS: 46.666720, 12.353935
GPS: 46°36'46.4"N 12°17'34.5"E

Gewusst, wo

Auf dem Portal »Roter Hahn« finden sich Urlaubsquartiere auf dem Bauernhof, bäuerliche Schankbetriebe und Verkaufsstellen von hofeigenen Produkten: www.roterhahn.it

Manarola in den Cinque Terre, eines der fünf malerischen Dörfer. Warum die Statue dem Ort wohl den Rücken zuwendet?

30 Ligurien

Mare e monti, Berge und Meer – hier treffen sie so schroff aufeinander wie kaum irgendwo sonst in Italien. Hinter dem Wasser geht es sofort bergauf, was zwar allenthalben für malerische Ausblicke sorgt, aber auch bedeutet, dass Platz rar ist und die Straßen eng und steil sind. Nicht jede Strada Provinciale, die sich in die Seealpen hinaufschlängelt, eignet sich für große Fahrzeuge. Am besten die eigene Wunschroute vorab in einem Navi für Truck und Camper prüfen. Auch auf den Camping-plätzen geht es in Hochphasen etwas beengter zu. Der Gegend um Bordighera und Sanremo haftet ein nostalgischer Charme an. Die Zeit ist lang vorbei, als die Städte beim englischen Adel *all the rage* waren, auch wenn die noblen Hotelpa-läste noch stehen. Die heutigen Touristen zieht es weniger an die felsigen Küsten als vielmehr an die harmloseren Sandstrände weiter im Süden oder gleich an die Adria. Und die Blumen, die der Blumenriviera ihren Namen gaben? Wachsen heute vor allem in Gewächshäusern. Deshalb sollte man auch Ziele abseits der Küste ansteuern – Apricale beispielsweise, eines der schönsten Dörfer Liguriens. Weiter im Süden relativiert sich dieser Eindruck des Vergangenen. Camogli, Portofino, die Cinque Terre, La Spezia – hier tobt das Ur-lauberleben, und das vom Frühjahr bis zum Herbst. Die Region ist einfach zu schön, um in Ruhe gelassen zu werden.

www.turismoinliguria.it

① Bordighera

Das elegante Seebad besteht aus zwei getrennten Stadtteilen: Die historische Altstadt erstreckt sich über den Hügel Capo San Ampelio im Osten. Ihr Zentrum bildet die Piazza del Popolo mit der Pfarrkirche S. Maria Maddalena. Wer hier Hunger bekommt, hat die Auswahl zwischen vielen guten Restaurants und Trattorien. Ganz anders wirkt die im 19. und 20. Jh. angelegte Gartenstadt westlich des Kaps: Damals residierte hier der englische Adel in vornehmen Villen, schattigen Parks und hochklassigen Hotels. Ein Hauch dieser Noblesse ist noch spürbar.

Tourist Info: Via Vittorio Emanuele 172/174, Bordighera, Tel. +39 01 84 26 28 82; Parkplatz auch für Wohnmobile:
GPS: 43.778899, 7.673338
GPS: 43°46'44.0"N 7°40'24.0"E

② Dolceacqua

Von Bordighera geht es die SP 64 hinauf in die Berge – an dieser Straße liegt auch der Campingplatz Delle Rose (s. Kasten auf dieser Seite). Die Steinbrücke der 2000-Einwohner-Gemeinde Dolceacqua – es gibt ein Bild des Impressionisten Claude Monet von ihr – verbindet zwei Ortsteile miteinander: Im reizvolleren, dem mittelalterlichen Terra, kann man sich im labyrinthartigen Gassengewirr verlaufen. Über dem Ort thront die Ruine einer Doria-Burg, in der im Sommer Kulturevents veranstaltet werden. Vor der Pfarrkirche Sant'Antonio erinnert ein Denkmal an Pier Vincenzo Mela, der im 18. Jh. entdeckte,

wie man Pressrückstände von Oliven wiederverwenden und zu Öl verarbeiten kann.

Tourist Info: Via Patrioti Martiri 30, Dolceacqua, Tel. +39 01 84 20 66 66, www.dolceacqua.it/turismo; Parkplatz:
GPS: 43.846231, 7.624430
GPS: 43°50'46.4"N 7°37'27.9"E

③ Apricale

Das verschachtelte Bergdorf, in dem jeder Quadratmeter bebaut zu sein scheint, wird zu den schönsten Dörfern Liguriens gezählt. Durch Stadttore aus dem 13. Jh. und kopfsteingepflasterte Gassen geht es zum malerischen Kirchplatz. Hier steht der Palazzo del Comune, an dem wie an etlichen Häusern in Apricale zeitgenössische Wandmalereien (»murales«) das bäuerliche Leben und typische Landschaften darstellen. Außerhalb der alten Ringmauer ist die überaus schlichte Kirche Santa Maria degli Angeli erhalten, deren Innenraum mit Freskenzyklen des 15. bis 18. Jh. ausgemalt ist. Achtung: Zur Küste führt die SP 62, dann 61 über Perinaldo. Die Straße ist viel kurviger als die SP 64 und manchmal wegen Erdrutschen gesperrt. Für große Fahrzeuge nicht zu empfehlen.

www.apricale.org; keine für Wohnmobile geeigneten Parkplätze, besser mit dem Rad 3 km vom Campeggio Delle Rose kommen.

④ Sanremo

Was man auch von einer Riviera-Stadt erwarten mag – Sanremo hat es: eine Alt-

stadt mit hübschen Gassen und einem Fischereihafen, kombiniert mit mondänen Prachtstraßen, noblen Hotels, einem Yachthafen und Villen in schattigen Parks. Dem Schriftsteller Giovanni Ruffini (1807–1881) ist es zu verdanken, dass der englische Adel die Stadt für sich entdeckte. Als sein Liebesroman »Doktor Antonio«, der in Sanremo und Bordighera spielt, 1855 in englischer Sprache erschienen war, taten es viele Leser dem Romanhelden gleich und flohen vor dem feuchten Klima nach Ligurien. Die örtlichen Geschäftsleute reagierten: Im Jahr 1860 wurde das Grand Hôtel Londra erbaut und wenig später das Royal, das heute noch zu den besten Adressen am Ort zählt.

Tourist Info: Corso Garibaldi 1, Sanremo, Tel. +39 01 84 58 05 00; Park- und Stellplatz: Pian di Poma, 3 km vom Zentrum:
GPS: 43.803132, 7.747506
GPS: 43°48'11.3"N 7°44'51.0"E

 ① Campeggio Delle Rose

Herrlicher Platz, 12 km nördl. von Bordighera, im bewaldeten Valle Nervia. Im Frühling und Sommer blüht es üppig. Eingewachsener Pool, an dem Pizza serviert wird – man möchte gar nicht mehr weg! Es gibt knapp 90 Stellplätze und einige Glamping-Zelte. Und eigenes Olivenöl produziert die Familie auch noch. Via Provinciale, Isolabona, Tel. +39 01 84 20 81 30, Ende März–Anf. Nov., www.campingdellerose.eu
GPS: 43.894064, 7.646857
GPS: 43°53'38.6"N 7°38'48.7"E

1 Bordighera

2 Dolceacqua

3 Apricale

▲1 Campeggio Delle Rose

4 Sanremo

5 Porto Maurizio

6 Genua

7 Portofino-Halbinsel

▲2 Camping La Sfinge

8 Cinque Terre

5 Porto Maurizio

Porto Maurizio wurde im Jahr 1923 mit dem benachbarten Oneglia zur Stadt Imperia zusammengelegt. Das moderne Oneglia lohnt sich weniger als Ausflugsziel, Porto Maurizio dafür umso mehr: Hauptader der Altstadt ist die Via Cascione mit Läden, Cafés und einer kleinen Markthalle. Die Kathedrale San Maurizio wirkt, als hätte man eine zu große Kirche hierher verpflanzt; sie wurde im späten 18. Jh. begonnen und im Jahr 1838 vollendet. Im klassizistischen Gebäude gegenüber finden sich eine kleine Gemäldegalerie, die Pinacoteca Civica, und das Museo Navale Internazionale del Ponente Ligure, das über die Seefahrtsgeschichte der westlichen Riviera informiert. Enge Gassen und Treppen muss man hinaufklettern, um in das mittelalterliche Altstadtviertel Parasio zu gelangen. Wo einst die Stadtmauer verlief, wurde die Kirche San Pietro erbaut und im 18. Jh. ausgemalt. Vom nahen Convento di Santa Chiara (18. Jh.) genießt man einen grandiosen Blick aufs Meer. An der Marina ist im Sommer richtig viel los. Neben dem großen Yachthafen locken Strandbäder – mit Sandstrand!

www.imperiadavedere.it; Parkplatz:
GPS: 43.869133, 7.999634
GPS: 43°52'08.9"N 7°59'58.7"E

6 Genua

Genua wird oft unterschätzt, obwohl Urlauber hier eine malerische Altstadt, fantastische Blicke über die gesamte Küste, alte Kunst und moderne Architektur vorfinden. Vielleicht machen Venedig und die Cinque Terre der Stadt so große Konkurrenz? Auf zu einem Rundgang: Am Bahnhofsplatz trifft man auf die riesige Statue von Christoph Kolumbus, dem berühmtesten Sohn der Stadt. Gleich daneben steht die Fürstenvilla, die Villa del Principe, die mit ihren restaurierten Räumen und ihrem Park dem alten Namen »Paradies« alle Ehre macht (www.doriapamphilj.it/genova). Einen hervorragenden Blick hat man vom Granarolo, einem Aussichtspunkt auf 220 m Höhe. Angenehm: Man muss nicht laufen, sondern kann die Zahnradbahn nehmen. Genuas Prachtstraße ist die Via Garibaldi. Die Fassaden der Paläste mögen streng wirken, doch dahinter verbergen sich beeindruckende Innenhöfe und reiche Kunstschätze. Palazzo Rosso (17. Jh.), Palazzo Bianco und Palazzo Doria-Tursi (18. Jh.) bilden einen Museumskomplex, die Musei di Strada nuova, in dem Gemälde von Dürer, Rubens, Caravaggio oder Murillo u. a. ausgestellt sind. Ein Raum ist der Violine

Gewusst, wie

Wer an der Küste einfach vorankommen und nicht alle Orte besuchen will, nutzt besser die Autobahn E 80. Für die Ortsdurchfahrten an der Superstrada 1 braucht man Geduld.

Auf und ab: Für einen Spaziergang im verschachtelten Bergdorf Apricale braucht man ein wenig Kondition.

von Niccolò Paganini (1782 bis 1840) gewidmet, einer weiteren berühmten Persönlichkeit der Stadt. Sensationell ist übrigens die Aussicht von der Dachterrasse des Palazzo Doria-Tursi (www.museidige nova.it/it/content/musei-di-strada-nuova). Und noch ein zeitgenössisches Highlight: Renzo Piano hat das Galata Museo del Mare entworfen, das größte Schifffahrtsmuseum im Mittelmeerraum (www.galata museodelmare.it).

Tourist Info: Via al Porto Antico 2, Genua, Tel. +39 01 05 57 29 03, www.visitgenoa.it/de; in der Stadt gibt es kaum Parkplätze, probieren kann man es hier:
GPS: 44.403610, 8.930980
GPS: 44°24'13.0"N 8°55'51.5"E

7 Portofino-Halbinsel

Es ist so schön, dass es kaum echt sein kann. Die bunten Häuser von Portofino drängen sich in einem Halbrund ganz dicht über dem Wasser, direkt dahinter erheben sich üppig bewaldete Hügel. Kleine Boote (und auch so manche Yacht) zaubern weiße Flecke ins Wasser. So viel Idylle zieht auch viel Publikum an, außerdem ist Portofino für Autos gesperrt. Anreisen kann man per Bus oder, vielleicht schöner, in nur 15 Min. per Schiff. Einer der Häfen ist Santa Margherita Ligure, selbst ein ehemaliges Fischerdorf – gut besucht, aber nicht mit Bettenburgen vollgestellt. Die Fischer von Portofino waren jahrhundertelang allein in ihrer Bucht. Erst nach dem Zweiten Weltkrieg entwickelte sich das Dorf zu einem Treffpunkt des internationalen Jetsets: Musiker sangen Lieder über Portofino, Filme wurden gedreht, ja sogar eine »Derrick«-Folge spielt hier. Der Blick von einem der Cafés am Hafen ist einfach wunderbar. Außerdem lohnt sich ein Spaziergang durch Olivenhaine zum Leuchtturm an der Punta del Capo. Dabei kommt man am Castello di San Giorgio vorbei – es war eine der um 1600 errichteten genuesischen Bastionen zur Verteidigung des Tigullischen Golfs.

Tourist Info: Via Roma 35, Portofino, Tel. +39 01 85 26 90 24, www.comune. portofino.genova.it;
Parkplatz: in Santa Margherita Ligure, 2,5 km vom Hafen entfernt:
GPS: 44.336044, 9.194832
GPS: 44°20'09.8"N 9°11'41.4"E

8 Cinque Terre

Wie kleine Kunstwerke klammern sich die Dörfer der Cinque Terre mit ihren bunten Häusern an die Küste. Bis ins 19. Jh. hatten die Menschen hier kaum Kontakt zur Außenwelt, heute zählen die Orte Monterosso, Vernazza, Corniglia, Manarola und Riomaggiore zu den am stärksten frequentierten Reisezielen ganz Liguriens. Die Unesco hat die Cinque Terre ins Weltkulturerbe aufgenommen, die italienische Regierung hat sie zum Nationalpark erklärt. Hierher kommt man zum Wandern und zum Staunen, weniger

Beste Reisezeit

Im Frühsommer und Herbst ist das Klima angenehm und die Orte sind noch nicht so überlaufen – nicht einmal die berühmten Cinque Terre.

Schätze Genuas: Der Palazzo Doria-Tursi gehört zu einem Museumskomplex, in dem u. a. Paganinis Geige ausgestellt ist.

zum Baden; auch wenn Monterosso einen langen Sandstrand mit kristallklarem Wasser bietet und auch vor den anderen Dörfern hübsche kleine Felsstände liegen. Monterosso ist der größte Ort der »fünf Länder« und Startpunkt des etwa 12 km langen Sentiero Azzurro. Dieser klassische Cinque-Terre-Wanderweg (gebührenpflichtig) führt auf mittelalterlichen Saumpfaden in knapp 5 Std. (reine Gehzeit) durch alle fünf Dörfer. Monterosso bietet zwar nicht das typische Cinque-Terre-Ambiente mit steilen Gassen und bis auf die Dorfpiazza gezogenen Fischerbooten, dafür steht hier die älteste der fünf Cinque-Terre-Pfarrkirchen, San Giovanni Battista (Anfang 14. Jh.). Vernazza gilt als schönster Ort der Cinque Terre. Die Häuser scheinen ein einziges Labyrinth zu bilden. Die Pfarrkirche Santa Margherita d'Antiochia (14. Jh.) am Hafen hat zur Piazza hin nur eine angedeutete Apsis, dafür eine weitere Eingangstür. Die Menschen in Corniglia leben nicht vom Fischfang, sondern vom Weinbau. Unbe-

dingt probieren sollte man den bernsteinfarbenen Sciacchetrà-Wein. Genau so süffig ist der Weißwein Cinque Terre D.O.C., der aus Albarola-, Bosco- und Vermentino-Trauben gewonnen wird. Wer vom

Camping La Sfinge

Dieser Platz für 70 Fahrzeuge befindet sich 3 km im Landesinneren. Es gibt auch Campingplätze in Deiva Marina am Meer, sie sind aber noch beengter und liegen direkt an Straße und Bahnlinie. Großer Pluspunkt: kostenloser Busservice zum Bahnhof, von dort 15 Min. bis Monterosso, dem ersten Dorf der Cinque Terre. Das Gelände ist leicht geneigt und locker mit Bäumen bestanden.
Località Gea, Deiva Marina, Tel. +39 01 87 82 54 64, Mitte März–Anf. Nov., www.campinglasfinge.com,
GPS: 44.226280, 9.549815
GPS: 44°13'34.6"N 9°32'59.3"E

Bahnhof aus die 377 Stufen zur Belvedere-Terrasse hinauf kraxelt, wird mit einem atemberaubenden Blick belohnt. Puppenhaft winzig ist der beschauliche Fischerort Manarola. Die Piazza und der Hafen sind so klein, dass die Fischerboote auf der Straße vor den Häusern vertäut sind. In Manarola beginnt ein leichter Tourabschnitt, die berühmte Via dell'Amore. Sie führt in etwa 30 Min. über in Fels gehauene Steige nach Riomaggiore. Diese wurden allerdings nicht für Liebespaare angelegt, sondern in den 1930er-Jahren als Wege zu den Pulvermagazinen. In der Via Cristoforo Colombo laden Restaurants und Läden zu einer Pause ein. Einen tollen Panoramablick über die gesamte Küste hat man von der Wallfahrtskirche Madonna di Montenero südlich von Riomaggiore aus (45 Min. Gehzeit von Riomaggiore). Der Rückweg nach Monterosso kann mit dem Schiff zurückgelegt werden. Fahrplan unter www.navigazionegolfodeipoeti.it

Die Cinque-Terre-Wanderungen sind keine Spaziergänge, fast alle sind mit steilen An- und Abstiegen über Treppenwege und schmale, steinige Pfade verbunden. Zur Hauptsaison im Frühjahr und Herbst wird es auf den bekannteren Wegen oft sehr voll – am besten frühmorgens oder nachmittags starten. Da immer wieder Teilstrecken gesperrt sind, ist es sinnvoll, sich vor der Wanderung auf der Seite www.parconazionale5terre.it, Rubrik »Sentieri e Outdoor« (auch auf Englisch), über aktuelle Sperrungen zu informieren.

31 Venetien

Die Adria-Strände des Veneto sind der Inbegriff von Campingurlaub. Seit den 60er-Jahren zieht es Deutsche mit Italien-Sehnsucht in den Ferien nach Lignano, Jesolo, Cavallino und Caorle. Hier gibt es breite Sandstrände, warmes Wasser und die perfekte Infrastruktur. Campingplatz reiht sich an Campingplatz und einige Anlagen haben dabei längst die Kapazität einer Kleinstadt erreicht – samt Einkaufsstraße, Aquapark und Wellness. Wem das alles zu viel Trubel ist, der genießt in der Nebensaison Ruhe und Weite in nächster Nähe zur Lagunenlandschaft. Venetien sind aber auch Städte mit Sehnsuchtsfaktor: natürlich Venedig und Verona, die immer wieder einen Besuch lohnen. Aber auch das geschichtsträchtige Padua, das einstige römische Bollwerk Belluno, das kunstsinnige Vicenza oder das für seine Kochkunst berühmte Treviso sind einen Abstecher wert. Im Süden endet Venetien am Po, im Westen am Gardasee. Südlich von Garda, wo der See aus seinem engen Berg-Korsett heraustritt, gibt es ein großes Angebot an Plätzen. Richtung Norden geht es in die Dolomiten bis in den Olympia-Ort Cortina d'Ampezzo und, nördlich von Bassano del Grappa, entlang der Brenta ins Valsugana. Wer kurvige Bergstraßen nicht scheut, biegt hier ab auf die Hochebene von Asiago 7 Comuni, wo die Italiener der Sommerhitze entfliehen und die Kühe die Milch für den würzigen Asiago-Käse geben. Ganzjährig geöffnete Campingplätze sprechen vor allem Wanderer und Wintersportler an.

www.turismovenezia.it

Einst Festung, heute Wahrzeichen: die zinnenbewehrten Mauern der Skaligerburg in Sirmione.

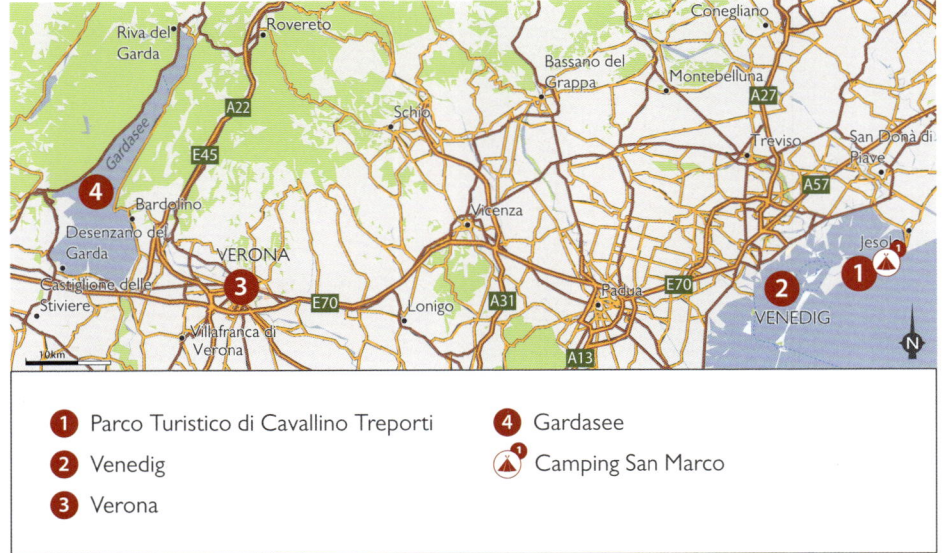

1 Parco Turistico di Cavallino Treporti
2 Venedig
3 Verona
4 Gardasee
△1 Camping San Marco

spannt man an langen Sandstränden und fühlt sich angesichts der beeindruckenden Hotelkomplexe aus dem 19. Jh. auch hier wie auf einer Zeitreise.

Tourist Info: San Marco 71f, Venedig, Tel. +39 041 2424, www.veneziaunica.it; Parkplatz Tronchetto (von Norden kommend):
GPS: 45.442873, 12.306159
GPS: 45°26'34.3"N 12°18'22.2"E
Parkplatz Punta Sabbioni (von Osten kommend):
GPS: 45.446433, 12.424639
GPS: 45°26'47.2'' N, 12°25'28.7'' E

1 Parco Turistico di Cavallino Treporti

Die Lagune von Venedig besteht nicht nur aus einer Vielzahl mehr oder weniger großer bewohnter Inseln. Sie ist auch eine vielerorts fast mystische, sehr geschichtsträchtige Landschaft mit Kanälen, Inselchen, Dünen, Salzwiesen, Watt und Pinienwald. Ornithologen sind hier ebenso begeistert wie Radfahrer, die über die Wälle der Lagune strampeln.

Informationsbüro: Via Fausta 406/a, Cavallino, Tel. +39 04 18 62 63 22, www.cavallino.info; Parkplatz:
GPS: 45.480167, 12.549453
GPS: 45°28'48.6'' N, 12°32'58.0'' E

2 Venedig

Es ist laut, es ist trubelig und in den schönen alten Cafés am Markusplatz kostet der Cappuccino so viel wie andernorts ein kleines Menü. Und trotzdem geht von Venedig ein Zauber aus, dem man sich kaum entziehen kann – egal ob man sich kitschig vom singenden Gondoliere durch die Kanäle fahren lässt oder die Lagunenstadt mit dem Fuorirotta-Führer (erhältlich bei der Tourist Info und unter www.veneziaunica.it/de > Venedig besichtigen > Detourism) abseits der ausgetretenen Wege erkundet. Besonders eindrucksvoll ist der Blick vom Balkon des Campanile auf dem Markusplatz über Stadt, Lagune und die umliegenden Inseln. Mit etwas mehr Zeit kann man mit dem Vaporetto, dem Wasserbus, zu den Inseln zu fahren. Auf Murano lohnt es sich, nicht nur den Glasbläsern zuzuschauen, wie die berühmten farbigen Lüster und Vasen entstehen. Auf Burano bestaunt man die echten Spitzen, deren Stickerei im 16. Jh. hier ihre Wiege hatte. Im Lido, wo alljährlich Ende August/Anfang September die Filmfestspiele abgehalten werden, ent-

3 Verona

Einen gewaltigen ersten Eindruck von Verona vermittelt die 2000 Jahre alte Arena, die jedes Jahr von Juni bis August Schauplatz opulenter Operninszenierun-

Gewusst, wo

Prosecco ist das prickelnde Sommergetränk, Amarone der neue Star am Rotweinhimmel. Beide sind echte Venetianer. Valdobbiadene gilt als die Hauptstadt des Prosecco und liegt an der ältesten Weinstraße Italiens. Dem Geheimnis des Amarone geht man im Valpolicella und dem kleinen Museum der Winzergenossenschaft auf den Grund (www.cantinanegrar.it). Bei beiden ist eine gewisse Freude an kurvigen, manchmal etwas engen Straßen Voraussetzung.

gen ist. Überall ist die Stadt an der Etsch, deren Wurzeln bis ins 4. Jh. v. Chr. reichen, geprägt von Relikten aus der Vergangenheit. Vor allem Etrusker, Römer und Skaliger hinterließen ihre Spuren. Zu den touristischen Fixpunkten gehört der Balkon von Julia; auch wenn historisch betrachtet niemals Shakespeares Romeo in diesem Hinterhof seine Liebste angeschmachtet hat. Eine etwas andere Art der Stadtbesichtigung sind geführte Touren auf der Etsch (Kontakt über das Fremdenverkehrsamt), die sich in langen Schleifen durch Verona windet. Einst Lebensader der Stadt bietet sie spannende Einblicke. Etwa auf Befestigungsanlagen über den Fluss, das große Rad zur Bewässerung der Felder oder die Müllerhäuser.

Tourist Info: Via degli Alpini 9, Piazza Bra, Verona, Tel. +39 04 58 06 86 80, www.turismoverona.eu; Park- und Stellplatz:

Sorgsam bewahrter Charme mit einem Hauch Verfall: Venedig begeistert immer wieder.

GPS: 45.433811, 10.978347
GPS: 45°26'01.7"N 10°58'42.0"E

 **Gardasee**

Abgesehen von der Spitze bei Torbole gehört das östliche Ufer des Gardasees zu Venetien. Das von einer Skaligerburg überragte Malcésine lockt mit seiner schönen, verwinkelten Altstadt zum Bummeln, während die geschützte Bucht von Val di Sogno das perfekte Anfängerrevier für Segler und Surfer sowie Hochburg des jungen Trendsports Foiling (eine Art Fliegen über dem Wasser) ist. In Torri del Benaco hat man von Türmen und Wehrmauern des Kastells einen schönen Blick auf die Stadt und den See, der von hier bis zur Südspitze zum angenehmen Badeplatz wird. Die Gardesana Orientale ist schmal und verläuft bis Garda über weite Strecken direkt am Fels des Monte-Baldo-Massivs. Sirmione liegt

zwar nicht mehr in Venetien, im dem hübschen Ort auf der Halbinsel sollte man aber ebenfalls vorbeischauen.

www.visitgarda.com/de/gardasee

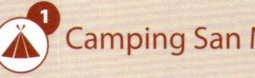 **Camping San Marco**

Am östlichen Ende der Camping-Hochburg Cavallino-Treporti liegt am Rand des Strandes der kleine, familiäre Platz mit Leuchtturm-Blick. Die 120 Parzellen sind überwiegend schattig, das Meer direkt vor der Tür, und wer das Schwimmbad vorzieht, badet auf der Dachterrasse eines stylishen Sanitärgebäudes im Infinity-Pool.
Via del Faro 10, 30013 Cavallino-Treporti, Tel. +39 041 96 81 63, Mai–Sept., www.campingsanmarco.it
GPS: 45.480000, 12.580100
GMS: 45° 28' 48" N, 12° 34' 48" E

Beste Reisezeit

Am Strand geht die Saison von Mai bis September. Obwohl es viele Kapazitäten gibt, muss man im Juli und August unbedingt reservieren und zwischen 20. Juli und 15. August mit Sondervereinbarungen auf den Plätzen rechnen. Venedig ist im April/Mai und September/Oktober sowohl von den Temperaturen als auch vom Andrang am angenehmsten. Reizvoll ist auch das klare Licht im Winter. Nach Dreikönig sind viele Läden und Lokale geschlossen, während des Karnevals herrscht Hochbetrieb.

32 Maremma

Wo die Hügel der Toskana zum Latium hin auslaufen, wo das Land weit wird und die Zypressen aufhören, in langen Reihen ihre tiefgrünen Spitzen in den Himmel zu bohren, liegt die Maremma; ein Stück unbekanntes Italien mit archaischer Landschaft, historischen Städten, gemütlichen Buchten und endlosen, überwiegend sanft abfallenden Sandstränden am Tyrrhenischen Meer. Die beste Infrastruktur finden Camper an der Küste. Doch die Wege sind kurz und das Angebot der Region ist auf engem Raum sehr vielseitig. Das hügelige Hinterland ist kurvig und insbesondere mit Campern nicht für jeden Magen gut zu vertragen. Trotzdem lohnt sich der ein oder andere Ausflug allein wegen des Blicks über das Land und aufs Meer. Etwa nach Bagno Roselle, 8 km nordöstlich von Grosseto. Wer hier auf den abgetretenen Steinen einer 2000 Jahre alten Straße spaziert, spürt die lange Vergangenheit. Viele gut erhaltene Grundmauern vermitteln ein lebendiges Bild vom Alltag der Römer, deren Amphitheater wegen der ausgezeichneten Akustik heute als Bühne für Freilufttheater dienen. Besonders prägten die Etrusker die Maremma. Städte wie Pitigliano, Sovana und Sorano gehen auf sie zurück. Dazu gibt es viele Grabstätten und tiefe Hohlwege, deren Zweck bis heute Raum für Spekulationen lässt. In jedem Fall sind es schöne Reit- und Wanderwege. Mitten durch die Lagune führt die Straße von Orbetello zum Monte Argenatario. Mit etwas Glück kann man Flamingos sehen; besonders reizvolle Blicke sind auf der Halbinsel garantiert. Eine Umrundung des Monte Argentario ist nur mit offroadtauglichen Fahrzeugen empfehlenswert.

www.maremma-online.it

Die Landschaften der Maremma haben außerordentliche Strahlkraft.

Legende:

🏕️① Camping Village Baia Azzurra Club

① Roselle

② Grosseto

③ Parco Regionale della Maremma

④ Laguna di Orbetello

⑤ Pitigliano

① Roselle

Auf einer Hochebene, etwa 9 km nordöstlich von Grosseto, liegt Roselle. In klarer Luft über den einst malariagefährdeten Lagunen und strategisch günstig wegen der Übersicht über die Ebene von Grosseto errichteten die Etrusker hier eine von zwölf alten Bundesstädten. Weil darüber nie moderne Gebäude errichtet wurden, können heutige Besucher in einer der größten archäologischen Stätten Italiens die geschichtliche Entwicklung bis ins Mittelalter verfolgen. Etruskische Nekropolen, Amphitheater, Forum und römische Villen mit feinen Mosaikfußböden sind nur einige der Orte, die von der Zeit zeugen, als Roselle eine florierende Stadt war.

Ca. 9 km nordöstlich von Grosseto, an der Hauptstraße durch Roselle Richtung Norden;
GPS: 42.827397, 11.163376
GPS: 52°31'12.025"N 13°24'17.834"E

② Grosseto

Die Hauptstadt der gleichnamigen Provinz ist das Zentrum der Maremma. Eine schmucke Stadt mit imposantem Dom, archäologischem Museum und einem historischen Kern, der zum Bummeln einlädt. Noch vollständig erhalten ist die von den Medici errichtete sechseckige Stadtmauer, die man – von großen Bäumen beschattet – vollständig begehen kann. 12 km westlich der Stadt liegt Marina di Grosseto mit breiten Stränden und einem großen Sporthafen.

Grosseto, www.grosseto-info.com; Parkplatz:
GPS: 42.758088, 11.118083
GMS: 42°45'29.1"N 11°07'05.1"E

③ Parco Regionale della Maremma

Westlich der alten Römerstraße Via Aurelia liegt der Naturpark. Korkeichen und 300 Jahre alter Pinienwald bedecken die sanften Uccelina-Hügel, gekrönt von sechs Wachtürmen, die der Medici-Herzog Cosimo im 16. Jh. für den Kampf gegen Banditen und Piraten bauen ließ. Dazu Sümpfe, Höhlen und 7 km feinsandiger Strand. Besonders anziehend ist der Park für Wanderer und Ornithologen. Versierte Reiter können die *butteri* zur Arbeit begleiten – berittene Hirten, die sich um die wild lebenden Rinder der Maremma kümmern.

Visitor-Center Alberese: Via del Bersagliere 7/9, Alberese, Tel. +39 05 64 40 70 98, www.parco-maremma.it; Parkplatz:
GPS: 42.669667, 11.104205
GPS: 42°40'10.8"N 11°06'15.1"E

Ein ungewohntes Toskana-Bild: das majestätisch anmutende Pitigliano auf gewaltigen Tuffsteinfelsen.

❹ Laguna di Orbetello

Drei Landbrücken verbinden den imposanten Monte Argentario mit dem Festland. Auf dem mittleren dieser Tomboli liegt Orbetello, ein aus der spanischen Herrschaft im 16. Jh. geprägtes Städtchen, das auch der Lagune ihren Namen gab. Ihre Mischung aus Salz- und Süßwasser macht die Lagune für viele Vogelarten attraktiv. Dabei muss man kein versierter Ornithologe sein, um Flamingos, Stelzenläufer oder Silberreiher zu entdecken. Insbesondere der schmale, von Sandstränden gesäumte Tombolo di Giannella ist Vogel-Gebiet, indes im Süden der unbesiedelte Tombolo di Feniglia mit seinen Wäldern bei Schwarz- und Dam-

wild als bevorzugter Lebensraum dient. Mitten durch die Lagune führt die Straße von Orbetello zum Monte Argentario.

Ca. 35 km südlich des Parco Regionale della Maremma

❺ Pitigliano

Wie ein Sahnehäubchen krönt Pitigliano einen senkrecht abfallenden, 300 m hohen vulkanischen Tuffsteinfelsen. Das Mittelalter und die Renaissance prägten die von den Etruskern gegründete Stadt mit den engen Gassen und kleinen Plätzen. An ihre Zeit erinnern auch die in den Tuffstein geschlagenen Hohlwege, Vie Cave, und zahlreiche Grabstätten in der Umgebung. Die bekannteste ist die Nekropole Ildebranda, 9 km in Richtung Sovana. Was man auf den ersten Blick

nicht sieht, sind die Höhlen unter der Stadt Pitigliano, in denen der berühmte D.O.C.-Weißwein Bianco di Pitigliano und smaragdgrünes Olivenöl ruhen.

Parkplatz in Pitigliano:
GPS: 42.637133, 11.679583
GPS: 42°38'13.7"N 11°40'46.5"E

❶ Camping Village Baia Azzurra Club

Etwa 7 km nördlich der hübschen, von einer mittelalterlichen Burg überragten Stadt Castiglione della Pescaia an einer wenig befahrenen Seitenstraße gelegen. 105 Stellplätze, 58 Mobilheime und 22 Bungalows liegen in einem parkähnlichen Gelände mit Pool, Sportplatz und Restaurant. Ein zugehöriger Strandabschnitt ist einen kurzen Spaziergang entfernt.
Via delle Rocchette, Castiglione della Pescaia, Tel. +39 05 64 94 10 92, Ostern–Okt., www.baiaazzurra.it
GPS: 42.777880, 10.793900
GPS: 42°46'40.4"N 10°47'38.0"E

Beste Reisezeit

Angenehme Temperaturen herrschen von März bis Oktober, wobei der März regenreich sein kann. Rund um Ferragosto (15. August) unbedingt rechtzeitig reservieren. Sowohl Wasser als auch Luft sind im September und Oktober angenehm, wobei Liegenverleih und Strandlokale teilweise Mitte September schließen.

Kuriosa im Kuriosum: In diesem Trullo in Alberobello wird alles verkauft, was man aus Peperoncini herstellen kann.

33 Apulien

Man ist schon eine ganze Ecke unterwegs, bis man in Apulien, am »Sporn« und »Absatz« des italienischen Stiefels, angekommen ist. Dafür ist die Region ein sehr verlässliches Reiseziel: das Wasser glasklar, viele Felsbuchten unverbaut, die Sandstrände kilometerlang. Zehn Monate im Jahr herrscht warmes, nicht unerträglich heißes Wetter. Dazu kommt eine überwiegend flache Landschaft, die weite Blicke eröffnet: auf Trockenmauern, Artischockenfelder und Weinberge, auf endlose Olivenhaine, Mandelbaumplantagen und Rapsfelder, dahinter die Macchia und das Meer. Doch es wäre nicht Italien, wenn hier nicht auch ordentlich etwas los wäre. In den Städten und an den Strandbars tobt abends das Leben, außerdem lockt eine quirlige kulinarische Szene, deren Preise einem nicht gleich auf den Magen schlagen. Und wer selbst kocht, braucht nur zuzugreifen: In den vielen Häfen wird täglich frischer Fisch verkauft, manchmal direkt vom Boot. Wein dazu? Aber sicher! Trotz des vielen Seafoods und der Wärme ist Apulien vor allem für schwere Rotweine bekannt. Der Primitivo ist legendär, und sogar der Rosato kann hier 15 Vol.-% erreichen. Ein Tipp ist der Weiße aus Locorotondo, und der Ort gleich dazu (s. S. 143). Lässig am Strand liegen oder sich den Bauch vollschlagen – wird das nicht auch irgendwann langweilig? Wer sich zum Ausgleich bewegen möchte, kann hier mit dem Fahrrad die kleinen Straßen erkunden und sich über das ebene Terrain freuen. Am besten große Satteltaschen montieren. Der nächste Delikatessenladen kommt bestimmt!

www.viaggiareinpuglia.it/hp/de

Bari

Das verschachtelte Stadtzentrum von Bari (323 000 Einw.) mit seinen weißen Häusern lohnt mehrere Besuche. Bedeutendstes Monument ist die Basilica San Nicola, die vor fast 1000 Jahren begonnen wurde. Hier werden die Gebeine des heiligen Nikolaus verwahrt, die Seeleute aus der türkischen Mittelmeerstadt Myra, »von Gott inspiriert«, im Jahr 1087 geraubt hatten – um Bari, wie Venedig oder Genua, zu einem Stadtheiligen zu verhelfen. Ebenfalls sehenswert ist das zu Beginn des 16. Jh. erbaute, streng wirkende Castello Svevo. Mit seinen mächtigen Eckbastionen sollte es die Residenz der Herzogin Isabella von Aragon schützen. Der innere Bau mit den Wehrtürmen ist noch 300 Jahre älter. Ganz andere Sinne spricht der tägliche Fischmarkt in der Halle auf der Piazza del Ferrarese an. Dazu passen die handgemachten Nudeln: An vielen Häusern hängen Schilder mit der Aufschrift *orecchiette fresche* – hier gibt es die ohrenförmige Pasta frisch zu kaufen.

APT, Piazza Moro, 33/A, Bari, Tel. +39 080 52 42 36, www.pugliaturismo.com/apt-bari; Parkplatz:
GPS: 41.128482, 16.853723
GPS: 41°07'42.5"N 16°51'13.4"E

 Polignano a Mare

Der kleine Ort (18 000 Einw.) ist quasi *über* dem Wasser gebaut: Seine weißen Häuser scheinen beinahe ins Meer zu stürzen. An stürmischen Tagen spritzt die Gischt bis hoch zu den Aussichtsterrassen, von denen man Buchten mit unzähligen Grotten sieht. Die spektakulärste von ihnen, die Grotta Palazzese, ist zu besichtigen – allerdings nur als Gast des Restaurants im gleichnamigen Hotel. Es lohnt sich!

www.polignanoturismo.com; Parkplatz:
GPS: 40.999450, 17.212045
GPS: 40°59'58.0"N 17°12'43.4"E

 Monopoli

Rund um Monopoli gibt es viele schöne Stellen zum Baden, aber auch die knapp 50 000-Einwohnerstadt selbst sollte man besuchen. Das *centro storico* liegt südlich des Hafens, in dem kleine und große Boote schaukeln. Das wuchtige Kastell sicherte einst die Altstadt zur Meerseite hin. Von der zentralen Piazza Garibaldi gehen viele hübsche Straßen ab. Die barocke Kathedrale aus dem 18. Jh. ist opulent mit Marmor ausgestattet.

Parkplatz 2 km außerhalb:
GPS: 40.962565, 17.287255
GPS: 40°57'45.2"N 17°17'14.1"E

---

① Camping Santo Stefano

Mit etwas Glück ergattert man einen Stellplatz direkt am Meer, dort ist es allerdings weniger schattig als in der zweiten oder dritten Reihe. Kleine Bar, die auch Tagesgerichte serviert, überschaubarer »Minimarket«. Es gibt ein paar wenige Tischtennisplatten etc., aber grundsätzlich ist Santo Stefano ein entspannter Platz und ein guter Ausgangspunkt für Besichtigungstouren an der Küste.
Contrada Santo Stefano, Monopoli, Tel. +39 080 77 70 65, Mitte Mai–Mitte Sept. www.campingsantostefano.it
GPS: 40.926118, 17.333907
GPS: 40°55'34.0"N 17°20'02.1"E

---

④ Brindisi

Ein geradezu griechisches Flair umgibt Brindisi (89 000 Einw.). Der Naturhafen der Provinzhauptstadt war einst der bedeutendste Orienthafen Roms, und noch heute legen hier viele Fähren nach Griechenland ab. Der Duomo von Brindisi, genauer die Cattedrale della Visitazione e San Giovanni Battista mit ihrer asymmetrischen Front, ist auf beiden Seiten von weiteren Gebäuden eingefasst: Links liegt der Zugang zum Museo Archeologico Provinciale Francesco Ribezzo, das antike Vasen zeigt. Wer unter dem Kirchturm durchgeht, erreicht am Ende der Via Colonne zwei Sockel, auf denen einst die riesigen Endsäulen der Via Appia thronten. Eine wurde nach Lecce transportiert, die zweite ist restauriert und steht noch immer hier. Gegenüber, an der anderen Hafenseite, sieht man das 53 m hohe Monumento al Marinaio aus den 1930er-Jahren, ein Denkmal für Seeleute.

Tourist Info: Via C. Colombo 88, Brindisi, Tel. +39 08 31 56 21 26, www.pugliaturismo.com/apt-brindisi; Parkplätze an der Viale Arno:
GPS: 40.628629, 17.947385
GPS: 40°37'43.1"N 17°56'50.6"E

Legende:

1 Bari

2 Polignano a Mare

3 Monopoli

Camping Santo Stefano, Monopoli

4 Brindisi

5 Lecce

6 Grotta della Poesia

Le Radici Agricamping, Porto Cesareo

7 Gallipoli

8 Locorotondo

9 Alberobello

10 Matera, Sassi di Matera

5 Lecce

Kaum eine Stadt in Apulien ist so stimmungsvoll wie Lecce. Das prächtige Barockensemble im verkehrsberuhigten Zentrum erwacht am späten Abend zu sprudelndem Leben. Entstanden ist all der Prunk im 16. und 17. Jh., als viele Lecceser Kaufleute mit Olivenöl ein Vermögen machten und dem lieben Gott zu Ehren wunderschöne Sakralbauten errichten ließen – als Sündenerlass, für alle Fälle.

Tourist Info: Via Monte S. Michele 20, Lecce, Tel. +39 08 32 31 41 17, www.pugliaturismo.com/apt-lecce; Parkplatz 1,4 km von der Cattedrale:
GPS: 40.362342, 18.169002
GPS: 40°21'44.4"N 18°10'08.4"E

6 Grotta della Poesia

Ein magischer Ort, würden manche sagen. Die Grotta della Poesia ist ein ovales Loch im Boden, an seinem Grund schwappt das Meer, das durch eine Art Torbogen mit der Höhle verbunden ist. Sie ist Teil der Ausgrabungsstätte Roca Vecchia. Hier hat man Überreste von Bauten aus der Bronzezeit gefunden, griechische Keramik und Inschriften mit Gebeten in Griechisch, Messapisch und Latein – gerichtet an eine unbekannte Gottheit, der man in der Grotta gehuldigt hat. Toll zum Baden!

Knapp 30 km südöstl. von Lecce an der Küste, www.salento.it/localita/roca-vecchia
GPS: 40.285549, 18.426649
GPS: 40°17'08.0"N 18°25'35.9"E

7 Gallipoli

Schon die Lage der Stadt (20 000 Einw.) ist großartig: Nur durch einen schmalen Steg mit dem Festland verbunden, drängt sich die Altstadt auf einer beinahe runden Halbinsel; in ihrem Nordwesten liegt der Stadtstrand. Gallipoli ist aber für etwas anderes berühmt: unglaublich frische Meeresfrüchte! Jeden Vormittag bringen die Fischer ihren Fang in die Stadt und verkaufen ihn teilweise direkt vom Boot. An den Ständen bekommt man Platten mit Austern und Muscheln und einem Glas Weißwein gereicht. Im Hochsommer ist es hier oft ziemlich voll.

www.gallipoli360.it/en; Parkplatz 3 km vom Zentrum:
GPS: 40.047108, 18.005783
GPS: 40°02'49.6"N 18°00'20.8"E

8 Locorotondo

Zwei Dinge sprechen für Locorotondo: Zum einen gehört der Ort (14 000 Einw.) mit seinen engen Gassen und weißen Giebelhäusern zu den *borghi più belli d'Italia*, zu den »schönsten Dörfern Italiens«. Zum anderen wird hier der gleichnamige Weißwein gekeltert, den man u. a. im Ristorante/Vineria Perbacco bekommt (Corso XX Settembre 126, Via Cisternino 8, www.perbaccolocorotondo.it).

Piazza Vittorio Emanuele 27, Locorotondo, Tel. +39 08 04 31 30 99, www.comune. locorotondo.ba.it; kleiner Parkplatz:
GPS: 40.753020, 17.331350
GPS: 40°45'10.9"N 17°19'52.9"E

9 Alberobello

Die runden, *trulli* genannten Häuser mit ihren spitzen, zipfelmützenartigen Dächern und den rätselhaften Abschlusssteinen muss man einfach einmal gesehen haben – das Zentrum von Alberobello (11 000 Einw.) zählt seit 1996 zum Unesco-Weltkulturerbe. Manche sagen, die Bauweise stamme aus der Türkei, andere behaupten,

In der Stadt Matera haben Menschen bis vor wenigen Jahrzehnten in Höhlen gelebt.

der Feudalherr Gian Girolamo II. Acquaviva habe seinen Bauern im 17. Jh. befohlen, Häuser ohne Mörtel zu bauen – quasi als Steuersparmodell, denn für gemauerte Siedlungen hätte er dem Vizekönig in Neapel Abgaben zahlen müssen. Tipp: Im Feinkostladen Trullo degli Antichi Sapori heimische Spezialitäten wie Peperoncino-Schnaps einkaufen!

Via Monte Nero 1, Alberobello, Tel. +39 08 04 32 28 22, www.prolocoalberobello.it; Parkplatz:
GPS: 40.782899, 17.233289
GPS: 40°46'58.4"N 17°13'59.8"E

10 Matera, Sassi di Matera

Hier liegt eine der ungewöhnlichsten Sehenswürdigkeiten der Region: die Sassi di Matera, Höhlen im Fels, die jahrtausende-

lang bewohnt waren. Bis ins 20. Jh. lebten die Menschen in Räumen ohne Fenster, Heizung und fließendes Wasser, und doch schufen sie eine komplexe Infrastruktur aus Höhlen, Höfen, Dachgärten und Felskirchen. Als die katastrophalen Verhältnisse in den 1950er-Jahren erstmals einer breiteren Öffentlichkeit bekannt wurden, räumte der Staat die Behausungen und siedelte 15 000 Menschen um. Ab dem Jahr 1967 wurden die Höhlen behutsam restauriert, seit 1993 gehören sie zum Unesco-Welterbe. Heute gibt es Läden, Restaurants und sogar Hotels in den Sassi.

Tourist Info: Contrada Scatolino, Matera, Tel. +39 800 17 85 91, www.sassidimatera.it; kaum Parkplätze; längs parken hier möglich:
GPS: 40.661546, 16.603770
GPS: 40°39'41.6"N 16°36'13.6"E

 2 Le Radici Agricamping

Das Weingut Le Radici bietet Stellplätze mit Strom und Wasser für 30 Wohnmobile. Über den Plätzen spenden Strohmatten etwas Schatten, Olivenbäume lockern das Gelände auf. Zum Strand sind es ein paar 100 m, ins Zentrum von Porto Cesareo 1,5 km. Nach Voranmeldung wird apulisch gekocht. Tipp: Nur 2,5 km nordwestlich liegt das Restaurant Bacino Grande, das lokale Fischspezialitäten serviert (www.bacinogrande.it).
Via Circonvallazione Torre Lapillo, Porto Cesareo, Tel. +39 08 33 56 90 38, Mai–Sept., www.agricampeggioleradici.it
GPS: 40.270475, 17.888848
GPS: 40°16'13.7"N 17°53'19.9"E

Beste Reisezeit

Viele Restaurants und Campingplätze haben nur von Mai–September oder Oktober geöffnet. In der zweiten Juli-Hälfte findet mit dem Festival della Valle d'Itria eines der größten Kulturevents der Region statt.

34 Nördliches Slowenien

Bergsteigen in Österreich, mediterranes Klima und hübsche Städte in Italien, glasklares Wasser in Kroatien, … und dazwischen? All das auf einmal. Der junge und kleine Staat Slowenien wird gelegentlich unterschätzt (oder wie George W. Bush mit der Slowakei verwechselt). Wer genauer hinsieht, entdeckt zwischen Alpen, Adria und Balkan eine entspannte mitteleuropäische Perle. An unzähligen Plätzen Sloweniens wartet sie: die Welt von gestern – im besten Sinne. Dörfchen mit lebendigem Ortszentrum und eigenem Charakter, kleine Handwerkerläden und Weingüter, schroffe Berge und smaragdfarbene Flüsse und Seen mit einsamen Badestellen. Und immer nur wenige Stunden entfernt, die geschichtsträchtige Hauptstadt, die sich hip und lässig zeigt: Sie punktet mit kleinen Boutiquen und Ateliers, mit quirligen Bars und Restaurants an der Ljubljanica und mit einem Fokus auf Nachhaltigkeit, der sogar von der Europäischen Kommission ausgezeichnet wurde. Slowenien ist ein kleiner Fleck auf der Europakarte. Ein kleiner, wunderbarer Fleck, den es zu entdecken lohnt.

www.slovenia.info

Fast geschafft: 49 Höhenmeter sind es noch von der Poštarski dom-Hütte bis zum 1737 m hohen Gipfel Vršič.

Wandern im Triglav Nationalpark

Jeder Slowene besteigt einmal im Leben den Triglav (deutsch: Dreikopf), sonst ist er – zumindest der landläufigen Meinung nach – kein echter Slowene. Der mit 2864 m höchste Gipfel der Julischen Alpen (der slowenische Teil der Julischen Alpen deckt sich nahezu vollständig mit dem Triglav-Nationalpark) ist nach dem dreiköpfigen Gott aus der slawischen Mythologie, dem Herrscher über Himmel, Erde und Unterwelt, benannt. Sein schroffer Dreizack hat es sogar zum offiziellen Nationalsymbol gebracht und schmückt die Landesflagge. Die Besteigung des Triglav erfordert, wie viele Touren im Nationalpark, Kondition und Schwindelfreiheit. Zur Wahl stehen aber auch leichtere Wege ohne große Höhenunterschiede, außerdem kann man unterwegs oft in urigen Berghütten einkehren oder übernachten. Schilder mit Zeit- und Längenangaben geben in der Regel an jeder Gabelung Orientierung. Der unverbaute, kristallklare Bohinjsko Jezero (Wocheiner See) ist nicht nur schön zum Baden und Angeln, sondern auch ein idealer Ausgangspunkt für Wanderungen. Alternative für fußfaule Bergliebhaber: Eine Gondel ab dem malerischen Ort Bovec (siehe auch »Rafting auf der Soča«) führt zum 2587 m hohen Gipfel des Kanin hinauf, dort eröffnet sich ein spektakuläres Panorama über die Alpen, bei guter Sicht bis nach Venedig und an die Adria.

Zufahrtsstraßen in den Nationalpark erkennbar an Holztafeln und gelben Schildern, innerhalb des Nationalparks gute asphaltierte Straßen, weitere Infos: App »Hiking and Biking in Slovenia«, www.hiking-biking-slovenia.com (englisch), www.tnp.si

 ## Rafting auf der Soča

Türkisblaues oder – je nach Lichteinfall – smaragdgrünes Wasser, darin zerklüftete Felsblöcke zum Raufklettern und Runterhüpfen, im Hintergrund mächtige Zweitausender – der Fluss Soča im Triglav Nationalpark ist ein traumhaft schönes Paddelrevier. Seine Stromschnellen sind sowohl für Anfänger als auch sehr erfahrene Kajakfahrer geeignet (Schwierigkeitsgrade von I bis V). Die beliebteste Strecke verläuft über 10 km von der Brücke bei Log Čezsoški, in unmittelbarer Nähe des Wasserfalls Boka, bis Trnovo ob Soči. Sie ist perfekt zum Üben, denn die Stromschnellen entwickeln sich unterwegs von leicht bis etwas anspruchsvoller. Ein empfehlenswerter Anlaufpunkt, egal für welche Art von Paddeltour, ist der Ort Bovec. Dort mangelt es nicht an Agenturen, die Kajak- und Raftingtouren in Gruppen mit Leihausrüstung und fachlich qualifiziertem Führer organisieren.

Viele Agenturen in Bovec u. a.:
Trg golobarskih žrtev 14, Bovec, Tel. +386 53 89 62 00, April–Okt., www.socarafting.si; Tourist Info: www.bovec.si

Ljubljana

Die slowenische Hauptstadt verbindet mit weniger als 300 000 Einwohnern kleinstädtischen Charme mit den Vorzügen einer Metropole. In wohl keiner anderen Stadt begegnet man auf so kleinem Raum so vielen künstlerisch ambitionierten Menschen: Schon seit dem Mittelalter ist Ljubljana mit zahlreichen Akademien, Werkstätten und Fachschulen ein wichtiges Kulturzentrum. Der 1701 gegründeten Philharmonie gehörten u. a. Haydn, Beethoven, Brahms und Mahler an. Laibach hieß die Stadt damals und war insgesamt fast 600 Jahre Teil des Habsbur-

 ### Kamp Nadiža Podbela

Ideal für Aktivurlauber und Familien ist die Lage des Kamp Nadiža – es gibt natürliche Kletterwände, Rad- und Wanderwege in der Nähe und ein Beachvolleyballfeld, ein Trampolin, Tischtennisplatten und einen Spielplatz direkt auf dem Gelände. Und dann ist da noch der glasklare Fluss Nadiža nebenan, in dessen seichten Armen man herrlich baden kann. Die Nadiža und die gesamte Landschaft des Tales Breginjski kot zwischen den Gebirgen Stol im Norden und Matajur sowie Mija im Süden mit seinen 13 Siedlungen sind wunderschön anzuschauen. Einfache, aber saubere Ausstattung. Die Zufahrt zum Platz ist recht steil, Wohnmobilfahrer brauchen etwas Mut. Kamp Nadiža wurde von den Usern von avtokampi.si zum besten kleinen Campingplatz in Slowenien gekürt.
Podbela 48, Breginj, Tel. +386 53 84 91 10, Mitte März–Mitte/Ende Okt., www.kamp-nadiza.com
GPS: 46.243375, 13.456201
GPS: 46°14'36.1"N 13°27'22.3"E

1 Wandern im Triglav Nationalpark
2 Rafting auf der Soča
 Kamp Nadiža Podbela
3 Ljubljana
4 Sloweniens Weinstraße
5 Maribor
 Avtokamp Kekec

gerreichs (bis 1918). Das altösterreichische Erbe vereint sich im Stadtbild wunderbar mit der romantisch-verspielten Eleganz der frühen jugoslawischen Jahre

Beste Reisezeit

Sloweniens Klima weist deutliche regionale Unterschiede auf. Im Nordwesten bringt das Alpenklima kalte, schneereiche Winter und frische Sommer. Der Karst und das Hinterland bis hinauf ins Soča-Tal sind mediterran beeinflusst und weisen milde Temperaturen auf. Ostslowenien gehört zur pannonischen Tiefebene, hier schwanken die Temperaturen stark: Die Sommer sind heiß, die Winter kalt.

(1920er/30er), geprägt vom slowenischen Star-Architekten Jože Plečnik. Über der Stadt thront ihr Wahrzeichen, die Burg aus dem frühen 16. Jh. Von ihrem Aussichtsturm bietet sich ein schöner Blick, nicht nur auf die Altstadt; bei schönem Wetter kann man angeblich ein Drittel des ganzen Landes sehen. Unten, beiderseits des Ljubljanica-Flusses, geht es angenehm gelassen zu. Nicht nur die Musen werden gepflegt, auch Muße und Genuss kommen nicht zu kurz: schmucke Parkanlagen, zahlreiche bunte Märkte, entspannte Straßencafés, fröhliche Bars und gemütliche Restaurants – es herrscht eine Atmosphäre unaufgeregter Lebensfreude. Dieses Bewusstsein für ein gutes Leben wurde kürzlich sogar hochoffiziell bestätigt: Ljubljana wurde von der Europäischen Kommission als »Grüne Hauptstadt Europas 2016« für

ihre Strategie bezüglich Nachhaltigkeit und Umweltbewusstsein ausgezeichnet.

Tourist Info: Adamič-Lundrovo nabrežje 2, Ljubljana, Tel. +386 13 06 12 15, www.visitljubljana.com; Parkplatz:
GPS: 46.059667, 14.497310
GPS: 46°03'34.8"N 14°29'50.3"E

4 Sloweniens Weinstraße

Wer ein bisschen Zeit mitbringt und nicht den schnellsten Weg (130 km auf der A1) von Ljubljana nach Maribor nehmen möchte, dem empfiehlt sich eine Tour durch die »steirische Toskana« und die Kulturlandschaft der Krka mit zahlreichen Burgruinen, alten Klöstern und Mühlen. Die Strecke, für die man mindestens ei-

Von abenteuerlich bis zauberhaft –
die Soča als Paddelrevier hat viele Facetten.

nen Tag inklusive einiger Pausen und Besichtigungen einplanen sollte, führt durch das Krka-Tal (Abstecher zur über den Wasserfällen der Krka gelegenen Festung Zuzemberk) über Novo Mesto durch hügeliges Weißweinland in die bezaubernde und älteste Stadt des Landes Ptuj. Nahe dem nächsten Zwischenziel, der Weinstadt Ormož, liegt der ehemalige Stammsitz der Kreuzritter, die Burg Velika Nedelja (früher Großsonntag genannt). Beim Bahnhof Pavlovci zweigt ein schmales Sträßchen (mit zahlreichen Ausweichmöglichkeiten) ab, das durch eine liebliche Landschaft auf eine Reise nach Jeruzalem führt. Seinen

⌂² Avtokamp Kekec

Die freundliche und hilfsbereite Familie Kekec hat ihren Campingplatz mit sehr viel Liebe zum Detail gestaltet: Es gibt kostenlos benutzbare Waschmaschinen, sanitäre Anlagen nach Geschlechtern getrennt und unisex, so viele Spülbecken und Steckdosen, dass niemand Schlange stehen muss, gratis W-LAN und ein Büchertausch-Regal. Der gesamte Platz ist extrem sauber und ordentlich und wirkt dennoch einladend. Kleine Gäste fühlen sich auf dem Spielplatz besonders wohl.
5 km von Maribors Zentrum, Pohorska ulica 35c, Maribor, Tel. +386 40 66 57 32, ganzjährig, www.cck.si
GPS: 46.535712, 15.604948
GPS: 46°32'08.6"N 15°36'17.8"E

außergewöhnlichen Namen erhielt der Ort ebenfalls von den deutschen Kreuzrittern, die über 700 Jahre über das Gebiet herrschten. Die Aussicht auf die Weinberge rundherum ist fantastisch und auch ein Besuch bei einem lokalen Winzer lohnt sich. Von dort führt der Weg über Radomerje und die Straßen 713 und 439 nach Maribor.

Insgesamt ca. 280 km, www.slovenia.info

Maribor

Nicht nur die Hauptstadt Sloweniens ist einen Besuch wert: Die europäische Kulturhauptstadt 2012, Maribor (Marbach an der Donau), mit rund 112 000 Einwohnern nach Ljubljana die zweitgrößte Stadt des Landes, macht ihrer Auszeichnung und ihrem Ruf einer Universitätsstadt Ehre – es gibt einige nette Cafés (etwa das Vintage Café in der Vetrinjska Ulica) und Läden mit Schmuck und Accessoires von lokalen Künstlern oder mit

Lebensmitteln aus der Region. Alles lässt sich gemütlich an ein oder zwei Tagen erschlendern. Ein Muss ist der 400-jährige »Alte Weinstock« (Stara Trta) im Stadtviertel Lent, der es als älteste noch tragende Weinrebe der Welt ins Guinness-Buch der Weltrekorde geschafft hat. Nur 5 km vom Stadtzentrum entfernt nächtigt man im sympathischen Avtokamp Kekec (siehe Campingplatz 2).

Tourist Info: Partizanska cesta 6a, Maribor, Tel. +386 22 34 66 11, www.maribor-pohorje.si

Gewusst, wie

Einige slowenische Verkehrsregeln sind ungewohnt: Das Abblendlicht muss immer leuchten (auch tagsüber!), beim Rückwärtsfahren ist die Warnblinkanlage anzuschalten und beim Überholen muss der Blinker während des gesamten Vorgangs gesetzt bleiben.

In Rab reihen sich Häuser und Boote aneinander, ein paar Hundert Meter weiter, auf
der Insel Dolin, hingegen Bäume und Felsen.

35 Kvarner Bucht

Vom Festland aus in Augenschein
genommen, zeigen sich die Inseln Cres,
Lošinj, Krk und Rab dem Betrachter
allesamt von ihrer spröden Seite.
Unnahbar, wie Schutzschilde, die aus
der blauen Adria aufragen, kehren sich
bizarre Felsenklippen, Steinwüsten und
mit grüner Macchia dicht bewachsene
karstige Hänge in Richtung Küste. Das
Salz, die Winterstürme der Bora und die
sengende Sommersonne haben dieses
unwirtliche Antlitz geschaffen. Wer
jedoch den Schritt über das Wasser wagt
– und mittels der eindrücklichen Brücke
von Krk sowie zahlreichen Autofähr-
bindungen funktioniert das ganz leicht –,

den wird jede dieser kleinen Inselwelten
am 45. Breitengrad, genau in der Mitte
zwischen Nordpol und Äquator, auf ihre
eigene, unverwechselbare Art belohnen.
Auf Rab, der »Wiege« der FKK-Kultur,
ist fast alles im grünen (Wald-)Bereich,
während Cres mit spannenden und weniger bewachsenen Bergen lockt. Krk mag
es an Vokalen mangeln, nicht aber an
besonders gut ausgebauter touristischer
Infrastruktur. Allen Inseln sowie der teils
lieblichen, teils steilen Festlandsküste
gemein sind sauberes, klares Meerwasser
und attraktive Buchten zum Baden. Weitere Pluspunkte für Individualreisende:
Es besticht die schnelle, unkomplizierte

Anreise. Über Klagenfurt und Ljubljana
können etwa Münchner bereits nach
sechs Std. das Meer erblicken. Auf den
Campingplätzen ist Vielfalt Trumpf – es
gibt große wie kleine, familien- wie
partyorientierte Plätze, aber so gut wie
alle sind vorbildlich modernisiert und
verfügen über Extras, die die Wünsche
ihrer Gäste erfüllen. In einigen Anlagen
lassen sich dazu Bungalows und Appartements mieten, andernorts geht es eher
ums Weglassen: Rund um die Kvarner
Bucht sind überdurchschnittlich viele
FKK-Campingplätze beheimatet.

www.kvarner.hr

Opatija

Wer hegt nicht manchmal den Wunsch, mit einer Zeitmaschine in die Vergangenheit zu reisen? In eine Zeit, als die Habsburger Könige, Kaiser und die gesamte Hofprominenz an der nördlichen Adriaküste Urlaub machten? Wer das tut, muss, von Slowenien kommend, nur bei Opatija den Blinker setzen und Richtung Meer hinunterrollen. In die zehnmal größere Industriestadt Rijeka sind es zwar nur 18 km, aber dennoch liegen Welten zwischen den Orten. Schließlich hat sich in dem gerade einmal 12 000 Einwohner zählenden Seekurort die Pracht der k. u. k.-Monarchie in pastellfarbenen Farben, üppigem Skulpturendekor, exotischen Parkanlagen, in denen Pflanzen aus der ganzen Welt wachsen, und eleganten Promenaden verewigt. Habsburger-Charme *at its best*! Demzufolge leitet sich auch die Hauptbeschäftigung der Besucher ab: schauen, Eis essen, bummeln. Etwa an der hübschen Strandpromenade von Volosko. Die findet ihre Fortsetzung in Gestalt einer entzückenden, auch mit Wohnwagen gut befahrbaren Küstenstra-

ße, die zu den netten Ferienorten Ičići und Lovran, Medveja und Mošćenička Draga und schließlich nach Brestova, dem Fährableger nach Cres, führt. Ein kulinarischer Tipp: die Scampi aus der Kvarner Bucht, am besten auf einer Restaurantterrasse direkt am Meer probieren – ein Gedicht!

Tourist Info: Ul. Vladimira Nazora 3, Opatija, Tel. +385 51 271 710, www.visitopatija.com/de; Parkplätze in der Stadt sind rar, etwa gegenüber dem Hotel Admiral:
GPS: 45.328389, 14.300056
GPS: 45°19'42.2"N 14°18'00.2"E

 Cres und Lošinj

Das herbe, raue Cres und das heitere, grüne Lošinj sind fast gegensätzlich anmutende Schwestern, die sich fest an der Hand halten. Gemeinsam sind sie knapp 100 km lang und an manchen Stellen kaum mehr als 2 km breit. Ursprünglich waren sie eine einzige Insel, in der Antike Apsyrtides genannt. Aus der Römerzeit stammt der nur 6 m breite und 3 m tiefe Kanal zwischen den beiden Inseln bei Osor, den eine Drehbrücke überspannt. Wer hier den Segelbooten beim Passieren zusieht, bekommt vermutlich gleich selbst Lust, aufs Boot zu steigen. Und kann das auch: Im entzückenden Ort Mali Lošinj starten Delfinbeobachtungstouren – gerade die Gewässer zwischen Lošinj und Rab sind bei den sprunghaften Säugern besonders beliebt. Ein Kontrastprogramm bietet das eher karge Cres, etwa mit dem Süßwassersee-Naturphänomen namens Vrana. Dessen Oberfläche liegt höher, der tiefste Punkt des Sees hingegen niedriger als der Meeresspiegel!

Regelmäßige Autofährverbindungen zwischen Cres und dem Festland, zwischen Cres und Krk, sowie zwischen Krk und Rab – alle Zeiten und Preise unter www.kroati.de. Wer von Cres aus nach Krk weiter will, steuert den Mini-Hafen Merag an:
GPS: 44.979667, 14.44775
GPS: 44°58'46.8"N 14°26'51.9"E

⛺¹ Eco Camp Glavotok

Dass der auf Krk befindliche Campingplatz Glavotok als einer der schönsten Campingplätze Europas gilt, dürfte sich unter Kennern herumgesprochen haben. Entsprechend früh im Jahr sind die besten Plätze ausgebucht, insbesondere die ganz nah am Meer. Doch auch die hinteren Stellplätze des Areals, das sich in 10 Min. gut zu Fuß durchqueren lässt, sind nicht nur großzügig (und für Wohnmobile bestens geeignet), sondern auch lauschig. Von der herausragenden Hygiene und dem sympathischen Service profitieren ohnehin alle Gäste. Fazit: kein Luxus, aber weit über dem Durchschnitt. Und noch ein Hinweis zur Anreise: nicht irritieren lassen, wenn die Straße am Ende der Zufahrt enger wird. Wer keinen Truck fährt, kommt spielend durch!
Glavotok 4, Krk, Tel. +385 51 86 78 80, Ende April–Anfang Okt., www.kamp-glavotok.hr
GPS: 45.095486, 14.440873
GPS: 45°05'43.8"N 14°26'27.1"E

Gewusst, wie

Direkt aus der Pfanne, als Püree oder als edles Schaumsüppchen – der Oktober an der Kvarner Bucht steht ganz im Zeichen der Esskastanie. In den Dörfern um Lovran herum und im Städtchen selbst feiern die Istrier die köstlichen Maronen mit zahlreichen Schlemmerfesten.

- **1** Opatija
- **2** Cres und Lošinj
- **△1** Eco Camp Glavotok
- **3** Krk
- **4** Rab
- **5** Plitvicer Seen
- **△2** Camping Bijar

rismus »erfunden« hat und Nudisten daraufhin in Scharen kamen; bis heute hält CNN die 91 qkm große Insel für das weltbeste FKK-Ziel. Doch längst zieht sie auch weitere Zielgruppen an: Familien, Partyvolk, Kulturfans. Das venezianische Inselstädtchen Rab gilt als einer der mondänsten und schönsten Orte an der nördlichen Adriaküste. Seine Beliebtheit verdankt es unter anderem der einmaligen Lage auf einer schmalen Landzunge und der von vier Kirchtürmen geprägten Altstadt. Kulturhistorisch interessant sind der Fürstenpalast und die Domkirche Sv. Marije, die 1177 vom Papst persönlich geweiht wurde. Unterhaltungstechnisch interessant gestalten sich die abendlichen Darbietungen auf den zahlreichen Sommerterrassen und in den idyllischen Gartenrestaurants. Lust auf Natur? Auf der Insel findet jeder »sein« Fleckchen zum Erholen. Ein Beispiel: Fährt man von Rab-Stadt rund 3 km Richtung Nordwesten und Westen, führt kurz vor Kampor

3 Krk

38 km lang, 20 km breit und über 200 km Küste, an der sich kleine Felsabschnitte mit langen Kiesstränden abwechseln: Krk ist – zusammen mit dem fast exakt gleich großen Cres – die größte Adria-Insel. Vorteil Krk: Sie ist über die längste kroatische Brücke mit dem Festland verbunden, was die Anreise erleichtert. Was ebenfalls für Krk spricht: Die Insel ist berühmt für ein breites Freizeitangebot, zahlreiche Sehenswürdigkeiten wie die Tropfsteinhöhle Biserujka und der nette, von Weinlokalen geprägte Ort Vrbnik

sowie für ihre unberührte Natur. Ein ausgedehntes Wanderwegenetz führt durch dunkle Eichenwälder, silbrig glänzende Olivenhaine und Weinreben.

www.krk.hr/de

4 Rab

Rab ist die südlichste der vier großen in der Kvarner Bucht gelegenen Inseln, sehr grün und besonders sonnenverwöhnt. Vielleicht mit ein Grund, warum König Edward VIII. gerade hier den FKK-Tou-

eine auch für Wohnmobile befahrbare Straße auf die Halbinsel Kalifront. Dort beginnt der faszinierende und unter Naturschutz stehende Dundo-Wald, einer der letzten Eichenwälder des Mittelmeerraums. Am besten im Örtchen Suha Punta parken und dann auf kleinen Wegen wundervolle Spaziergänge und Radtouren unternehmen. Ferner warten rings

Camping Bijar

Kein Wunder, dass der in einem alten Kiefernwald gelegene Campingplatz, der auch einige Mietwohnwägen und -bungalows anbietet, eine große und treue Fangemeinde besitzt (gerade unter eher alternativ angehauchten Campern)! Die Lage des weder kleinen, noch allzu großen Areals ist einfach herrlich. Zu Fuß sind es zur einen Seite nur ein paar Minuten bis zur entzückenden, ehemals römischen Siedlung Osor, die einige nette Restaurants und Läden beherbergt. Nicht viel weiter ist es zur anderen Seite, wo sich ein Felsstrand mit Kiesbuchten erstreckt. Vielleicht nicht unbedingt für ganz kleine Kinder geeignet, aber etwas größeren Kids und Erwachsenen eröffnen sich viele (Sonnen-)Bademöglichkeiten. Besonders attraktiv sind übrigens die Zeltstellplätze in der ersten Reihe, etwas oberhalb des Meeres. Hier dürfen Autos nur zum Ent- und Beladen einfahren.
Osor bb, Osor, Cres, Tel. +385 51 237 147, Ende April–Anfang Okt., www.camp-bijar.com
GPS: 44.699639, 14.396698
GPS: 44°41'58.7"N 14°23'48.1"E

um die Halbinsel verborgene Buchten mit Fels- und Sandstränden. Auch König Edward VIII. hat es hier ausgesprochen gut gefallen ... Eine ganz besondere Atmosphäre herrscht in Rab-Stadt in der Zeit der Sommerfeste und Fischernächte, die auf der langen, beleuchteten Promenade Rab riva stattfinden.

Tourist Info Stadt Rab: trg Municipium Arba 8, Rab, Tel. +385 51 72 40 64, www.rab-visit.com; Parkplätze am Busbahnhof in Rab-Stadt, von dort ist man in wenigen Min. am Hafen:
GPS: 44.761819, 14.757769
GPS: 44°45'42.5"N 14°45'28.0"E

5 Plitvicer Seen

Zugegeben: Sowohl von Rab – via Kurzüberfahrt von Mišnjak nach Jablanac am Festland – als auch von Krk respektive Opatija ist es eine gewisse Fahrerei, um zu dem im kroatischen Hinterland gelegenen Unesco-Weltnaturerbe zu gelangen. Doch der Tagesausflug (oder Stopp auf der Rückreise) lohnt auf jeden Fall, denn der nicht zuletzt durch die Winnetou-Filme bekannt gewordene Komplex aus etwa 16 kaskadenförmig miteinander verbundenen Seen stellt ein in der Welt einmaliges Naturphänomen dar. Gut befestigte Wege und hölzerne Brücken führen hinein in eine fantastische Landschaft aus Grün und rauschenden Wasserfällen. Wer will, kann in diesem, alles in allem knapp 300 qkm großen Nationalpark auf den für die Öffentlichkeit freigegebenen Wegen stunden-, gar tagelang wandern. Besonders sehenswert ist im unteren Seenbereich die Stelle, wo der Fluss Plitvica als 78 m hoher

Wasserfall herabstürzt. Für Besucher werden darüber hinaus Fahrten mit speziellen Panorama-Zügen und Elektroschiffen organisiert.

In der Gemeinde Plitvička Jezera; www.np-plitvicka-jezera.hr; Parkplätze für Wohnmobile und Wohnwagen u. a. am nördlichen der beiden Haupteingänge; dieser ist ohnehin der beliebtere, da man von ihm direkt auf den großen Wasserfall zuläuft:
GPS: 44.905130, 15.611617
GPS: 44°54'18.5"N 15°36'41.8"E

Das ist nur eines von gefühlt 100 000 Fotomotiven im Nationalpark Plitvicer Seen.

36 Norddalmatien

Dalmatien, ein klassisches Campingziel Süd-
europas, begeistert mit schroffen Gebirgs-
zügen, grünen Pinien- und Olivenhainen, der
zerklüfteten Küste, traumhaften Stränden,
atemberaubenden Wasserfällen, aber auch
mit seinem beeindruckenden kulturellen
Erbe in den teilweise wahrhaft steinalten
Städten. Da wäre im historischen Zentrum
von Zadar die 1200 Jahre alte Kirche des
Heiligen Donat oder, in Nin, die kleinste
Kathedrale der Welt. Pro Jahr scheint die
Sonne an der kroatischen Küste annähernd
2500 Stunden, das macht durchschnittlich fast
sieben Stunden am Tag. Diese Zeit verbringt
man sehr gut an einer der Buchten, die zu
den saubersten in Europa zählen und eine
ausgezeichnete Wasserqualität aufweisen.
Klar, so viel Attraktivität und Vielfalt bleibt
auch anderen nicht verborgen. Man ist daher
ganz sicher nicht alleine unterwegs. Das
bietet viele Gelegenheit zum Kennenlernen:
Ein Viertel aller Urlauber in Kroatien sind
Camper, wobei man in Dalmatien unter ausgesprochen vielen Campingplätzen wählen
kann, die kleiner sind als die in Istrien. Es geht
also trotz seiner Beliebtheit eher gemütlich
zu im mittleren Teil Kroatiens, und man lässt
sich Zeit. Denn in Kroatien bleiben Camper
im Durchschnitt doppelt so lange wie in
allen anderen europäischen Ländern. Die
Autobahnen mögen am besten ausgebaut
sein, aber der eine oder andere zusätzliche
Kilometer auf der Landstraße lohnt sich aus
ästhetischen (herrliche Panoramen!) und
finanziellen (keine Maut!) Gründen und ist in
der Regel mit jedem Gespann machbar.

www.croatia.hr

Ein insbesondere auditiv »lauschiger«
Ort: die Meeresorgel in Zadar.

① Nationalpark Paklenica

Wahrlich filmreif ist die Kulisse des 95 qkm großen Nationalparks im Velebit-Massiv: In der Schlucht Velika Paklenica wurden in den 1960er-Jahrn Szenen der Filme »Der Schatz im Silbersee«, »Unter Geiern«, »Old Surehand« und »Winnetou und Shatterhand im Tal der Toten« gedreht, auf die Drehorte weisen Holztafeln hin. Ein großes Netz an Wanderwegen lädt zur Erkundung des gesamten Naturschutzgebiets ein, besonders beliebt ist die leichte, dreistündige Wanderung (hin und zurück) durch die Velika Paklenica. End- und vielleicht auch Höhepunkt der Tour durch die spektakuläre Karstlandschaft (die senkrechten Felsen sind beliebt bei fortgeschrittenen Kletterern) ist die Höhle Manita Peč mit ca. 20 m langen Stalaktiten und einem riesigen Höhlenraum. Hier lebt eine Vielfalt an Fledermäusen und anderen Höhlentieren, und auch sonst sind im Nationalpark viele seltene Tierarten hei-

① Nationalpark Paklenica
② Zadar
③ Vransko jezero
④ Šibenik
⑤ Camp Slanica, Murter
⑤ Nationalpark Krka

misch, unter ihnen Steinadler, Gänsegeier, Wildkatzen, Wölfe und Braunbären.

Tourist Info: Dr. Franje Tuđmana 14a, Starigrad-Paklenica, Tel. + 385 23 36 91 55, www.paklenica.hr; Höhle: April–Sept.; Parkplatz am Eingang zur Velika Paklenica:
GPS: 44.293671, 15.457512
GPS: 44°17'37.2"N 15°27'27.0"E

② Zadar

Rund 45 km entfernt von den schroffen Berg- und Schluchtenlandschaften des Nationalparks Paklenica bezaubert die Küstenstadt Zadar (75 000 Einwohner) mit ihrer gemütlichen, autofreien Altstadt.

Beste Reisezeit

Auch wenn es im Hochsommer oft sehr voll ist (vgl. »Kvarner Bucht«), sind v. a. Familien an Ferienzeiten gebunden. Dafür werden dann z. B. in Šibenik spannende Events veranstaltet, etwa das zweiwöchige Internationale Kinderfestival (www.mdf-sibenik.com). Interessant sind auch die Kathedrale und – nicht weit davon – das Šibeniker Stadtmuseum im Fürstenpalast (www.sibenik-tourism.hr).

Beim Flanieren zwischen den Bauwerken aus der venezianischen Periode Zadars verliert man sich aufs Schönste – eine Sehenswürdigkeit jedoch wird jeder Besucher in Erinnerung bzw. vielmehr im Ohr behalten: die Meeresorgel am äußersten Ende der kleinen Landzunge. 35 Röhren sind knapp über dem Wasserspiegel montiert. Die Bewegung der Wellen drückt Luft durch sie hindurch und lässt eine fantastische Musik erklingen. Gleich daneben gibt es etwas für die Augen, ebenfalls vom einheimischen Architekten Nikola Bašić: Der »Gruß an die Sonne«, ein großer Kreis aus im Boden eingelassenen Glasplatten,

① Camp Slanica

Das Besondere am Camp Slanica sind die Stellplätze für Wohnmobile direkt am Meer (die Zeltplätze sind dafür schattiger) mit einem traumhaften Ausblick auf den Kornati-Nationalpark – inkl. Sonnenuntergang, wenn man am Nordende des Platzes campiert. Bei der Lage in einer Bucht auf der Insel Murter, umgeben von zwei Sandstränden und inmitten eines Kiefernwaldes bleibt also kein Wunsch an die Umgebung offen. Was die Ausstattung angeht, ist der Campingplatz keinen Eintrag ins Reisetagebuch wert, dafür punkten die Anlagen mit Sauberkeit und die Betreiber noch mehr mit ihrer freundlichen Art.
Podvršak 8, Murter,
Tel. +385 22 43 42 05, Mitte April–Mitte Okt., www.murter-slanica.hr
GPS: 43.816988, 15.576907
GPS: 43°49'01.2"N 15°34'36.9"E

Bei diesem Traum-Ausblick auf den Kornati-Nationalpark möchte man das Camp Slanica kaum verlassen.

GPS: 43.743398, 15.885929
GPS: 43°44'36.2"N 15°53'09.3"E

 Nationalpark Krka

Während der Nationalpark Paklenica ein Berggebiet schützt, steht hier ein Abschnitt des Krka-Flusses im Mittelpunkt. Wem der bekannteste Nationalpark Plitvicer Seen (s. S. 151) zu weit weg oder zu groß ist oder wer dort den Wunsch nach einem Sprung ins Wasser (ist in den Plitvicer Seen verboten) nicht verdrängen kann, findet in den Krka-Wasserfällen eine herrliche Alternative – hier gibt es einige gekennzeichnete Badestellen im Fluss.

fünf Eingänge, von Šibenik kommend am besten Haupteingang Lozovac ansteuern, www.np-krka.hr/en; Parkplatz am Eingang:
GPS: 43.794892, 15.967458
GPS: 43°47'41.6"N 15°58'02.9"E

---

sendet in der Dämmerung wechselnde Lichtbotschaften.

Tourist Info: Mihovila Klaića 1, Zadar, Tel. +385 23 31 61 66, www.zadar.travel; größerer, zentrumsnaher Parkplatz:
GPS: 44.115914, 15.230895
GPS: 44°06'57.3"N 15°13'51.2"E

 Vransko jezero

Parallel zur Küste verläuft dieser 12 km lange Süßwassersee, er ist mit 30 qkm der größte in Kroatien – und vielleicht auch der schönste. In jedem Fall ist er den Abstecher von der Küstenstraße wert: In der reizvollen Hügellandschaft des Naturparks mit mehreren Aussichts- und Vogelbeobachtungspunkten lässt es sich gut Wandern und Radfahren.

zwischen Zadar und Šibenik, www.pp-vransko-jezero.hr/en/;

Infocenter und Parkplatz Prosika:
GPS: 43.849298, 15.628802
GPS: 43°50'57.5"N 15°37'43.7"E

 Šibenik

Enge, gepflasterte Gassen und charmante Gebäude v. a. aus der Spätgotik und Renaissance laden in Šibenik zum Flanieren und Entdecken ein. Einen traumhaften Aus- und Überblick über die 47 000-Einwohner-Stadt und das Meer bekommt man von der Festung des Hl. Michael, die 70 m über der Altstadt thront und dementsprechend leicht zu entdecken ist. Abends finden hier immer wieder Open Air-Konzerte statt. Nicht verpassen sollte man die Kathedrale des Hl. Jakob aus dem 15. Jh., die zum Unesco-Welterbe zählt.

Tourist Info: Obala palih omladinaca 3, Šibenik, Tel. +385 22 21 44 48, www.sibenik-tourism.hr; Parkplatz ca. 15 Gehmin. vom Zentrum:

Gewusst, wo

Regionale Spezialitäten kauft man günstig und in quirligem Ambiente auf dem Bauernmarkt Tržnica in Šibenik (Ante Starčeviča, täglich vormittags). Wer sich sein Essen am liebsten selbst fängt, findet gute Angelreviere am Vransko jezero und an der Krka-Mündung (bis 5 kg täglich sind ohne Genehmigung erlaubt).

37 Mittel- und Süddalmatien

Kroatien, das Land der 1000 Inseln. Genauer gesagt sind es sogar 1244 Inseln, manche winzig kleine Felsen, wild bewachsen, andere groß, trubelig und voller kultureller Schätze. Gemeinsam bilden sie eine malerisch zerklüftete Küstenlandschaft, die Campern immer wieder neue Ausblicke bietet. Einige der schönsten adriatischen Inseln liegen im Abschnitt zwischen Split und Dubrovnik, darunter Brač, Hvar, Korčula und Mljet. Auf dem Festland ist ein Besuch der berühmten Altstädte von Split und Dubrovnik ein Muss. Zwischen den beiden Städten verläuft rund 215 km lang die Nationalstraße D8 nah am Meer entlang – hier ist der Weg schon das Ziel und dieser Weg ist auch gut mit einem größeren Mobil befahrbar. Wo soll man nur beginnen? Dieses Luxusproblem beschäftigt viele Dalmatienurlauber, und eine Universallösung dafür gibt es nicht. Fest steht: Für die Inseln ist mehr Zeit einzuplanen. Fährpassagen und schmale, steile Straßen verlangsamen das Tempo. Wer sich jedoch vorher informiert, etwa mit einem Truck und Camper-Navigationssystem, welche Gegenden für Gefährt, Fahrkünste und Nervenstärke geeignet sind, kommt in den Genuss von unvergesslichen Ausblicken auf das im warmen Licht schimmernde Meer, während zum geöffneten Fenster der Duft von Pinien, Lavendel und überhaupt von Sommer hereinweht.

www.croatia.hr

Goldene Zeiten am »Goldenen Horn« – das bedeutet Zlatni rat, der Name dieses Strands auf der Insel Brač.

Split

Einen Teil der Altstadt Splits, die zum Unesco-Welterbe zählt, bildet der imposante Diokletian-Palast, der für den römischen Kaiser in den Jahren 295 bis 305 n. Chr. erbaut wurde. Die Anlage umfasste eine Größe von 180 m mal 125 m und diente als Villa und Festung mit Wachtürmen und wuchtigen Mauern. Etliche Teile davon konnten in die spätere Architektur integriert werden. Besonders sehenswert sind die Kellergewölbe und der Peristyl, ein von korinthischen Säulen gesäumter Innenhof. Daneben ragt der Glockenturm der Domnius-Kathedrale gen Himmel, der Ausblick von diesem Campanile ist herrlich. Der Campingplatz in Split ist sehr groß, in der Hauptsaison überfüllt und einige Kilometer von der Altstadt entfernt. Besser ist es, die Stadt tagsüber zu besuchen und abends eine ländliche, gemütliche Gegend zum Übernachten anzusteuern – etwa eine der vorgelagerten Inseln. Wer dies vorhat, kann am Vormittag zum direkt an der Altstadt gelegenen Hafen fahren, seine Fährtickets für den Nachmittag kaufen und dort bis zur Abfahrt kostenlos und sicher parken. Perfekt ist dann auch die Ankunftszeit auf der jeweiligen Insel in der stimmungsvollen Spätnachmittagssonne. Um keinen falschen Eindruck zu erwecken: Split ist mehr als ein Durchreiseziel. Um sicherzugehen, dass man eines Tages wieder in dieser wundervollen Stadt landet, berührt man die 10 m hohe Statue des kroatischen Bischofs Grgur Ninski vor der Porta Aurea des Diokletianpalastes am rechten großen Zeh. Angeblich soll es dann mit der Rückkehr klappen und außerdem Glück im Allgemeinen bringen.

Tourist Info: Peristil bb, Split, Tel: +385 21 34 56 06, www.visitsplit.com; Parkplatz:
GPS: 43.505241, 16.445501
GPS: 43°30'18.9"N 16°26'43.8"E

 Brač

In 50 Min. erreicht man von Split aus per Autofähre den Inselort Supetar auf Brač (bis zu 14 Verbindungen pro Tag). Die Insel ist maximal 13 km breit und knapp 40 km lang und damit die größte dalmatinische Insel. Genug der Fakten – bekannt ist Brač für ihren weißen Kalkstein, der sogar das Weiße Haus in Washington ziert und – interessanter für Campingurlauber – für ihr sonnenreiches Klima, das Mandarinen und Kiwis gedeihen lässt. Auch die Strände können sich sehen lassen: Der berühmteste der Insel ist Zlatni rat, das Goldene Horn, westlich des Hauptorts Bol. Diese schmale Landzunge wächst jedes Jahr 30 cm weiter ins Meer und wartet mit einer Besonderheit in Kroatien auf: sehr feinporigem, weichem Kies. Letzteres gilt auch für die angrenzenden Strände, insbesondere östlich des Goldenen Horns, die zudem ein Hotspot für Surfer sind. Wer sich den einen oder anderen Inselort anschauen mag, dem sei Milna empfohlen, ein schmuckes, altes Fischerdorf, in dem es entspannt zugeht. Von Sumartin im Osten von Brač verkehren Fähren nach Makarska.

50 Min. per Fähre von Split,
www.dalmatia.hr

 Autocamp Krvavica

Das Autocamp Krvavica ist ein eher kleiner, einfach gehaltener Platz an der Makarska-Riviera, der zur einen Hälfte für Wohnmobile, zur anderen für Zelte oder kleine Busse vorgesehen ist. Der Campingplatz punktet nicht nur durch seine Sauberkeit und seine tolle Lage (ca. 100 m entfernt liegt der relativ ruhige Strand), auch die Besitzer sind sehr nett (Schild am Eingang: »Wenn niemand da ist, einfach hinstellen, die Bezahlung regeln wir später«). Ungefähr 15 Min. läuft man zu dem empfehlenswerten Fischrestaurant »Konoba Bratuš« mit kleiner Terrasse direkt am Strand, in dem Jazz gespielt wird.
Krvavica 101a, Krvavica,
Tel. +385 915 26 70 58, Mai–Okt.,
www.autocamp-krvavica.com
GPS: 43.322768, 16.985790
GPS: 43°19'22.0"N 16°59'08.8"E

Beste Reisezeit

Am ersten Sonntag im August wird in Sinj, im dalmatinischen Hinterland, die Sinjska Alka in Erinnerung an den Sieg über die Türken im Jahr 1715 gefeiert. Reiter treten in mittelalterlichen Kostümen beim Ringstechen gegeneinander an. Beim Spliter Sommer (www.splitsko-ljeto.hr) werden Mitte Juli bis Mitte August vor der herrlichen Altstadtkulisse u. a. Opern aufgeführt.

Legende:

1 Split
2 Brač
1 Autocamp Krvavica, Krvavica
3 Makarska-Riviera
4 Pelješac und Korčula
5 Dubrovnik

3 Makarska-Riviera

Weiche Strände, smaragdfarbenes Wasser, im Hintergrund das Biokovo-Massiv und Ortschaften, die in die Steilküste hineingebaut wurden – die rund 45 km lange Makarska-Riviera zwischen Brela im Nordwesten und Gradac im Südosten ist zu Recht einer der bekanntesten Küstenabschnitte der Adria. Die tatsächlich traumhaft schöne »Perle der Riviera von Dalmatien« ist Brela mit ihrem baumbestandenen, weißen Kiesstrand. Der Fußweg führt an vielen kleinen Buchten

vorbei und bis zum Wahrzeichen des Orts, dem Brela-Stein. In Makarska, der namensgebenden Kleinstadt in der Mitte der Riviera, herrscht im Sommer Hochbetrieb. Ein Spaziergang an der von Palmen und Cafés gesäumten Hafenpromenade Marineta und durch die schmalen Gassen der dahinterliegenden Altstadt lohnt sich trotzdem. Nahe des Küstenstädtchens Tučepi mit seinen vielen Hotels und Ferienhäusern werden Ruhesuchende fündig: Eine ca. 45-minütige Wanderung vorbei an Kirchen, Türmen und Grotten führt zur alten Siedlung Gornji Tučepi. Von

hier bietet sich ein traumhafter Blick auf die umliegenden, grünen Hänge und das Meer. Über diese und weitere Touren informiert das Fremdenverkehrsbüro von Tučepi (www.tucepi.com). Der nächste Küstenort ist Podgora (»unterm Berg«): Er liegt ebenfalls am Fuße des Biokovo-Gebirges, umgeben von Weinterrassen und Olivenhainen. Unten am Wasser dominieren Hotels und Ferienhäuser das Landschaftsbild. Nur 7 km weiter folgt Igrane auf einer Halbinsel; aus dem Stadtbild ragen der Wehrturm Zalina kula und die barocke Pfarrkirche hervor.

Tourist Info: Obala Kralja Tomislava 16, Makarska, Tel. +385 21 61 20 02, www.makarska-info.hr;
Parkplatz in Makarska nahe des Hotels Osejava und der Hafenpromenade:
GPS: 43.291160, 17.019645
GPS: 43°17'28.2"N 17°01'10.7"E

Zeitlos schön: Der Stradun in der Altstadt Dubrovniks hat sich seit dem 17. Jh. kaum verändert.

Peljesac und Korčula

Drei Wege führen auf die Insel Korčula: Mindestens zweimal täglich verkehrt von Split aus eine Fähre nach Vela Luka (keine Reservierung möglich, daher ist frühzeitiges Erscheinen am Hafen ratsam). Eine Alternative auf dem Wasserweg gibt es ab Ploče (ca. 115 km südlich von Split über die Küstenstraße D8) mit kurzer Überfahrt über die Halbinsel Pelješac. Die dritte Variante kostet am wenigsten Fährgebühren, dafür etwas mehr Zeit: Man nimmt die Nationalstraße D414 auf Pelješac und dort ein Schiff vom Ort Orebic nach Dominče auf Korčula. Am Übergang vom Festland nach Pelješac wurde vor einigen Jahrhunderten sehr genau kontrolliert, wer auf die Halbinsel durfte: Hier, im Ort Ston ist die mit 5 km längste Festungsmauer Europas (14.–16. Jh.) zu bestaunen und zu begehen. Die Anlage besteht aus drei Kastellen

und mehr als 40 Türmen. Pelješac und Korčula sind berühmt für ihre hervorragenden, vollmundigen Rotweine (wie den Dingač), die bei einem der vielen Winzer probiert werden sollten. Neben den kulinarischen locken die kulturellen Genüsse: In der Altstadt des Inselhauptorts Korčula (5600 Einw.) haben die Illyrer, Römer, Venezianer und einige andere Spuren hinterlassen, die bis heute gut sichtbar sind. Äußerst sehenswerte Beispiele sind die barocke Freitreppe, die Stadtmauer und die Markuskathedrale. Nicht zuletzt sprechen die vielen Strände für den Abstecher nach Pelješac und Korčula – ein Traum ist die Badebucht Pupnatska Luka mit feinem Kies ca. 17 km südwestlich der Stadt Korčula. Die letzten 1,5 km Straße sind schmal und relativ steil, aber asphaltiert.

Infos zu Fährverbindungen: www.jadrolinija. hr/de/; Tourist Info: Obala dr. Franje

Tuđmana 4, Korčula, Tel. +385 20 71 57 01, www.visitkorcula.eu; www.visitpeljesac.hr

Dubrovnik

Mediterranes Lebensgefühl, nette Cafés, kleine Restaurants und Lädchen in den autofreien Gassen sowie ein abwechslungsreiches Nachtleben machen die besondere Atmosphäre Dubrovniks aus. Und natürlich die Geschichte, die die Stadt erzählt: In der Altstadt (Unesco-Welterbe!) finden sich einzigartige Sehenswürdigkeiten und Gebäude, manche davon Jahrhunderte alt. Wahre Schätze sind z. B. eine der ältesten Apotheken Europas im Franziskanerkloster (14. Jh.) und der Glockenturm an der Placa Luža (15. Jh.). Zwar gilt Dubrovnik als Sehnsuchtsziel, doch zeugt mancher Bau von stürmischen Zeiten, als die Bewohner sich gegen die Sarazenen, die Mongolen und venezianische Schiffe verteidigen mussten. Diesen Stürmen wie auch den Kräften des Meeres hat die mächtige, fast 2 km lange Stadtmauer bis heute getrotzt. Mit ihrer Lage am Fuße des Bergs Srđ (der per Seilbahn erreichbar ist) wirkt Dubrovnik so perfekt wie eine Filmkulisse. Kein Wunder, dass hier Teile der Serie »Game of Thrones« gedreht wurden.

Tourist Info: Brsalje 5, Dubrovnik, Tel. +385 20 31 20 11, www.tzdubrovnik.hr, großer Parkplatz in 3,5 km Entfernung zur Altstadt: **GPS: 42.659535, 18.085823**
GPS: 42°39'34.3"N 18°05'09.0"E
zentrale Parkplätze rund um die Ul. Iza Grada (oft belegt):
GPS: 42.642377, 18.110615
GPS: 42°38'32.6"N 18°06'38.2"E

38 Katalonien

Im Nordosten Spaniens, zwischen Mittelmeer und Pyrenäen, liegt Katalonien; eine ebenso abwechslungs- wie kontrastreiche Region, deren Zentrum die Trend-Metropole Barcelona bildet. Bekannt ist vor allem die Costa Brava, die »wilde Küste« mit ihren steilen Ufern und den hübschen Buchten mit glasklarem Wasser. Etwas nördlich von Barcelona geht sie über in die Costa Maresme, später in die Costa del Garraf, vor der die olympischen Segelwettbewerbe ausgetragen wurden. Hier beginnen die kilometerlangen, breiten Sandstrände der Costa Daurada. Doch das ist nur die eine Seite Kataloniens, das mit den Pyrenäen ein gebirgiges, grünes Hinterland und im Südwesten Weinbaugebiete besitzt, in denen edle Tropfen gedeihen. Unter anderem kommt Spaniens berühmter, im Champagnerverfahren hergestellter Schaumwein Cava aus der Gegend um Sant Sadurní d'Anoia. Für Camper ist die Küste ein Traum. In der Nebensaison kann man sich hier treiben lassen und spontan sein Quartier aufschlagen. Im Prinzip darf man das überall tun, doch häufig weisen regionale Regelungen Camper in die Schranken. Reine Stellplätze sind grundsätzlich eher selten. Im Hinterland gibt es vor allem in der Nähe der Wintersportorte eine recht gute Infrastruktur an Plätzen, die häufig auch im Winter geöffnet sind. Insbesondere an der Costa Brava und in deren Hinterland schlängeln sich einige Strecken in vielen Kurven auf und ab; Empfindliche sollten besser eine andere Route wählen.

www.katalonien-tourismus.de

Fungierte schon als »Muse« von Magritte und Kollegen: Cadaqués inspiriert durch seine besondere Aura.

Vielha/Val d'Aran

Im Frühsommer überziehen Teppiche blühender Alpenrosen die Hänge des Val d'Aran. Im Herbst hebt das warme Orange der gefärbten Bäume die Schönheit der schlichten romanischen Bauwerke hervor und im Winter liegt alles unter dicken Schneemützen. Das reizvolle Hochtal auf der Nordseite des Pyrenäenkamms ist bei Sportlern sehr beliebt. So ist Baquèra Beret Spaniens größtes und berühmtestes Wintersportzentrum. Auch die spanischen Könige stellen sich hier auf die Bretter. Im Sommer zieht es Kajakfahrer an den Oberlauf der Garonne. Für Wanderer und Kletterer gibt es endlose Möglichkeiten – etwa im Nationalpark Aigües Tortes, der mit seinen 24 Bergseen als einer der schönsten Spaniens gilt.

Tourist Info: Sarriulèra 10, Vielha,
Tel. +34 973 64 01 10,
www.visitvaldaran.com;
Parkplatz in Vielha:
GPS: 42.701266, 0.799202
GPS: 42°42'04.6"N 0°47'57.1"E

Beste Reisezeit

Am Meer das ganze Jahr über, im Hinterland wird es richtig Winter. Wer im Hochsommer an die Küste reist, sollte nicht hitzeempfindlich sein und rechtzeitig reservieren. An der nördlichen Costa Brava kann vor allem im Herbst und Winter die Tramontana teilweise mit Orkanstärke blasen, deshalb Zelte und Vorzelte gut sichern.

Unerwartetes Spanien: Das Val d'Aran in den Pyrenäen ist eine Wintersportregion.

 ## Besalú

Ein Besuch von Besalú ist wie ein Spaziergang in die Vergangenheit. Seit dem 12. Jh. spannen sich die Bögen der Pont Portificat über den Riu Fluvià. Der denkmalgeschützte Stadtkern mit engen Gassen und Teppichen blühender Bougainvillea scheint einem Bilderbuch entsprungen. Am ersten Wochenende im September gibt er die Kulisse für das Besalú medieval, ein Mittelalterfest mit Markt, Musik und Darbietungen, dessen Highlight ein Ritterturnier ist. Im Osten liegt der Parc Natural de la Zona Volcànica, den 40 inaktive Vulkane und 20 Lavaflüsse prägen.

Tourist Info: Carrer del Pont 1, Besalú, Tel. +34 972 59 12 40, www.besalu.cat; Parkplatz:
GPS: 42.197983, 2.702536
GPS: 42°11'52.7"N 2°42'09.1"E

Aiguamolls de l'Empordà

Es piepst und zwitschert zwischen den Mündungen von Fluvià und La Muga. Stelzenläufer staksen durch die Reisfelder und Brackwassersümpfe der »seichten Wasser«. Rohrdommeln, Kraniche, Reiher und sogar einige Exemplare der seltenen Weißstörche gehören zu den mehr als 80 Vogelarten, die regelmäßig an den baumgesäumten Seen, Kanälen und Reisfeldern brüten. Weitere 300 Arten legen auf dem Weg in den Süden hier Rast ein. Seltene Schmetterlinge flattern herum und auf den Steinen am Ufer recken Schildkröten ihre dünnen Hälse in die Sonne. Ein lohnenswertes Kontrastprogramm ist das 10 km südlich gelegene Empúries mit seiner antiken Römersiedlung.

Parc Natural dels Aiguamolls de l'Empordà:
El Cortalet Carretera de Sant Pere Pescdador

 ### Campingplatz Montagut

Viel Grün, kein Trubel und ein idealer Ausgangspunkt für Ausflüge in die Alta Garrotxa. Überschaubare Anlage mit 93 Stellplätzen mit Pool, Fußballplatz und kleinem Restaurant. Zwischen hohen Bäumen kann man seine Hängematte aufspannen oder in eines der Safarizelte schlüpfen.
Ctra. de Sadernes km 2, Montagut i Oix, Tel. +34 972 28 72 02, Mitte April–Mitte Okt., www.campingmontagut.com
GPS: 42.245352, 2.599401
GPS: 42°14'43.3"N 2°35'57.8"E

Legende

1 Vielha/Val D'Aran
2 Besalú
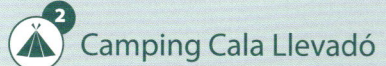 Campingplatz Montagut
3 Aiguamolls de l'Empordà
4 Cadaqués
Camping Cala Llevadó
5 Barcelona
6 Tarragona

km 4,2, Castelló d'Empúries, Tel. +34 972 45 42 22, parcsnaturals.gencat.cat/es/aiguamolls-emporda; Parkplatz:
GPS: 42.224590, 3.092827
GPS: 42°13'28.5"N 3°05'34.2"E

4 Cadaqués

Die Anfahrt über die kurvenreiche Passstraße lohnt sich, um den Bilderbuchort im Süden des Cap de Creus zu erreichen.

Mit gepflasterten, verwinkelten Gassen, strahlend weiß getünchten Häusern und leuchtendem Blumenschmuck vor Wohnungen und Boutiquen ist das ehemalige Fischerdorf mit dem Image eines Künstlertreffs an der Costa Brava fast kitschig schön. Pablo Picasso, René Magritte, Federico García Lorca oder Luis Buñuel ließen sich von der Besonderheit der Atmosphäre und des Lichts gefangennehmen. Salvador Dalí lebte im 3 km östlich gelegenen Ortsteil Port Lligat, nicht weit vom östlichsten Punkt Spaniens am Cap de Creus. Heute befindet sich hier das Casa-Museu Salvador Dalí, ein kantiger weißer Bau, aus dem heugabelähnliche Skulpturen ragen und den ein überdimensionales Ei aus Beton krönt. Zusammen mit seiner Geburtsstadt Figueres und seinem letzten Atelier in Púbol bildet es das »Dalí-Dreieck«.

Tourist Info: Cotxe 1, Cadaqués, Tel. +34 972 25 83 15, www.visitcadaques.org; Parkplatz:
GPS: 42.289260, 3.272743
GPS: 42°17'21.3"N 3°16'21.9"E

5 Barcelona

Eingebettet zwischen Bergen und Meer liegt Kataloniens pulsierende Kapitale.

Camping Cala Llevadó

Auf üppig bewachsenen Terrassen über der zerklüfteten Steilküste liegen die Standplätze von Cala Llevadó und haben teilweise atemberaubende Aussicht auf die Bucht, deren Badeplätze man über Treppen erreicht. 200 Stellplätze, 300 Zeltplätze, 80 Bungalows, 13 Hütten und 77 Mietzelte stehen zur Auswahl. Zu den teils steil gelegenen Parzellen gibt es Schlepphilfen.
Ctra. de Tossa-Lloret km 18,9, Tossa de Mar, Tel. +34 972 34 03 14, Ende März–Sept., www.calallevado.com
GPS: 41.715080, 2.906680
GPS: 41°42'54.3"N 2°54'24.1"E

Eine von vielen Barcelona-Fans: Die Künstlerin Rebecca Horn schuf die »Homenatge a la Barceloneta« am Platja de Sant Sebastia.

Es ist eine lebensfrohe Stadt mit unterschiedlichsten Anziehungspunkten. Im Barri Gòtic, in dem die Häuser so eng beieinander stehen, dass in manche Gasse kaum ein Lichtstrahl fällt, fühlte man sich wie in einer Zeitmaschine, wären da nicht hippes Design in den Auslagen sowie coole Lokale. An anderen Ecken sorgt moderne Architektur für Aha-Effekte. Die Museen bieten Stoff für tagelangen Kunstgenuss. In dem von Antoni Gaudí visionär geplanten Parc Güell oder dem Montjuïc, auf dem 1992 die Olympischen Sommerspiele ausgetragen wurden, liegt einem eine Stadt zu Füßen, die jedem seinen eigenen Rhythmus lässt. Und das bis tief in die Nacht. Ein Höhepunkt ist das Stadtfest, das Barcelona im September mit Jahrmarkt, Konzerten und Karnevalsumzügen feiert. Betrachter halten den Atem an, wenn die Castelleras zu La Mercè in der Altstadt ihre berühmten Menschenpyramiden bauen.

Tourist Info: Plaça de Catalunya, Barcelona, Tel. +34 932 85 38 34, www.barcelonaturisme.com; Stadt und Umland sind sehr gut mit öffentlichen Verkehrsmitteln erschlossen; Parkplatz:
GPS: 41.367274, 2.146348
GPS: 41°22'02.2"N 2°08'46.9"E

Gewusst, wie

Um die langen Warteschlangen vor der Sagrada Família zu umgehen, empfiehlt es sich, vorab ein Ticket zu reservieren (tickets.sagradafamilia.org). Mit diesem gibt es einen 15-minütigen Eintritts-Slot. Bleiben kann man beliebig lange. Spannende Erklärungen zum Werk von Antoni Gaudí gibt es in der Ausstellung seines Stadtpalastes Casa Milà, auf dessen geschwungenem Dach man spazieren kann.

6 Tarragona

Die Hauptstadt der Costa Daurada lockt mit antikem Gemäuer in das etwas abseits auf einer Kuppe gelegene Casc Antigua. Überall sind die Römer präsent, die hier jahrhundertelang eine ihrer Hauptstädte in der Provinz Spanien hatten. Einer der schönsten Orte ist das Amfiteatre Romà, das hoch über dem Meer thront. Doch Tarragonas Wurzeln reichen noch weiter zurück bis ins 3. Jahrtausend v. Chr. Im Museu Nacional Arqueològic kann man durch die Geschichte streifen. Einen spannenden Kontrast bildet die Pont de les Ferreres etwa 5 km nördlich an der Straße nach Lleida. Vor dem Hintergrund der Stadt spannen sich die Bögen des römischen Aquädukts, der Tarragona zur Kaiserzeit mit Wasser aus dem 35 km entfernten Riu Gaya versorgte. Im Rahmen von Führungen kann man über das im Volksmund Teufelsbrücke genannte Aquädukt spazieren.

Tourist Info: C./Major 39, Tarragona, Tel. +34 977 25 07 95, www.tarragonaturisme.cat/de; breiter Parkstreifen am Straßenrand (größere Parkplätze sind weit außerhalb der Stadt):
GPS: 41.114685, 1.264818
GPS: 41°06'52.9" N, 1°15'53.3" E

Imposante und wunderschöne Zeugin des maurischen Spaniens: die Mezquita von Córdoba.

39 Andalusien

Weit ist es schon bis nach Andalusien, doch die lange Fahrt lohnt sich. Die Region im Süden Spaniens punktet mit ihrem besonderen Facettenreichtum: Da gibt es die Costa del Sol am Mittelmeer und die windigere Costa de la Luz am Atlantik (ideal zum Surfen!). Mit der Sierra Nevada erhebt sich hier die zweithöchste Bergkette Europas – gleich um die Ecke von bedeutenden Städten, etwa Córdoba mit seinem bezaubernden maurischen Erbe oder Granada mit der grandiosen Alhambra. Das Spezialitätenangebot bereitet ebenfalls große Freude, ob man nun einen feinen Serranoschinken, einen Sherry oder auch das sensationelle Olivenöl im Camper verstaut (sofern man nicht gleich alles aufisst bzw. austrinkt). Auch mit einem größeren Gefährt ist man hier gut unterwegs, da die Straßen an der Küste und zwischen den Städten gut ausgebaut sind. Campingplätze hat es reichlich, sowohl im Landesinneren als auch an der Küste. Da das Klima verhältnismäßig mild ist, sind viele Plätze ganzjährig geöffnet – der Winter gilt allerdings aufgrund der vielen mitteleuropäischen Kälteflüchtigen als Hauptsaison, deshalb besser reservieren. Wer im Sommer kommt, sollte darauf achten, dass der Campingplatz genug Schatten bietet.

www.andalucia.org

1 Córdoba

Im 8. Jh., als man mit dem Bau einer großen Moschee begann, war die Gegend um Córdoba ein muslimisches Emirat. Jahrhundertelang wurde die Mezquita umgebaut und erweitert, im 13. Jh. schließlich als Kirche geweiht. Noch heute kann man Baustile und Dekor verschiedener Epochen in dem riesigen Bauwerk entdecken, das zu den größten ehemaligen Moscheen der Welt, den wichtigsten Attraktionen Spaniens und zum Weltkulturerbe der Unesco gehört. Die Altstadt bezaubert mit noch älteren Spuren: Über den Fluss Guadalquivir spannt sich eine Römerbrücke.

Tourist Info: Plaza del Triunfo, Córdoba,
Tel. +34 957 20 17 74,
www.turismodecordoba.org;
Parkplatz: 10 Min. Fußweg in die Altstadt:
GPS: 37.874466, -4.786841
GPS: 37°52'28.1"N 4°47'12.6"W

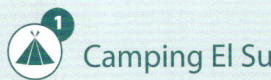

Camping El Sur

Hier geht es ganz entspannt zu. Gut 120 Standplätze bietet die adrett gestaltete Anlage südlich von Ronda – fast alle unter Schatten spendenden Bäumen. Es gibt einen kleinen Laden, ein Restaurant, einen Pool (Juni–Sept.), Minigolf, Tischtennis und keine Animation. Die Sierra de Grazalema ist quasi nebenan.
Carretera Ronda–Algeciras, km 1,5,
Ronda, Tel. +34 952 87 59 39,
ganzjährig, www.campingelsur.com
GPS: 36.721097, -5.171763
GPS: 36°43'15.9"N 5°10'18.4"W

2 Sevilla

Die Hauptstadt Andalusiens ist mit fast 700 000 Einwohnern die viertgrößte Stadt Spaniens. Schon zu Zeiten der Römer wuchs an dieser Stelle eine große Ansiedlung. Später, während der großen Entdeckungsfahrten, war Sevilla ein wichtiger Hafen. Der Reichtum, der mit den spanischen Kolonien erwirtschaftet wurde, schlug sich – bis heute sichtbar – im prächtigen Stadtbild nieder. Doch auch das maurische Erbe ist noch gut zu erkennen und bescherte Sevilla seinen Status als Weltkulturerbe. Prominentestes Beispiel ist der Königspalast Reales Alcázares, in dem sich christliche und arabische Stile vermengen – die unglaublich feinen Verzierungen und die fantastischen Gärten mit ihren hohen Palmen rufen nicht nur bei Fans von »Game of Thrones« Begeisterung hervor. Modernes Wahrzeichen der Stadt ist der Metropol Parasol, die vom deutschen Architekten Jürgen Mayer H. errichtete, größte Holzkonstruktion der Welt. Vom Dach des »Sonnenschirms« hat man einen berückenden Blick auf Sevilla.

Tourist Info: Av. de las Delicias 9, Sevilla, Tel. +34 954 23 44 65, www.visitasevilla.es/de;
großer Parkplatz in der Nähe des Bahnhofs, Santa Justa, 20 Min. Fußweg in die Altstadt:
GPS: 37.391763, -5.973770
GPS: 37°23'30.4"N 5°58'25.6"W

3 Doñana-Nationalpark

Über 54 000 ha ist der Parque Nacional Coto de Doñana groß. Die unberührten Strände und Wanderdünen, das Marsch-land und die Wälder bilden den Lebensraum vieler mittlerweile bedrohter Tierarten. Zu ihnen gehören der Iberische Luchs und der spanische Kaiseradler. Die Erkundung des Nationalparks beginnt an einem der drei Besucherzentren. Dort führen jeweils Holzstege in die Schutzzonen hinein. Vom Besucherzentrum El Acebuche in der Nähe von Matalascañas kann man Touren mit dem Rad, auf dem Pferd oder im Jeep unternehmen.

Besucherzentrum El Acebuche: A-483, km. 38,7, Almonte, Tel. +34 959 43 96 29, Juni–Sept. tgl. 8–15, 16–21, sonst 9–20 Uhr, Touren müssen vorher reserviert werden; wohnmobiltauglicher Parkplatz vor Ort:
GPS: 37.045604, -6.566602
GPS: 37°02'44.2"N 6°33'59.8"W

4 Duna de Valdevaqueros

Gut 12 km nordwestlich von Tarifa hat sich seit den 1940er-Jahren durch einen Eingriff des Militärs in die Natur eine riesige Sanddüne gebildet. Aufgrund des fehlenden Bewuchses frisst sie sich nun

Beste Reisezeit

Die Sommer in Andalusien sind heiß. Im Juli und August zieht es die Bewohner der großen Städte an die Küste, wo die Hitze erträglicher ist. Wer viel vom Landesinneren sehen möchte, sollte daher in der Zeit von März bis Juni oder September bis Oktober nach Andalusien reisen.

Legende:
1 Córdoba
2 Sevilla
3 Doñana-Nationalpark
4 Duna de Valdevaqueros
1 Camping El Sur, Ronda
5 Tarifa
6 Ronda
2 Camping Rio Jara, Tarifa
7 Picasso-Museum in Málaga
8 Granada

Stadt und ist mit einem Fahrzeug gut zu erreichen. Auf einer Höhe von etwa 300 m eröffnet sich hier ein toller Ausblick auf die Umgebung. Und noch ein Tipp: Im Hafen von Tarifa werden Whalewatching-Touren angeboten – zweimal pro Tag legen die Boote ab.

Tourist Info: Paseo De la Alameda, Tarifa, Tel. +34 956 68 09 93, www.andalucia.org/en/contact-us/cadiz/tarifa; Parkplatz am Stadtrand, 15 Min. Fußweg in die Altstadt:
GPS: 36.020953, -5.599137
GPS: 36°01'15.4"N 5°35'56.9"W
Mirador del Estrecho an der N-340:
GPS: 36.053766, -5.550338
GPS: 36°03'13.6"N 5°33'01.2"W

6 Ronda

Wie man auf die Idee kommt, eine Stadt auf einem von einer tiefen Schlucht geteilten Felsplateau zu gründen – darüber kann man in Ronda trefflich nachgrübeln. Die spektakuläre Ortsansicht mit der Brücke aus dem 18. Jh., die die Stadtteile verbindet, gehört zu den bekanntesten in ganz Spanien. Auch Rilke und Hemingway waren äußerst angetan vom authentischen andalusischen Flair. Im Palacio de Mondragón

ins Landesinnere und »verschüttet« regelmäßig die hier vorbeiführende Straße A-2325, was zu sehr exotischen Szenerien führt. Eine kleine Tour hierher lohnt sich auch wegen der umgebenden Küstenlandschaft. Direkt vor der Düne breitet sich der hübsche Strand Punta Paloma aus, auf dem sich bei guten Bedingungen wahre Schwärme von Kitesurfern tummeln.

12,4 km entfernt von Tarifa, erreichbar über Nationalstraße N-340 nach Cádiz, die Straße A-2325 führt direkt durch die Düne

5 Tarifa

Hier berühren sich Kontinentaleuropa und Afrika – jedenfalls beinahe. Das kleine Hafenstädtchen Tarifa liegt an der Straße von Gibraltar, gerade mal 14 km sind es von Küste zu Küste. Die marokkanische Stadt Tanger ist in 45 Minuten mit der Fähre erreichbar und damit eine gute Option für einen Ausflug. Doch bleiben wir in Tarifa: Auf einem Spaziergang durch die Gassen der Altstadt entdeckt man unzählige kleine Läden und Restaurants. Die Atmosphäre lässt sich am besten als entspannt beschreiben – es könnte an den vielen Surfern liegen, die die Stadt für sich entdeckt haben. Die weitläufigen, oft unverbauten Sandstrände in der Umgebung begeistern aber auch diejenigen, die hier nur schwimmen möchten. Ein schöner, nicht weit entfernter Aussichtspunkt im Landesinneren ist der Mirador del Estrecho. Er liegt etwa 7 km nordöstlich der

Gewusst, wie

Rund um die Ballungszentren wie Sevilla, Málaga und Marbella kommt es auf den Autobahnen regelmäßig zu Staus. Meiden Sie, v. a. unter der Woche, die Rushhour.

Beim Playa Valdevaquero in der Nähe von Tarifa herrschen beste Bedingungen für Kites.

– dessen Gärten der Parkanlage der Alhambra ähneln, nur kleiner – ist das Museo Municipal untergebracht, das Funde aus vielen Jahrhunderten zeigt.

Tourist Info: Paseo de Blas Infante, Ronda, Tel. +34 952 18 71 19, www.turismoderonda.es/de; Parkplatz nahe der Brücke Puente Nuevo: **GPS: 36.745645, -5.168616** **GPS: 36°44'44.3"N 5°10'07.0"W**

 ## 7 Picasso-Museum in Málaga

Im Palacio de Buenavista, nahe des Geburtshauses von Pablo Picasso, befindet sich dieses Museum, in dem rund 200 Werke aus allen Schaffensperioden des Künstlers ausgestellt sind. Dazu zählen nicht nur Gemälde, sondern auch Zeichnungen, Skulpturen und Keramiken.

Calle San Agustín 8, Málaga, www.museopicassomalaga.org/es/deutsch; Parkplatz: 25 Min. Fußweg in die Altstadt und zum Picasso-Museum: **GPS: 36.706720, -4.430761** **GPS: 36°42'24.2"N 4°25'50.7"W**

8 Granada

Im Hintergrund die Gipfel der Sierra Nevada, davor die Skyline Granadas – auch wenn die Stadt bisweilen geradezu überrannt wird, ist sie ein großartiges Reiseziel. Ganz oben auf der Besucher-Hitliste

steht natürlich die riesige Palastanlage der Alhambra, erbaut vom 13. bis zum 15. Jh. und in ihrer Pracht schlichtweg einzigartig. Üppig verzierte Säulengänge, wunderschöne Kuppeln und in Perfektion stuckierte Gewölbe beeindrucken ebenso wie die Säle und Gemächer – und nicht zuletzt die Innenhöfe, etwa der Patio de los Arrayanes mit seinem spiegelglatten Wasserbecken. Achtung: Seit Herbst 2017 gibt es nur noch personalisierte Tickets für die Alhambra, die man Monate im Voraus buchen muss. Es wäre ein Fehler, sich nur auf das Highlight zu konzentrieren. Die Kathedrale z. B. gilt als Meisterwerk der spanischen Renaissance, das zahlreiche Kunstschätze beherbergt. Einer ganz anderen Seite der Stadt kommt man im Viertel Sacromonte nahe: Hier kann man die »Cuevas« besuchen – Höhlenlokale, in denen Gesang und Tanz der Flamenco-Kultur gepflegt werden.

Informationen und Tickets für die Alhambra: www.alhambradegranada.org und www.alhambra-patronato.es

Tourist Info: Plaza del Carmen, Granada, Tel. +34 958 24 82 80, www.granadatur.com; Parkplatz: 15 Min. Fußweg zur Alhambra: **GPS: 37.171598, -3.579548** **GPS: 37°10'17.8"N 3°34'46.4"W**

 ## 2 Camping Rio Jara

Mitten im Naturpark, mit eigenem Zugang zum Strand – was will man mehr? Der Sand ist fein, und man schaut bis nach Marokko. Der überschaubare, mit Bäumen bepflanzte Campingplatz liegt nordöstlich von Tarifa. Halligalli? Sucht man hier vergebens: Eine Bar, ein Restaurant, ein kleiner Supermarkt und ein Billardzimmer bilden das gesamte Entertainmentprogramm. Wunderbar relaxt. Carretera Nacional 340 PK 81, Tarifa, Tel. +34 956 68 05 70, ganzjährig, www.campingriojara.com **GPS: 36.042408, -5.630439** **GPS: 36°02'32.7"N 5°37'49.6"W**

Nicht leicht zu erreichen, dafür überwältigend schön und oft leer: Praia da Marinha.

40 Algarve

Hart und zart – die Algarve vereint beides. Wilde Atlantikwellen donnern gegen die felsige Küste, das türkis-blaue Meer kontrastiert kräftig mit dem roten Gestein. Anderswo breiten sich Strände mit feinem Sand aus, in den friedlichen Lagunen schwappt einem sanft das Wasser um die Füße. Und es gibt noch mehr Gegensätze: In den Küstenstädten und Fischerhäfen herrscht oft wuselige Betriebsamkeit, während die Zeit im Hinterland ganz langsam zu vergehen scheint. Wer mit einem sehr großen Wohnmobil unterwegs ist, sollte einen Blick aufs Campernavi oder eine gute Straßenkarte werfen: In Küstennähe sind die Straßen teilweise schmal und nur geschottert. Im Süden zwischen Sagres und Tavira findet man zahlreiche passabel ausgestattete Camping- und noch mehr Wohnmobilstellplätze.

www.visitportugal.com/de/destinos/algarve

❶ Odeceixe

Ein weniger bekanntes Fleckchen Algarve und gerade deshalb so reizvoll: Wo sich der Fluss Ribeira de Seixe in einem großen Bogen in den Atlantik schlängelt, liegt der Strand des Ortes Odeceixe. Hohe Felsen schützen ihn vor Wind aus Norden und Süden, von Westen kann es allerdings ordentlich blasen – was wiederum die Surfer freut. Odeceixe selbst, ein paar Kilometer im Landesinneren gelegen, ist angenehm verschlafen; nur am Dorfplatz finden sich ein paar Bars und Restaurants.

Anfahrt zum Strand von Odeceixe am Fluss entlang; Parkplatz:
GPS: 37.437764, -8.798300
GPS: 37°26'15.9"N 8°47'53.9"W

❶ Odeceixe
❷ Cabo de São Vicente
 Turiscampo – Camping Algarve
❸ Lagos
❹ Silves
❺ Praia da Marinha
❻ Albufeira
 Quinta de Odelouca
❼ Naturpark Ria Formosa

❷ Cabo de São Vicente

Schon von der schnurgeraden Straße zum Südwestkap Europas eröffnen sich spektakuläre Ausblicke, das ganz große Schauspiel bietet sich dann vom roten Leuchtturm aus (Eintritt). Einmal von diesen Klippen einen Sonnenuntergang zu erleben ist ein Muss. Wahren Kultstatus besitzt Petras und Wolfgangs Imbiss-

bude an der Zufahrtsstraße, deren Name Programm ist: »Die letzte Bratwurst vor Amerika«. Nürnberger und Thüringer stehen auf der Karte (letztebratwurst.com) – original, versprechen die Besitzer.

Farol do Cabo de São Vicente, 6 km westl. von Sagres; Parkplatz direkt am Kap:
GPS: 37.023631, -8.995021
GPS: 37°01'25.1"N 8°59'42.1"W

❸ Lagos

Schon vor 4000 Jahren lebten Menschen hier, an der Südküste Portugals. Ab dem 15. Jh. starteten Seeleute zu ihren später berühmten Entdeckungsfahrten – aus

dieser Zeit sind noch diverse Bauwerke im Stadtbild erhalten. Nach einem Erdbeben Mitte des 18. Jh. mussten viele Gebäude neu aufgebaut werden, Kirchen erhielten eine reiche Barockausstattung. Schönstes Beispiel dafür ist die Igreja de Santo António mit ihrem üppigen, vergoldeten Holzschnitzwerk. Lagos ist eine der meistbesuchten Städte der Algarve – Geschäfte, Restaurants, Cafés und Bars empfangen die vielen Besucher aus aller Welt.

Tourist Info: Praça Gil Eanes, Lagos, Tel. +351 282 76 30 31, www.visitalgarve.pt; Parkplatz am nördl. Stadtrand: direkt vorm Stadion, Fußweg in die Stadt ca. 20 Min:
GPS: 37.115939, -8.678933
GPS: 37°06'57.4"N 8°40'44.2"W

Beste Reisezeit

Die Algarve gehört zu den sonnenreichsten Regionen in Europa. Im Juli und August erreichen die Temperaturen oft über 30 Grad, den Rest des Jahres ist es angenehm mild.

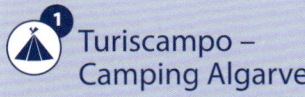

Turiscampo – Camping Algarve

Viele der mehr als 200 Stellplätze liegen im Schatten unter Bäumen. Der nächste Strand ist ca. 3 km entfernt, doch mehrere Pools auf den Gelände sorgen für Abkühlung. Kinder und Teenies aller Altersstufen werden mit Aktivitäten unterhalten, außerdem gibt es einen Supermarkt, ein Restaurant und eine Snackbar.
Estrada Nacional 125, Espiche, Lagos, Tel. +351 282 78 92 65, ganzjährig, www.turiscampo.com/de
GPS: 37.101317, -8.732548
GPS: 37°06'04.7"N 8°43'57.2"W

4 Silves

Die Lage war günstig: Zu verschiedenen Zeiten lebten Phönizier, Karthager, Römer und Westgoten hier. Die Mauren schließlich machten Silves zu ihrer Hauptstadt. Aus dieser Zeit ist das Castelo erhalten (11. Jh.): Es thront auf einem Hügel und eröffnet einen tollen Blick über die Stadt.

Tourist Info: Praça do Município 3, Silves, Tel. +351 282 09 89 27; Wohnmobilstellplatz: Parque Ribeirinho de Silves, direkt am Flussufer, 5 Min. Fußweg ins Zentrum:
GPS: 37.185279, -8.445521
GPS: 37°11'07.0"N 8°26'43.9"W

5 Praia da Marinha

Algarve, wie es schöner nicht geht: Spitze Felsen ragen aus dem Wasser, und zwischen ihnen nichts als weicher, feiner Sand. Praia da Marinha besteht aus mehreren Abschnitten, die teilweise nur mit etwas Kletterei zu erreichen sind.

7 km entfernt von Lagoa, Anfahrt über M1154; Parkplatz oberhalb des Strandes:
GPS: 37.090515, -8.412808
GPS: 37°05'25.9"N 8°24'46.1"W

6 Albufeira

Albufeira ist eine der lebendigsten Städte im Süden Portugals – vor allem im Sommer wird es in den engen Gassen ziemlich voll. Das Zentrum ist mit seinen Läden, Restaurants und Cafés ganz auf Tourismus eingestellt. Zum Stadtstrand Praia do Peneco führt ein Tunnel. Sehenswert ist das Museu Municipal de Arqueologia, das Exponate von der Römerzeit bis zum 17. Jh. zeigt, u. a. eine 7000 Jahre alte neolithische Vase.

Tourist Info: Rua 5 de Outubro, Albufeira, Tel. +351 289 51 59 73; Wohnmobilstellplatz, 20 Min. Fußweg ins Zentrum:
GPS: 37.09883, -8.24311
GPS: 37°05'55.8"N 8°14'35.2"W

7 Naturpark Ria Formosa

Seit dem Jahr 1987 steht die riesige Lagunenlandschaft mit ihren über 80 qkm als Parque Natural unter besonderem Schutz. Seepferdchen, Flamingos und – sehr selten zu sehen – Chamäleons leben hier, Zugvögel machen Rast auf ihren saisonalen Reisen. Langgezogene Inseln schützen das Gebiet vor dem offenen Meer und schaffen so Lebensraum für zahlreiche Tierarten. Ein echtes Erlebnis ist es, die Wasserlandschaft zwischen den flachen Sandbänken von einem Kajak aus zu erkunden.

Bootstouren: z. B. ab Faro, www.formosamar.com/de; Hafen:
GPS: 37.016377, -7.936257
GPS: 37°00'59.0"N 7°56'10.5"W

Gewusst, wo

Weinliebhaber aufgepasst: Die Algarve hat aufgrund der milden Temperaturen eine lange Weinbautradition. Die Anbaugebiete befinden sich v. a. in den Gegenden um Tavira, Portimão, Lagoa und Lagos. Es werden sowohl weiße als auch rote Rebsorten angebaut.

Quinta de Odelouca

Zugegeben: Der Platz liegt 37 km im Landesinneren. Während an der Küste allerdings die großen, bunten, quirligen Campinganlagen überwiegen, lockt Quinta de Odelouca mit einer familiären Atmosphäre, einem Salzwasserschwimmbad und der tollen Lage in den Hügeln der Serra de Monchique.
Vale Grande de Baixo, São Marcos da Serra , Tel. +351 282 36 17 18, Feb.–Sept., www.quintaodelouca.com
GPS: 37.339520, -8.372517
GPS: 37°20'22.3"N 8°22'21.1"W

SUNLIVING

MADE BY ADRIA MOBIL

Ready for summer

Starten Sie mit uns in die neue Saison!

Mit unserem von Grund auf neu entwickelten Sun Living Programm. In 4 Baureihen, vom kompakten Camper mit 6,0 m Länge bis zum Alkovenmobil mit 7 Plätzen.

Mit „Hide Away"-Badezimmer, gemütlichen Sitzgruppen und modernen Küchen erleben Sie Komfort der Spitzenklasse.

Entspanntes Reisen, aufregende Städte-Trips oder Relaxen am Strand - mit einem Sun Living Reisemobil wird Ihr Urlaub zu einem unvergesslichen Erlebnis.

Fragen Sie den Händler nach den **Sommerangeboten!**

www.sun-living.com

REGISTER

CAMPINGPLÄTZE

BILDNACHWEIS

Cover laif/Andrea Artz, am See Loch Leven in Schottland; U2ol fotolia/Pecold, U2or Niclas Jessen/VisitDenmark, U2ul fotolia/Thierry RYO, U2ur Bildagentur Huber/Tuul & Bruno M, S. 3o Johan Willner/imagebank.sweden.se, S. 3m Tobias Schärtl, S. 3u Camping De Lakens, S. 5 Franz Sussbauer, S. 7ol laif/Andrea Artz, S. 7or Niclas Jessen/VisitDenmark, S. 7ul Tiina Tahvanainen, S. 7ur Eva Stadler, S. 8-9 Eva Stadler, S. 11 Eva Stadler, S. 12 Eva Stadler, S. 15 Sverre Hjørnevik/www.fjordorway.com, S. 16 Eva Stadler, S. 19 mauritius images/imageBROKER/Christian Handl, S. 20 Amanda Westerbom/imagebank.sweden.se, S. 21 Johan Willner/imagebank.sweden.se, S. 23 Jakob Dahlström, S. 24 Tony Töreklint/imagebank.sweden.se, S. 25 Conny Fridh/imagebank.sweden.se, S. 27 Jan Simonsson/imagebank.sweden.se, S. 29 Tiina Tahvanainen, S. 31 Fiskars villag, S. 32 Kim Wyon/VisitDenmark, S. 33 Kim Wyon/VisitDenmark, S. 35 Niclas Jessen/VisitDenmark, S. 36-37 Niclas Jessen/VisitDenmark, S. 39 Mette Johnsen/VisitDenmark, S. 40 laif/Andrea Artz, S. 43 Shutterstock.com/JASPERIMAGE, S. 44 Eva Stadler, S. 45 Eva Stadler, S. 47 Eva Stadler, S. 48 fotolia/Ocskay Bence, S. 51 Eva Stadler, S. 53ol AWL Images/Sabine Lubenow, S. 53or Camping De Lakens, S. 53ul Getty Images/GARDEL Bertrand/hemis.fr, Collection: hemis.fr, S. 53ur fotolia/wildman, S. 54 AWL Images/

Sabine Lubenow, S. 55 JAHRESZEITEN VERLAG/Walter Schmitz, S. 57 Sylt Marketing_Campingplatz Hörnum, S. 58 LOOK-foto/Thomas Grundner, S. 61 Andreas Große, S. 62-63 Bildagentur Huber/R. Schmid, S. 66 JAHRESZEITEN VERLAG/Walter Schmitz, S. 67 Jan Gutzeit, S. 69 laif/Peter Hirth, S. 70 Bildagentur Huber/R. Schmid, S. 74 Franz Sussbauer, S. 75 Franz Sussbauer, S. 77 Eva Stadler, S. 78 laif/Tobias Gerber, S. 80 GlowImages/imageBROKER/Daniel Schoenen, S. 81 seasons.agenca/Jalag/Arthur F. Selbach, S. 82 LOOK-foto/Roetting+Pollex, S. 85 Alamy Stock Foto/Dieter Wanke, S. 86 Camping De Lakens, S. 89 Bildagentur Huber/C. Dörr, S. 90-91 Fietsen Robbert Mass, S. 93 Martina Krammer/© VG Bild-Kunst, Bonn 2016, S. 94-95 fotolia/Tilio & Paolo, S. 98 fotolia/Thierry RYO, S. 101 laif/Philippe Blanchot/hemis, S. 102 Getty Images/GARDEL Bertrand/hemis.fr, Collection: hemis.fr, S. 105 Alamy Stock Photo/Inge Johnsson, S. 106 mauritius images/imageBROKER/Daniel Bärtschi, S. 107 mauritius images/imageBROKER/Guenter Fischer, S. 109 Inge Zinsli, S. 110 swiss-image.ch/Roland Gerth, S. 113 Getty Images/Hans Georg Eiben, Collection: Photolibrary, S. 114 fotolia/mmuenzl, S. 117 SkiWelt Wilder Kaiser - Brixental, S. 118 fotolia/wildman, S. 121 fotolia/Lisa Payr, S. 123ol Alamy Stock Foto/Angus McComiskey, S. 123or mauritius

images/imageBROKER/Paul Williams - Funkystock, S. 123ul fotolia/pkazmierczak, S. 123ur Tobias Schärtl, S. 124 seasons.agency/Jalag/Gregor Lengler, S. 127 fotolia/Daniel Prudek, S. 128 laif/Hans Madej, S. 131 fotolia/Freesurf, S. 132 IMAGO, S. 133 Bildagentur Huber/Gräfenhain, S. 135 INTERFOTO/Jan Wlodarczyk, S. 136-137 "Getty Images/, Autorentitel: Cornelia Doerr, Collection: Photographer's Choice", S. 139 fotolia/stevanzz, S. 140 laif/Monica Gumm, S. 143 fotolia/ kite_rin, S. 144 Bildagentur Huber/Gräfenhain, S. 147 fotolia/Pecold, S. 148 Bildagentur Huber/Tuul & Bruno M, S. 151 mauritius images/imageBROKER/Paul Williams - Funkystock, S. 152-153 Tobias Schärtl, S. 155 Tobias Schärtl, S. 156 Tobias Schärtl, S. 159 Bildagentur Huber/Olimpio Fantuz, S. 160 fotolia/pure-life-pictures, S. 161 mauritius images/imageBROKER/Stefan Schurr, S. 163 mauritius images/imagebroker/ib, S. 164 Alamy Stock Foto/Angus McComiskey, S. 167 laif/Frank Tophoven, S. 168 fotolia/pkazmierczak, U4 vlnr mauritius images/imageBROKER/Paul Williams – Funkystock, laif/Andrea Artz, Bildagentur Huber/C. Dörr, Bildagentur Huber/Gräfenhain, laif/Monica Gumm, Icons: Michaela Reitinger; Artco/Fotolia.com; Thierry RYO/Fotolia.com

IMPRESSUM

Alle Angaben in diesem Reisebuch sind gewissenhaft geprüft. Preise, Öffnungszeiten usw. können sich aber schnell ändern. Für eventuelle Fehler übernimmt der Verlag keine Haftung.

© 2018 GRÄFE UND UNZER VERLAG GmbH, München

HOLIDAY ist eine eingetragene Marke der GANSKE VERLAGSGRUPPE.

ISBN: 978-3-8342-2198-8

B2B-Editionen schneidern wir maß nach Ihren Wünschen. Bei Interesse: gabriella.hoffmann@graefe-und-unzer.de

Bei Interesse an Anzeigenschaltung:
KV Kommunalverlag GmbH & Co. KG
Tel. 0 89/9 28 09 60
info@kommunal-verlag.de

GRÄFE UND UNZER VERLAG
Postfach 86 03 66
81630 München
Tel. +49 89/41 98 19 00
holiday@graefe-und-unzer.de
www.holiday-reisebuecher.de

Reihenidee/-konzept
Verónica Reisenegger

Idee/Konzept/Redaktion dieses Buchs
Eva Stadler, Martina Krammer

Layout
Michaela Fischer M-DESIGN

Bildredaktion
Dr. Nafsika Mylona

Schlussredaktion
Verena Simon, Dr. Anita Meschendörfer

Autoren
Touren 1–17, 19–21, 30, 33, 34, 36, 37, 39, 40, Booklet: Eva Stadler
Touren 22–24, 31, 32 und 38: Heidi Siefert und Roland Schuler
Touren 18, 27, 28 und 35: Christian Haas
Touren 25, 26 und 29: Axel Klemmer

Kartographie
Maps4News, Eva Stadler

Produktion
Anna Bäumner

Repro
Repro Ludwig, Zell am See

Druck und Bindung
Printer Trento, Italien

Für die Leihgabe des T3 auf S. 5 bedanken wir uns sehr herzlich bei Markus Walker, www.walkermobile.de – und für das Shooting bei Franz Sußbauer, www.franz-sussbauer.de.

Ein Unternehmen der
GANSKE VERLAGSGRUPPE

PEFC/18-31-506

Liebe Leserinnen und Leser,

hat Ihnen unser Buch gefallen? Falls ja, freuen wir uns, wenn Sie es weiterempfehlen – Ihren Freunden, Verwandten, Kollegen, Nachbarn, dem Buchhändler Ihres Vertrauens und allen, die auf der Suche nach einem Reisebuch-Tipp sind, z. B. bei Online-Händlern.

Wenn Sie Kritik oder Korrekturen haben, schreiben Sie uns gerne an holiday@graefe-und-unzer.de – und natürlich auch, wenn Sie uns Ihr Lob auf direktem Weg zukommen lassen möchten. Sie erreichen uns auch telefonisch unter Tel. 0 800 / 72 37 33 33 (gebührenfrei in D, A, CH), Mo–Do 9–17 Uhr, Fr 9–16 Uhr.

Ihre HOLIDAY-Redaktion